Natalie Amiri

Zwischen den Welten

aufbau

NATALIE AMIRI

Zwischen den Welten

Von Macht und Ohnmacht im Iran

aufbau

MIX
Papier aus verantwortungsvollen Quellen
FSC® C083411

ISBN 978-3-351-03880-9

Aufbau ist eine Marke der Aufbau Verlag GmbH & Co. KG

4. Auflage 2021

Einbandgestaltung Anzinger und Rasp, München
Satz LVD GmbH, Berlin
Druck und Binden CPI books GmbH, Leck, Germany
Printed in Germany

www.aufbau-verlag.de

Für mein Kind Kian

Inhalt

Einführung

Ich konnte nicht anders. Ich musste immer wieder einreisen, trotz all der Warnungen. Fünf Jahre lang habe ich als ARD-Büroleiterin aus Teheran berichtet, von 2015 bis 2020. Auch über Themen, die in der Islamischen Republik tabu sind wie Hinrichtungen, Drogenkonsum, Frauen, die unerschrocken und mutig für ihre Rechte kämpfen, oder afghanische Söldner, die von der iranischen Revolutionsgarde rekrutiert und nach Syrien geschickt werden. Über eine Gesellschaft, die zwei Leben parallel führt – das offizielle und das verbotene. Jede Geschichte, die ich erzählen wollte, war begleitet von Herzklopfen und dem Gefühl, dieses Mal holen sie dich, dieses Mal kommst du nicht davon. Dabei hoffte ich inständig, dass sich das Risiko lohnt, dass diejenigen, die mir im Westen zuhörten, den Iran nach meinen Berichten differenzierter sehen würden: Hört hin, schaut hin! Ich teile euch etwas mit, wozu die Menschen hier selbst nicht in der Lage sind. Weil sie nicht wie ich zwei Pässe haben, die ich meinem iranischen Vater und meiner deutschen Mutter zu verdanken habe. Weil sie sofort weggesperrt werden würden – ohne Anklage, ohne Anwalt. Tausenden ist es so ergangen.

Jetzt sind die Türen zum Iran für mich verschlossen. Ich darf nicht mehr einreisen. Dabei wollte ich genau das verhindern. Ich wollte unbedingt so viel wie möglich als Journalistin über das menschenverachtende System der Islamischen Republik berichten. Aber auch über die herzliche Gesellschaft, die einen mit offenen Armen empfängt. So offen, wie ich es sonst nirgendwo auf der Welt erlebt habe. Ich dachte, mit vielen versteckten Kommentaren in meinen Beiträgen könnte ich ein wahrhaftigeres und vollständigeres Bild des Regimes und der Gesellschaft vermitteln. Ich wollte Botschaften in die westliche Welt schicken, um mitzuteilen: Hier gibt es Menschen, die darauf hoffen, dass ihr sie unterstützt. Dass ihr sie erkennt. Dass ihr ihren Durst nach Freiheit seht und begreift. Ihren Wunsch, ein anerkannter Teil dieser Welt zu sein. Die meisten Menschen im Iran wollen nicht in den chinesischen Machtkosmos mit hineingezogen werden, auch nicht in den russischen, sie fühlen sich der westlichen Welt nahe. Sie wollen nicht zum Westen werden, sondern ein vom Westen akzeptiertes und respektiertes Land sein.

Eigentlich war es nur eine Frage der Zeit, bis ich ausgebremst werden würde. Denn meine grundlegende Aufgabe besteht darin, über das zu berichten, was geschieht. Im Iran wird man jedoch genau daran permanent gehindert. Es braucht dort mehr, es braucht einen ausgeklügelten Plan, um einen Bericht umzusetzen. Jede Sendeminute, die ausgestrahlt wird, kostet einen im Vorfeld unheimlich viel Kraft und Erfindungsreichtum. Ziel ist es, an eine Geschichte zu kommen, ohne davor von den Behörden, den Milizen oder dem Geheimdienst gestoppt zu werden. Vor diesem Hintergrund hoffte ich, dass der Zuschauer die entscheidenden Informationen herausfiltern würde. Dabei habe ich oft zu viel vorausgesetzt. Schließlich muss ich dafür sorgen, dass alle Informationen verständlich vermittelt werden, ohne dem Zuschauer grundlegende Kenntnisse über die Situation im

Land abzuverlangen. Das ist das Dilemma während der Berichterstattung aus dem Iran. Natürlich hätte ich versuchen können, die Verhältnisse von Anfang an radikal offenzulegen, dann hätte ich vielleicht mehr Zuschauer gewonnen. Oder wenn ich einfach mein Kopftuch während eines Interviews abgenommen hätte. Wenn ich darüber gesprochen hätte, wie der Geheimdienst versucht hat, mich zu erpressen, damit ich kooperiere. Wie man mir mit Gefängnis gedroht oder mich an der Ausreise aus dem Iran gehindert hat. Doch was hätte ich damit bewirkt? Ich wäre vielleicht als mutige Journalistin erwähnt worden, aber langfristig hätte ich nichts verändern können. Und der Iran hätte den Vorteil gehabt, eine internationale »Spionin« mehr ausweisen zu können.

Aus Deutschland erreichten mich immer wieder Tweets, in denen man mich aufforderte, das Kopftuch, das ich im Iran vom Gesetz verordnet tragen muss, abzunehmen. Man echauffierte sich darüber, dass sich eine deutsche Journalistin der Islamischen Republik unterordnet. Warum die ARD nicht einen männlichen Korrespondenten schicke? Wie bitte? Das machte mich fassungslos. Ich war so wütend über diesen Vorschlag, den ich nicht nur einmal zu hören bekam. Ein Freund, der die Diskussion darüber in den deutschen Medien mitverfolgte, schrieb mir: »Am Niedlichsten dabei ist das Argument, die Korrespondentin durch einen Korrespondenten zu ersetzen … Das Bild des feministischen Ausgleichs durch eine sexistische Geste zu retten.« Diesen Gefallen wollte ich der Islamischen Republik nicht tun.

Iran ist ein Land der Paradoxe. Nichts ist so, wie es scheint. Dazu zählt auch, dass der Iran das Land mit der pro-amerikanischsten Gesellschaft in der Region ist. Während gleichzeitig der politische Kurs des Landes von einem anti-amerikanischsten System bestimmt wird. Es handelt sich um ein

Land, in dem eine Frau vor dem Gesetz teilweise nur halb so viel wert ist wie ein Mann, aber 57 Prozent der Studierenden an Universitäten weiblich sind. Frauen müssen ihre Weiblichkeit unter Kopftuch, Mantel oder Schleier verstecken, und gleichzeitig ist der Make-up-Verbrauch nach Saudi-Arabien der höchste in der gesamten Region. Viele Angehörige der Familie von Revolutionsführer Ruhollah Khomeini sind inzwischen in die Opposition gegangen, sind im Exil, mundtot gemacht oder umgebracht worden. Hossein Shariatmadari, Chefredakteur der ultrakonservativen Zeitung Keyhan und Repräsentant des Revolutionsführers und erklärter Gegner des Atomabkommens, erzählte mir, dass eine Annäherung an den Westen unbedingt verhindert werden müsse, während er vor einem riesigen Apple-Computer saß.

Der Iran verkörpert keine homogene Diktatur, sondern eine hybride Form aus Autokratie und Demokratie. Unter dem Revolutionsführer beeinflussen mächtige rivalisierende Gruppen einen sich ständig verändernden politischen Kurs des Landes. Dabei bleiben die revolutionären Grundprinzipien, ganz gleich von welcher Gruppe, innerhalb des Machtsystems der Islamischen Republik unangetastet. Jede Gruppe im System kämpft ums eigene Überleben. Große Teile der Gesellschaft sind dabei der Verlierer. Die Machthaber der Islamischen Republik sprechen nicht von einer Diktatur, sondern, wie im Namen verankert, von einer Republik. Doch der Revolutionsführer, der an der Spitze des Machtsystems steht, kann durch die ihm untergeordneten ultrakonservativen Gremien die demokratischen Elemente jederzeit aushebeln, was permanent geschieht.

Wenn mir hier in Deutschland jemand mitteilte, dass er so selten etwas über den Iran im Fernsehen sehe, bricht aus meinem Herzen ein kleines Stück heraus. Denn dafür wollte ich doch sorgen. Jedes Mal, wenn wir einen Beitrag drehten, war es für uns ein zermürbendes Katz-und-Maus-Spiel mit dem System, seinen Ministerien und Geheimdiensten. Jeden Tag, jede Stunde, jede Minute kontrollierten sie uns westliche Journalisten. Die Zwischentöne und geheimen Botschaften in meinen Beiträgen verstanden sie am besten. Sie hörten genau das, was ich eigentlich vermitteln wollte: Große Teile der Bevölkerung im Iran haben genug von der Islamischen Republik. Sie sind erschöpft. Müde, aufgerieben vom Kampf ums Überleben in einem korrupten System, in dem sie verarmen, während sich die Eliten bereichern. Zu lange wurde die Bevölkerung im Namen des Islams schikaniert, geschunden und missbraucht. Die Staatsideologie zieht nicht mehr. Ich kenne in der gesamten islamischen Welt keine so unislamische Gesellschaft wie die des Iran. Laut einer aktuellen Umfrage aus dem Sommer 2020 des GAMAAN Instituts in den Niederlanden wollen 70 Prozent der Bevölkerung nichts mehr mit Religion zu tun haben. Nur 30 Prozent betrachten sich laut der Umfrage als Muslime. Große Teile der Gesellschaft vermittelten mir, für eine Säkularisierung des Staates bereit zu sein. Wie religiös das Land wirklich noch ist, weiß niemand. Die Menschen wollen in Ruhe leben und in Freiheit.

Ist mein Blick auf den Iran nur kritisch? Nein, denn es gibt auch das Land und die Menschen jenseits der Politik, die in den Nachrichten selten vorkommen. Ich muss nur meine Augen schließen, und unzählige Bilder dieses einzigartigen Landes erscheinen. Die gastfreundlichen herzlichen Menschen, die immer bereit sind zu helfen. Der Alltag, der bestimmt ist vom Miteinander: Großeltern werden in den meisten Fällen nicht abgeschoben, sie altern im Kreis ihrer Familie. Wenn sich Arbeiter auf der Straße mit Reparaturen von Strom- oder

Wasserleitungen plagen, kommt ein Anwohner mit einem Tablett vorbei mit Essen und Getränken für die Männer. Wenn ich ein Problem hatte, stand mir jemand hilfsbereit zur Seite. Immer gab es einen, den ich anrufen konnte, der da war und das Problem löste. Iraner haben gelernt, dass sie sich nicht auf den Staat verlassen können, sondern nur aufeinander. Das macht achtsam. Nachbarn, die sich nicht kennen, geschweige denn nicht grüßen, gibt es nicht. Zumindest habe ich das nie erlebt.

Im Iran kann man in den Bergen bei Teheran Ski fahren und bei 40 Grad am Persischen Golf am Strand entlangspazieren. An einem Tag. Ich habe nie ein Land bereist, in dem ich Landschaften sah, die kontrastvoller kaum sein können. Als hätten sich viele Elemente aller Kontinente in einem einzigen Land getroffen. Besonders liebe ich die unendlich weite Wüste, in der ich jedes Mal strahle, wenn ein Kamel auftaucht. Ich liebe es, in die iranischen Provinzen zu fahren, dort mit den Menschen zu sprechen. Wenn sie mir ihre Geschichte erzählen, wird mir jedes Mal bewusst, wie wichtig es ist, als Journalistin mit der Bevölkerung direkt kommunizieren zu können. Ihre Sprache so zu beherrschen, dass man die Bedeutung zwischen den Zeilen versteht. Je tiefer man ins Landesinnere gelangt, je weiter weg von Teheran und der Politik, desto warmherziger werden die Menschen. Sie begrüßen einen mit offenen Armen und offenen Gedanken. Oft vernichten sie das Regime in ihren Aussagen bei einem heißen Tee und einer saftigen Dattel. Fast jeder Bauer kann die amerikanischen Präsidenten aufzählen. Sie wissen, was in ihrem Land vorgeht und in der Welt.

Die Türen bleiben vorerst geschlossen. Die Wahrscheinlichkeit sei hoch, dass ich als politische Geisel genommen würde, teilte das Auswärtige Amt meinem Sender, dem Bayerischen Rundfunk, mit. Die ARD läuft Gefahr, ihr Büro vor Ort schließen zu müssen. Die deutsch-iranischen Beziehungen, die jahrzehntelang trotz Gründung der Islamischen Republik funktionierten, stünden dann vor einer Zerreißprobe. Die außenpolitischen Beziehungen haben sich in den letzten Jahren nicht verbessert, ganz im Gegenteil. Das Atomabkommen steht auf der Kippe. Deutschland will die Beziehungen zum Iran nicht noch mehr strapazieren. Viele europäische Doppelstaatler – wie ich mit einen deutschen und einem iranischen Pass – wurden in den letzten Jahren festgenommen, ausreisegesperrt, inhaftiert. Das Auswärtige Amt warnt sie seit Ende 2020 vor einer Einreise in den Iran. Die Islamische Republik ist an ihrem Limit angekommen. So fühlt es sich an. Das Land ist sanktions- und coronageplagt. Es ist wirtschaftlich, finanziell und gesellschaftlich am Ende.

Erst jetzt wird mir bewusst, wie gefährlich es war, in diesem von mir so innig geliebten Land zu arbeiten. Erst jetzt träume ich bruchstückhaft davon, dass ich verfolgt werde, der Revolutionsgarde nicht entkomme, man mich ins Auto zerrt, in ein Verließ sperrt oder am Flughafen rauszieht. Ich hatte all die Jahre kaum Angst gespürt. Ich habe sie häufig verdrängt. Und wenn sie mich überfiel, dann half mir Sarkasmus. Mein gesamtes Team, es bestand nur aus drei Personen, ging so mit der Angst um. Unser Ziel bestand darin, die Berichterstattung möglich zu machen. Wir hatten dabei weder die Gefahr im Blick noch Arbeitszeiten. Wir wollten nur berichten. Ich scherzte oft mit meinen Kollegen in Teheran, welche Obstkonserven sie mir ins Gefängnis bringen sollten, und wir einigten uns auf »Tropical Mix«. Innerlich bereitete ich mich nicht nur einmal darauf vor, eine Zelle für längere Zeit von innen zu sehen. Ein seltsames, beklemmendes Gefühl, wenn man in einer Demokratie aufgewachsen ist. Ich überlegte mir, welche Bücher ich lesen würde. Und ich hatte eine Abfolge von Sportübungen auf einer App auswendiggelernt, die ich im Gefängnis täglich wiederholen könnte. Seven High Intensive Intervalltraining. Sieben Minuten lang. Ich dachte, wenn ich mich innerlich darauf vorbereitete, ins Gefängnis zu kommen, dann würde es mir nicht mehr so viel ausmachen, wenn es soweit wäre. Zumindest redete ich mir das ein.

Dieses Buch ist keine wissenschaftliche Analyse. Es liefert vielmehr einen aktuellen Lagebericht des Landes und einen Abriss der Geschichte der Islamischen Republik aus meiner Perspektive als Journalistin, als Tochter eines Persers und einer Deutschen, aufgewachsen in Deutschland. Mit den Augen einer Vermittlerin zwischen den Kulturen, die ich, seit ich klein gewesen bin, werden wollte. Eine, die zwischen diesen zwei Welten, zwischen Anti-Amerika-Demonstranten in Teheran und tanzenden Menschen auf Bierbänken auf dem Oktoberfest in München, jongliert. Oft innerhalb von 24 Stunden. Ab und zu kam meine Seele nicht schnell genug nach. Sie hing dann irgendwo dazwischen. Die größte Energie weiterzumachen bekam ich, wenn mir Zuschauer mitteilten, dass sie nach einem Bericht von mir den Iran plötzlich mit anderen Augen sahen. Nicht mehr nur schwarz oder weiß.

Kinder der Revolution

Ich bin ein Kind der Revolution. Aber nicht eines, das die Folgen der Revolution im Iran selbst ertragen musste, sie akzeptieren, damit leben. Nur mein Geburtsjahr verbindet mich mit Millionen Iranern, die keine andere Staatsform kennen als die der Islamischen Republik. Dafür haben ihre Eltern gesorgt. Am 1. Februar 1979 kam Ayatollah Khomeini aus dem Exil in Frankreich zurück. Ich hatte Jahre später die Gelegenheit, drei Menschen kennenzulernen, die Khomeinis Ankunft im Iran miterlebt haben, zwei davon saßen mit ihm im Flugzeug: Der Journalist Peter Scholl-Latour und Sadegh Tabatabai, ein enger Wegbegleiter Khomeinis. Sie erzählten mir beide, unabhängig voneinander, dass sie nicht sicher gewesen seien, ob die Maschine von Air France, in der Revolutionsführer Khomeini saß, je landen oder vorher abgeschossen würde. Zu diesem Zeitpunkt war noch nicht klar, ob sich das Militär nicht doch noch in letzter Minute gegen den neuen Anführer stellen würde – oder das Ausland. Das Flugzeug landete sicher in Teheran und brachte den Anführer der Revolution zurück. Seit 1964 war er ins politische Exil verbannt gewesen, viele Jahre verbrachte er im Irak, die letzten Monate, als die Revolution im Iran schon in vollem Gange war, in Frankreich. Auf dem Sitz neben ihm im Flugzeug hatte die neue Verfassung für das Land gelegen. Bald sollte die Islamische Republik ausgerufen werden. Eine Republik, die laut Khomeini wie alle anderen Republiken fungieren sollte, nur mit dem einen wichtigen Unterschied: die Integrierung des islamischen Gesetzes, der Scharia. Ein wichtiger Unterschied, den die Menschen bald zu spüren bekommen sollten. Die erste Verhaftungswelle gegen Revolutionsgegner und Schahtreue sollte schon wenige Tage nach Khomeinis Ankunft beginnen.

Zum 40. Jahrestag der Islamischen Republik postete ich auf Twitter ein Bild, das sich viele Iraner über die sozialen Medien zuschickten. Auf dem Bild war eine Air-France-Maschine zu sehen, die mit ausgefahrener Treppe auf dem Rollfeld des Teheraner Flughafens stand. Der Teppich, der über der Treppe lag, war blutgetränkt. Dafür wurde mir meine Pressekarte für drei Monate entzogen.

Als Ayatollah Khomeini an diesem kalten Februartag in Teheran landete, stand mein Mentor, der damalige ARD-Korrespondent Peter Mezger, mit über 150 anderen Journalisten der Weltpresse am Flughafen. Er hatte sich direkt an der Flugzeugtreppe, von der Khomeini hinunterschreiten sollte, einen Platz erkämpft. Peter erzählte mir, wie er die bedingungslose Euphorie der Massen miterlebt hatte. Die Bevölkerung, auch diejenigen, die bisher ein westliches Leben geführt hatten, freute sich auf das Neue. Man wünschte sich nichts sehnlicher als eine Verbesserung des Ist-Zustandes. Ein unglaublicher Optimismus hatte alle Gesellschaftsschichten erfasst. In keinem der Interviews, die er damals auf den Straßen geführt hat, waren Zweifel an dem Großen und Neuen zu hören. Da bis zu diesem Zeitpunkt die Kleriker in der Opposition waren und Religion ein wichtiger Bestandteil des alltäglichen Lebens im Iran, war der Islam im Land noch nicht negativ behaftet. Die Menschen lebten damals viel religiöser als heute. Als Khomeini aus dem Flugzeug stieg, wirkte das wie eine Inszenierung, erzählte mir Peter. Frenetischer Jubel setzte ein. Es war nicht inszeniert, es war eine spontane Reaktion, betonte mein Mentor. Khomeini selbst zeigte keine Regung. Massen blockierten die Straßen, so dass er nicht mit dem Auto in die Stadt gebracht werden konnte, sondern mit dem Hubschrauber zum Behesht-e Zahra Friedhof geflogen wurde. Dort wollte er zu den knapp zwei Millionen Menschen, die auf ihn warteten, sprechen: Studenten, Intellektuelle, Kommunisten, einfache Arbeiter und Professoren, Frauen im Minirock und Frauen im Tschador, dem traditionellen schwarzen Ganzkörperschleier. Quasi die gesamte Gesellschaft fand sich auf der Straße wieder. Khomeini sollte die erhoffte politische Veränderung und Freiheit bringen, erzählten mir viele ehemalige Revolutionäre später in Interviews. Man wollte Mohammad Reza Pahlavi, den Schah im Iran, und seinen brutalen Geheimdienst, den SAVAK (Sazman-e ettelaat o amniat-e keshvar, Organisation für Informationen und Sicherheit des Landes), der vom israelischen Mossad und der CIA aufgebaut worden war, endgültig loswerden. Die Pressefreiheit und Meinungsfreiheit sollten gestärkt, die Oppositionellen aus den Gefängnissen befreit und die Kluft zwischen Arm und Reich verringert werden. In seiner Rede auf dem Friedhof versprach Khomeini allen Menschen kostenlos Strom und Wasser. Diese Rede war hinterher nicht mehr wiederzufinden. Man löschte die Spuren seines Versprechens, da es nie eingelöst wurde. Vielen war es jedoch sehr gut in Erinnerung geblieben.

Die Revolution war zunächst iranisch, nicht islamisch. Ayatollah Khomeini kündigte an, sich in die religiöse Hochburg, nach Qom, in die Stadt, in der er schon studiert und lange gelehrt hatte, zurückzuziehen. In seinem Buch *Welayat-e*

Faqih (die Statthalterschaft des Rechtsgelehrten), das auf seinen Reden und Schriften im Exil beruht, beschreibt Khomeini das Regierungssystem der Islamischen Republik. Doch die wenigsten haben dieses damals zu Schahzeiten verbotene Buch gelesen. Sie hätten ansonsten erfahren, was Khomeini vorhatte. Während der Revolution war ihnen alles recht, das Ziel vereinte die verschiedenen oppositionellen Gruppen: Der Schah sollte gehen. Am 16. Januar 1979 wurde genau das erreicht, der Schah und seine Familie verließen den Iran. Iranische Tageszeitungen titelten: »Schah raft«, der Schah ist gegangen, und die Bevölkerung feierte auf den Straßen. Für einen Moment vergaß man die politischen Differenzen. Die verschiedenen kommunistischen und linksliberalen Gruppierungen, die extra aus dem Ausland in Bussen anreisten, feierten zusammen mit den mächtigen konservativen Bazarhändlern, nationalistischen Gruppen, die Linksintellektuellen feierten mit den Traditionalisten, gemäßigte islamische Parteien mit Studentenvereinigungen, westlich Eingestellte mit Religiösen.

Viele fragen heute, warum eigentlich nicht die Demokratie angestrebt wurde? Ich frage mich das auch, 1978 in Westdeutschland geboren. Warum soll also Demokratie nicht die beste Staatsform sein? Dazu las ich eine interessante Analyse der Professorin für Islamwissenschaft Katajoun Amirpur. Sie beschreibt, wie negativ die Staatsform Demokratie in den 1960er und 1970er Jahren von einigen namhaften Intellektuellen im Iran betrachtet wurde: »Ein wesentlicher Grund dafür war, dass der Schah für seine diktatorische Herrschaft amerikanische Hilfe erhielt. Seither galt der demokratische Westen in den Augen vieler iranischer Intellektueller als diskreditiert. Weil also das iranische System eine Demokratie zu sein behauptet und dennoch tyrannisch ist, wendeten sich viele Denker von der Demokratie insgesamt ab. Und beeinflussten mit ihrer Denkweise die Massen.«

Ab diesem Zeitpunkt wurde alles, was mit dem Westen in Verbindung gebracht wurde, verachtet, verbannt und zerstört. Fast alles. 40 Jahre später sprach ich mit dem Hüter eines sehr besonderen Schatzes. »Der verborgene Schatz«, so nannte ich meine Dokumentation, die die Geschichte der größten zeitgenössischen Kunstsammlung außerhalb Europas und den USA erzählt. Die inzwischen milliardenschwere Sammlung liegt seit der Islamischen Revolution im Keller des Zeitgenössischen Museums in Teheran, dem TMOCA. Beschützt von einem Mann, der die Kunstwerke als »seine Kinder« bezeichnet. Firouz Shahbazi hatte keine Ahnung von Kunst, als ihm inmitten der Revolution 1979 gesagt wurde, dass er von nun an auf die Bilder im Keller aufpassen solle. Er eignete sich über die Jahre ein enormes Wissen über die Werke an. Ursprünglich war er 1977 vom Museum als Fahrer angestellt worden. Dann kam die Revolution. Unter Tränen erzählte er mir, dass ihm nichts wichtiger sei als der Erhalt dieser Bilder. Dafür geht er jeden Tag den langen Gang in den Keller, schließt mit einem großen Schlüssel die dicke Eisentür auf und schaut nach seinen »Kindern«. Firouz konnte sich noch gut an die Zeit der Revolution erinnern, als er fürchtete, die Bilder würden zerstört werden, als Teheran brannte. Die aufgebrachten Massen auf den Straßen gegen den Westen wüteten und hetzten.

Farah Diba, die damalige Kaiserin, kaufte diese Kunst in den 1970er Jahren. Werke von Jackson Pollock, Andy Warhol, Gustav Klimt, Marc Chagall, Claude Monet und vielen anderen zeitgenössischen internationalen und iranischen Künstlern. Eine Sammlung, die heute auf einen Wert von ungefähr drei Milliarden US-Dollar geschätzt wird. Die

Fotografin Jila Dehjan, die damals bei der Eröffnung des Museums im Oktober 1977 die Eindrücke dieser sehr westlichen, extravaganten Eröffnungsfeier festhielt, erzählte mir, dass die iranischen Zaungäste verwirrt auf das Kaiserpaar schauten, das umringt war von schillernden exotischen Performance-Künstlern aus aller Welt. Die damalige iranische Elite feierte exzessiv mit ihren internationalen Gästen wie Rockefeller oder dem ehemaligen Leiter des Guggenheim-Museums. Begleitet wurde das ganze Schauspiel von experimenteller Musik. Die Fotografin erzählte mir: »Damals wirkte das alles neu auf mich und ziemlich grotesk. Ganz abgesehen davon, wie das bei der normalen Bevölkerung ankam. Die damit bisher nichts zu tun hatte. Auf den Bildern, die ich damals fotografierte, sieht man die erstaunten Reaktionen. Als ich fotografierte, wurde mir plötzlich bewusst, was es für eine große Kluft gibt zwischen dieser avantgardistischen Elite und dem Normalbürger. Ich wollte alle Reaktionen aufnehmen, sowohl die der Intellektuellen, die an den Feierlichkeiten teilnahmen, als auch die derjenigen, die von außen auf diese Veranstaltung schauten und nicht verstanden, was da gerade passierte. Das war mehr, als die Bevölkerung zur damaligen Zeit akzeptierte.«

Es waren viele einzelne Umstände, die aufeinandertrafen und schließlich zur Revolution 1979 im Iran führten: Die Unterwürfigkeit des Schahs den Amerikanern gegenüber, das Verhalten der Amerikaner im Land. Sie verhielten sich herablassend gegenüber den Einheimischen, erzählte mir eine Lehrerin, die damals als Studentin auch gegen den Schah auf die Straße ging. Sie stand in einer Schlange vor dem Kino an, als sich ein Dutzend US-Soldaten einfach vordrängelten und ihr den Platz stahlen. 52 000 Amerikaner lebten vor der Revolution im Iran. Tausende US-Soldaten waren damals im Iran stationiert und genossen durch den Schah ab 1964 politische Immunität. Nicht zuletzt wurden die Weichen für die Revolution von 1979 auch schon 1953 gestellt, als die CIA und der MI6 den demokratisch gewählten Ministerpräsidenten Mohammad Mossadegh durch einen inszenierten Putsch stürzen ließen. Das Vertrauen zum Westen hat seitdem schwer gelitten.

Das Paradoxe an der iranisch-amerikanischen Zweckgemeinschaft war, dass Mohammad Reza Schah Iran mit schier endlos fließenden Petro-Dollars und amerikanischen Waffen zur Regionalmacht aufbaute und dadurch dem Westen ein Dorn im Auge wurde. Entscheidend dafür war auch das unnachgiebige Auftreten des Schahs im Zuge der Ölkrise. Über die von ihm durchgesetzte Erhöhung des Ölpreises drohte die Weltwirtschaft aus dem Gleichgewicht zu geraten. Der 1977 neu gewählte amerikanische Präsident Jimmy Carter wollte den Schah loswerden. Die internationale Gemeinschaft und auch schon zuvor die Medien wandten sich gegen den Schah. In vielen westlichen Städten gab es Demonstrationen gegen das diktatorische Regime. Auf der Konferenz von Guadeloupe im Januar 1979 distanzierte man sich vom Schah, ließ ihn fallen, so sagte es mir später seine Frau Farah Diba, die ehemalige Kaiserin, in einem Interview. Man wollte eine neue »politische Lösung« anstreben, ohne dass es bisher gelungen wäre, dafür »den richtigen Mann zu finden«, so heißt es in den Akten zur Auswärtigen Politik der BRD auf der Konferenz. Der französische Präsident Valéry Giscard d'Estaing wurde beauftragt, Kontakt zu Ajatollah Khomeini herzustellen, um die Frage eines möglichen Regierungswechsels zu eruieren. »Solange er keine Anzeichen zeigte, dass er mit dem Kommunismus sympathisierte, wurde er nicht als Bedrohung angesehen«, so ein israelischer General, der damals in Teheran stationiert war. Auch 2016 freigegebene Dokumente der US-Regierung zeigen, dass die USA hinter den Kulissen ein differenzierteres Verhalten hatten, als die Öffentlichkeit mitbekam. Nur zwei Tage nachdem der Schah Teheran verlassen hatte, ließen die USA über einen Gesandten Khomeini mitteilen, dass sie im Prinzip offen für die Idee seien, die iranische Verfassung zu ändern und die Monarchie effektiv abzuschaffen. Und sie gaben dem Ayatollah eine wichtige Information – die iranischen Militärführer waren flexibel in Bezug auf ihre politische Zukunft. Khomeini wusste demnach von den Amerikanern, dass er sich vor dem Militär im Iran nicht fürchten musste.

Der Ruf nach mehr Freiheit, die brutale Unterdrückung durch den Geheimdienst SAVAK, die verschwenderischen Ausgaben des Schahs und seine gelebte Verwestlichung, die die Gesellschaft verunsicherte und kulturell spaltete, seine zu spät eingesetzten Liberalisierungsversuche und das Fallenlassen seiner Person durch ebendiesen von der Bevölkerung verhassten Westen führten letztendlich dazu, dass er und seine Familie das Land verlassen mussten und Khomeini aus dem Exil zurückkommen konnte. Der Westen verlor dadurch seinen engsten Verbündeten im Nahen Osten. Und die Islamische Republik konnte gegründet werden. Bei einem Referendum wurde das Volk gefragt, ob eine Islamische Republik anstelle der Monarchie eingeführt werden solle. 97 Prozent der Wähler stimmten dafür. Am 1. April verkündete Khomeini offiziell die Gründung der Islamischen Republik.

Auch wenn das klerikale Establishment unvorbereitet an die Macht kam, auch wenn sie zu Beginn sagten, sie würden sich aus der Politik zurückziehen, sie schafften es, an der Macht zu bleiben – bis heute. Es war der Klerus, der als einzige Gruppe der Revolution überlebte. Alle politischen Rivalen, die zunächst Verbündete waren, die die Revolution unterstützt hatten, wurden getötet, oder, wenn sie Glück hatten, an den Rand oder ins Exil gedrängt. Dabei war die liberale linke Bewegung ursprünglich davon ausgegangen, dass sie Khomeini benutzen könnten, um den Schah loszuwerden. Sie hatten darauf vertraut, dass Khomeini nach erfolgreichem Sturz des Schahs zurück in die Moschee gehen würde. Es war umgekehrt. Khomeini hatte sie benutzt. Alle Schlüsselpositionen wurden mit schiitischen Klerikern besetzt. Ein theokratisches Machtmonopol, das Herrschaftsprinzip des Velayat-e Faqih (die Herrschaft des islamischen Rechtsgelehrten), das Khomeini schon Jahrzehnte vorher zum Ziel hatte, war etabliert. Ab jetzt sollte gemäß Artikel 56 der iranischen Verfassung die Souveränität nicht vom Volke, sondern von Gott beziehungsweise seinem Stellvertreter auf Erden ausgehen. Der Gottesstaat war geboren.

Es war eine Revolution, die die Geschichte veränderte. Ein epochales Ereignis, das nicht nur die politischen Entwicklungen in der Region bestimmen, sondern auch der Rolle und Gewichtung des politischen Islams eine neue Dimension geben sollte. Eine Revolution, die die ganze Welt beeinflusste.

Niemand hätte sich damals im Februar 1979 vorstellen können, dass 40 Jahre später fast jeder Taxifahrer in Teheran zum Abschied sagt: »Gott schütze den Schah«. Oder dass ein Geistlicher, gekennzeichnet durch seinen Turban, der in Teheran in einen Bus steigen möchte oder nach einem Taxi ruft, ignoriert wird, wenn er Glück hat. Denn er könnte auch angespuckt und beschimpft werden. Ich habe von vielen Geistlichen gehört, dass sie inzwischen ihren Turban abnehmen, wenn sie in die Hauptstadt kommen, um nicht als Mullah erkannt zu werden.

Die Einstellung der Gesellschaft zur Revolution hat sich gravierend verändert. Die Kinder der Revolution hören von ihren Großeltern romantisierte Geschichten aus der Schah-Zeit, kennen nichts anderes als die Islamische Republik und sehnen sich nach der Welt außerhalb des Iran, die sie über VPN-Kanäle in den vom Staat geblockten sozialen Medien verfolgen und auf verbotenen Fernsehkanälen, produziert von Exil-Iranern über verbotene Satellitenschüsseln.

In einer Reportage, die ich für den ARD *Weltspiegel* anlässlich des 40. Jahrestages der Islamischen Republik gedreht habe, porträtierte ich drei Frauen aus drei Generationen. Die jüngste war wenige Monate zuvor verhaftet worden. Der Grund: Sie drehte mit ihren Freunden ein Musikvideo mit dem Songtitel »Happy« von Pharrell Williams. Weltweit produzierten nach der Veröffentlichung dieses Liedes junge Menschen Videos und stellten ihre eigene »Happy«-Version ins Internet. Die jungen Menschen im Iran, die das Gleiche taten wie andere in ihrem Alter im Ausland, wurden dafür verhaftet. Ihre Bestrafung: Haftstrafen von bis zu einem Jahr sowie 91 Peitschenhiebe auf Bewährung. In der Dokumentation sprach ich auch mit einer Ärztin. Sie ging damals als glühende Anhängerin auf die Straße, denn sie sehnte sich nach Freiheit, von der ihr ihre Freunde im Ausland erzählten. Sie sagte mir, wenn sie gewusst hätte, wohin die Revolution führen würde, wäre sie nie auf die Straße gegangen, und sie sei sich sicher, viele andere auch nicht. Zum Schluss interviewte ich noch eine ältere Dame. Sie trug zu Schah-Zeiten einen Minirock und trank Whiskey. Dann kam die Revolution, sie zog sich einen Tschador an und trägt diesen bis heute. Ihr Erbe hat sie schon vor ihrem Tod einer religiösen Stiftung versprochen. Die junge Frau, die das Musikvideo drehte, ist die Tochter der Ärztin. Die sich bei ihr dafür entschuldigte, damals für die Revolution auf die Straße gegangen zu sein. Sie wiederum ist die Tochter der alten Frau, die zu Schah-Zeiten noch einen Minirock trug. Es sind die Kinder der Revolution, die jetzt das Erbe ihrer Eltern ertragen müssen. Für diesen Film wurde mir für mehrere Monate meine Pressekarte entzogen.

Kriegszeiten

Es war meine deutsche Mutter, die mir als Erste das Land meines Vaters zeigte. Sie lebte mir in meinen Kinderjahren vor, wie diese zwei so verschiedenen Kulturen vereinbar sind. Ich bat meine Mutter erst vor kurzem, mir zu erklären, warum sie eigentlich auf die absurde Idee kam, mit ihren beiden kleinen Töchtern, meiner Schwester und mir, mitten im Iran-Irak-Krieg nach Teheran zu fliegen. Ihre Erklärung lautete:

März 1982 – Ein Anruf aus Teheran:

Amir, der Mann meiner Lieblingsnichte Sedighe – sie waren erst ein paar Monate verheiratet – galt im Irak-Iran-Krieg als vermisst und war wahrscheinlich gefallen. Sedighe war im 3. Monat schwanger. Es war unfassbar. Warum er, warum dieser wunderbare Mensch, mit dem Sedighe so glücklich war – und sie doch erst am Anfang ihrer Liebe standen? Ich konnte es kaum aushalten, so weit von Sedighe entfernt zu sein und sie nicht in den Arm nehmen und trösten zu können. Obwohl, es konnte keinen Trost geben. Nach ein paar Tagen stand für mich fest: Ich werde mit Natalie und Jasmin nach Teheran fliegen. Natalie war fast vier, Jasmin zwei Jahre alt. Seit 1979 gab es die iranische Revolution, jetzt den Krieg. Es war mir egal. Roohollah, mein Ehemann, konnte nicht in den Iran. Zu groß war die Gefahr, dort vielleicht durch eine Namensverwechslung auf irgend-

einer Liste der Regierung zu stehen und willkürlich festgenommen zu werden. Ich war seit Anfang 1978 nicht mehr im Iran gewesen – damals war noch der Schah an der Macht.

Nun, 1982, bot sich mir ein ganz neues Bild, eine komplett andere Atmosphäre. Bereits im Anflug auf Teheran wurden die Frauen im Flugzeug darauf hingewiesen, dass sie nun islamischen Boden betreten würden und ein Kopftuch tragen müssten. Es dauerte ungefähr drei Stunden vom Ausstieg über die Passkontrolle bis zur Kofferausgabe. Die Kinder waren hungrig und durstig, Jasmin hatte sich beim Landeanflug übergeben. Der sehr unfreundliche Mann, der mit seinen dunklen finsteren Augen an der Grenzkontrolle stand, öffnete meine Koffer, hob im Zeitlupentempo jedes Kleidungsstück hoch und ließ es wieder fallen – wohl deshalb, weil er mir zeigen wollte, wer hier jetzt das Sagen hat. Ich musste alles einzeln wieder in den Koffern verstauen.

Die übermüdeten, hungrigen kleinen Kinder an meiner Seite, die feindliche Gesinnung der Flughafenangestellten, die grimmig blickenden Soldaten mit Maschinengewehren im Hintergrund, mein ständig verrutschendes Kopftuch – ich war den Tränen nahe und konnte nicht mehr. Da erschien plötzlich wie durch ein Wunder mein Schwager Zabihollah. Ich frage mich heute noch, wie er durch die Absperrung kommen konnte, beide Mädchen an die Hand nahm und mit ihnen zum Ausgang ging. Obwohl sie ihn noch nie gesehen hatten, gingen sie ohne weiteres mit ihm hinaus, wohl spürend, dass er sie nun erlösen würde. Nun wusste ich, dass alles gut wird. Es dauerte noch sicher zwei Stunden, bis auch ich das Flughafengebäude verlassen konnte. Natalie und Jasmin waren mit Zabihollah schon mit dem Auto nach Hause zur Familie gefahren. Ein weiterer Verwandter nahm dann vor dem Flughafen auch mich in Empfang, und wir fuhren in einem anderen Auto heim. Obwohl es Nacht war, konnte ich auf den Straßen die bedrückenden Veränderungen in Teheran sehen. An jeder Ecke standen einschüchternde Soldaten, immer mit Maschinengewehren, alle paar Meter riesengroße Plakate mit Ayatollah Khomeini, dem Begründer der Islamischen Republik Iran. Ich hatte mich im Auto etwas erholen können. Nun war ich bei meiner Familie und wusste, da kann uns nichts mehr passieren. Sie werden auf uns aufpassen. Angekommen zuhause, spürte ich die große Zuneigung und Fürsorge uns gegenüber. Und endlich konnte ich nun Sedighe in den Arm nehmen. Wir weinten miteinander – und ich konnte ihre unendliche Verzweiflung spüren. Trost gab es keinen, Worte hätten nur schal geklungen. Ich konnte nur da sein, einfach nur da sein. Die Nähe zu ihr tat auch mir gut – und schmerzte gleichzeitig. Der Alltag musste bewältigt werden, trotz allem: Einkaufen, Kochen, Besuche empfangen etc. Das Leben ging weiter.

Meine beiden Mädchen fühlten sich sofort wohl, obwohl sie ja der persischen Sprache – bis auf ein paar wenige Wörter – gar nicht mächtig waren. Ich selber konnte mich schon einigermaßen gut verständigen, so dass ich morgens gerne allein zum Bäcker ging und drei oder vier Nune Barbari kaufte, ein wunderbares, noch warmes, knuspriges Fladenbrot, das vor meinen Augen in einem Steinofen, einer Art Höhle, gebacken wurde. Es war immer wieder faszinierend, zuzuschauen.

Es konnte aber auch passieren, dass mich ein streng blickender Mann in der Schlange vor der Bäckerei ansprach und mich darauf hinwies, dass ich nicht züchtig genug gekleidet sei. Ich trug nämlich trotz des langen Mantels, der bis kurz über den Knöcheln endete, keine Strümpfe. Und das sei nicht islamisch genug.

Wir blieben drei oder vier Wochen – ich weiß es nicht mehr genau –, es war eine schöne Zeit bei der Familie, doch wir ver-

mieden es, zu oft auf die Straße zu gehen. Von Weitem konnte ich einschlagende Bomben hören, die mir bewusst machten, dass Krieg ist. Gegen Ende unseres Aufenthaltes gab es nochmal Aufregung. Mein Pass, den man eingezogen hatte, war auf dem Amt nicht auffindbar. Mein Schwager stellte sich eine Woche lang dort jeden Tag stundenlang in die Warteschlange, um ihn in Empfang zu nehmen. Endlich kam er mit dem guten Stück nach Hause. Ich spürte große Erleichterung. Wir begaben uns wieder auf die Heimreise nach München. Und ich machte mir schon damals Gedanken darüber, ob wohl die großen Erwartungen, die viele Iraner in den Wechsel vom Schah-Regime zur Islamischen Republik gesetzt hatten, sich erfüllen würden.

Vermutlich war es meine Mutter, die mir den Mut gab, den ich für mein Leben bisher brauchte. Sie war es, die uns zeigte, dass die Welt größer ist als unsere Grenzen. Dass jeder Einzelne gesehen werden sollte, Vorurteile fremden Menschen gegenüber einem nur im Weg stehen. Sie hat es nie in Worte gefasst, sie hat es uns einfach vorgelebt.

Die Putzfrau

Wir, meine kleine Schwester und ich, saßen unter einem mittelgroßen runden Tisch, im Keller. Zusammen mit unseren persischen Cousinen, die mit meiner Tante aus der Wüstenstadt Yazd nach Teheran angereist waren, um den Besuch aus Deutschland zu empfangen. Wir hatten deutsches Waschmittel mitgebracht, Zahnpasta und Milka-Schokolade in Massen. Dinge, an die im Iran zu Kriegszeiten nicht zu denken war. Für Essensmarken mussten sich die Menschen oft stundenlang anstellen, selbst um nur Grundnahrungsmittel zu bekommen. Bis heute bringen wir Zahnpasta, Milka-Schokolade und Waschmittel mit. Es ist zur Familientradition geworden, obwohl es all das im Supermarkt neben unserem Haus in Teheran längst wieder zu kaufen gibt.

Über den Tisch war ein langes weißes Bettlaken ausgebreitet, das bis zum Boden reichte. Es war gemütlich, wir fühlten uns sicher und unbeobachtet. Weit weg von den Erwachsenen. Die saßen zusammen ein Stockwerk über uns, aßen Obst und tranken Tee. Unser Haus in Teheran besteht aus drei Stockwerken. Seit ich denken kann, war es immer voll mit Familie und Gästen. Vom Keller aus gelangt man in einen kleinen Garten. Umgeben von hohen Mauern. Dort standen riesige Bäume, so groß sind sie eigentlich nicht, aber damals wirkten sie riesig. Und rot, so dicht hingen die dunkelroten Maulbeeren in den Ästen. Es gab noch einen großen Baum voll von orangefarbenen Khormalu, die zuckersüße Kakifrucht. Die Zweige des Baumes reichten bis in den ersten Stock, so dass man nur seinen Arm ausstrecken musste, um die Frucht, die im Herbst reift, aus dem Zimmer heraus zu ernten. Ich aß erst Jahre später meine erste Kakifrucht, als ich als Schülerin für ein Praktikum in den Iran kam. Als Kinder waren wir immer nur im Frühling im Iran.

Der einzige Grund, warum wir unten im Keller spielten, war die Putzfrau. Wir wollten sicher vor ihr sein. Sie war erst seit drei Wochen im Haus der Familie meines Vaters angestellt. Uns wurde eingeschärft, ihr nicht zu vertrauen. Sie könnte uns verpetzen. Wir wussten an wen: an das Regime und seine gefährlichen Aufpasser, die Pasdaran, wie die Revolutionsgarde auch genannt wurde. Eine militärische Einheit zum Schutz der Islamischen Revolution gegen Feinde von außen und Konterrevolutionäre. Die Putzfrau sei eine Hezbollahi, warnte uns unser Onkel. Damals nannte man Menschen, die der Revolution nahestanden, religiös waren, die Vorschriften strikt einhielten, umgangssprachlich Hezbollahi. Damit war aber nicht gemeint, dass die Putzfrau Mitglied der libanesischen Hisbollah-Organisation war.

Wir waren das erste Mal nach Teheran gekommen. Meine Mutter mit uns zwei Mädchen. Mein Vater kam in den Jahren nach der Islamischen Revolution und dem darauffolgenden Iran-Irak-Krieg, der bis 1988 dauerte und der zu tragischen Verlusten in fast jeder Familie geführt hat, nicht nach Teheran. Es war ihm zu gefährlich. Hunderttausende Männer und vor allem sehr junge, oft minderjährig, wurden im Ersten Golfkrieg auf das Schlachtfeld geschickt und geopfert.

Am 22. September 1980 führte Irak mit Luftschlägen auf zehn iranische Flughäfen und an der irakisch-iranischen

Grenze einen Überraschungsangriff auf den Iran aus. Auf die Nachwehen der Revolution folgte ein erbarmungsloser Krieg gegen Saddam Hussein, auf den man zunächst nicht vorbereitet war und der die nächsten Jahre dominieren sollte. Dass er so lange dauerte, ist dem Iran zuzurechnen. Auch wenn das Land zunächst nur in der Verteidigungsposition war.

Die religiöse Führung reagierte schnell. Sie riefen die revolutionären islamisierten Kräfte auf, an die Front zu gehen. Hunderttausende zogen freiwillig los. Gleich zu Beginn des Krieges bestellte die Islamische Republik 500 000 Schlüssel aus Taiwan, sie waren aus Plastik und sollten einen bestimmten Zweck erfüllen: Nach dem Märtyrertod der iranischen Soldaten sollten sie den Kriegsopfern die Pforte zum Paradies öffnen. Tausende stürmten, euphorisiert von der Revolution, schlecht ausgerüstet und todesmutig in den Krieg. Ohne jegliche Erfahrung. Damals erlaubte ein iranisches Gesetz, dass Kinder ab zwölf Jahren auch gegen den Willen der Eltern in den Krieg ziehen durften. Hunderttausende junge Männer wurden auf den Schlachtfeldern zwischen Iran und dem Irak getötet. Dieser Krieg hat sich tief eingebrannt ins Gedächtnis der Iraner. Es ist mit ein Grund dafür, dass viele, die das Regime eigentlich schon lange nicht mehr ertragen und sich einen Regimewechsel wünschen, Angst davor haben, dass dieser missglücken könnte und sie erneut in einen Krieg schlittern, wo doch der letzte noch in ihren Knochen sitzt.

Fast jeder hat ein Kriegsopfer in seiner Familie zu beklagen oder kennt Kriegsveteranen, die an den Folgen dieses Krieges leiden. Der Irak setzte auch B- und C-Waffen gegen den Iran ein. Bis heute leiden die Opfer unter den Folgen dieser Giftgasangriffe. 30 Jahre nach dem Krieg erzählte ich im ARD *Weltspiegel* die Geschichte von Rasul. Er wohnte damals wie auch noch heute nahe der irakischen Grenze. An einem Nachmittag im Juni ertönten wieder einmal die Sirenen, die sie vor den irakischen Flugangriffen warnten, erzählte er mir. Doch dieses Mal beinhalteten die Bomben nicht nur Sprengstoff. Mehrere 250 Kilogramm schwere Senfgasbomben warf die irakische Luftwaffe auf die Menschen in Sardasht ab. Das Senfgas verätzte Rasuls Bronchien und seine Atemwege. Rasul Mollai war eines von Tausenden Giftgasopfern im Krieg gegen Irak. Unter den Folgen leidet er bis heute – körperlich und seelisch. Der Irak drohte damals dem Iran im Radio: Ihr werdet nicht mehr atmen können.

Am 28. Juni 1987 wurden mehr als 130 Menschen durch den Kampfstoff Senfgas getötet – innerhalb weniger Stunden. Das irakische Regime hatte seit Jahren in Laboren an diesen Waffen gearbeitet. Die Chemikalien sowie die Laborausrüstung dafür sollen größtenteils aus Deutschland gekommen sein, betont der Iran seit Jahren. Die Bundesregierung weist eine Mitverantwortung dafür bis heute zurück. Das Senfgas verätzte die Haut der Menschen, führte zu eiternden Blasen. Augen, Atemwege, Verdauungstrakt und Schleimhäute wurden beschädigt oder zerstört. Regierungsbeamte, zuständig für die Presse, zeigten einen Tag nach dem Giftgasangriff internationalen Journalisten den Schauplatz der Tragödie, doch das Interesse der Welt war verhalten. Der Westen stand damals auf Seiten des Iraks. Man unterstützte mit allen Mitteln Saddam Hussein. Und erhoffte sich dadurch in erster Linie eine Schwächung der Islamischen Republik mit allen Mitteln. Die Folgen waren nebensächlich.

Sardasht war ein gelungener Test für Saddam Hussein, der ohne internationale Konsequenzen blieb. Deshalb bombardierte er nur Monate später eine weitere Stadt, dieses Mal eine kurdische im Irak – Halabdscha. Es endete in einem Massaker mit über 5 000 Todesopfern. Hätte man international schon beim ersten Angriff auf den Iran mit politischen Konsequenzen reagiert, vielleicht hätte man diesen schrecklichen Angriff verhindern können. Doch es lag nicht im Interesse des Westens, Opfer in dieser Region zu verhindern.

Der Iran-Irak-Krieg dauerte acht Jahre. Ohne Waffen aus dem Westen hätte dieser Krieg nicht so lange aufrechterhalten werden können. Als der Iran zu gewinnen drohte, lieferte Washington noch mehr Waffen und Geld an Bagdad. Waffen, für die Saddam viele Jahre später, 2003, zahlen musste.

Viel zu viele Menschen starben auf den iranischen und irakischen Schlachtfeldern, ein Grund dafür war der unendliche Nachschub an Waffen von gierigen Firmen aus dem Westen. Gleichzeitig erhoffte man sich neben den sehr lukrativen Einnahmen für die eigene Waffenindustrie die gegenseitige Schwächung der Diktatoren. Besonderes zynisch war es, dass beide Kriegsparteien von denselben Ländern jahrelang beliefert wurden. Die USA, seit der Revolution erklärter Todfeind des Iran, lieferte nicht nur an den Irak Waffen, sondern im späteren Kriegsverlauf auch an den Iran. Die Lieferungen erfolgten über Israel, auch seit der Revolution mit dem Iran verfeindet. Die Feindschaft zu Israel ist Teil der Staatsdoktrin der Islamischen Republik. Insgesamt wurden 2 515 TOW-Panzerabwehrlenkwaffen-Systeme sowie 258 HAWK-Flugabwehrraketen-Systeme nach Teheran geliefert. Bekannt wurde der Vorfall im Herbst 1986 unter dem Namen Iran-Contra-Affäre. Der Westen lieferte und schaute zu, wie die Länder ihre jungen Männer opferten, indem sie sich auf den Schlachtfeldern gegenseitig zerfetzten.

Der Krieg gegen den Irak hätte schon nach zwei Jahren

von iranischer Seite beendet werden können. Schuld an der Verlängerung waren nicht nur die Waffenverkäufe des Westens. Die damals gerade entstandene Revolutionsgarde überredete den Gründer der Islamischen Republik, Ayatollah Khomeini, dass ein Krieg für den Zusammenhalt im Volk gut wäre. Der heute in den USA lebende Oppositionelle Mohsen Sazegara, damals Mitbegründer der Revolutionsgarde, schreibt:

»Nach der Schlacht um Khorramshahr hatte der Iran die Oberhand über den Irak. Doch statt einen Waffenstillstand zu verfolgen, überzeugten ein paar Generäle – unterstützt vom damaligen Parlamentssprecher Akbar Hashemi Rafsanjani – Ayatollah Ruhollah Khomeini davon, dass es für iranische Streitkräfte unerlässlich sei, in das irakische Territorium einzudringen und die Hafenstadt Basra zu erobern. Es besteht kein Zweifel, dass die Verantwortung und Schuld für die sechsjährige Verlängerung des Iran-Irak-Krieges, die dem iranischen Volk unnötigerweise so viel Tod und Zerstörung brachte, fest auf den Schultern der Clique der Kommandeure der Revolutionsgarde um Mohsen Rezai und Mohammad Bagher Zolghadr liegt.« Die beiden waren damals auch für den Aufbau des Geheimdienstes der Revolutionsgarde zuständig.

Der Krieg wurde aufrechterhalten. Er war ein willkommener Vorwand, um die Gesellschaft und den Staatsapparat des Iran zu islamisieren und die Loyalität der Bevölkerung einzufordern. Das Ergebnis belief sich auf mindestens 267 000 Tote auf iranischer Seite, manche Schätzungen sprechen von einer halben Million und weit über 600 000 Verletzten. Mehr als 90 Prozent der Soldaten fielen erst nach 1982, also ab der künstlich aufrechterhaltenen Verlängerung. Khomeini pries den Krieg einmal als »Geschenk des Himmels.« In Wahrheit war er einer der verlustreichsten militärischen Kriege im 20. Jahrhundert mit bis zu einer Million Toten auf beiden Seiten.

In dieser revolutionär aufgeheizten Zeit wurden täglich Menschen vom Geheimdienst im Iran abgeholt. Die Säuberungsaktion nach der Revolution begann. Oft wurde den Verhafteten eine Unterstützung der Opposition, also für die Monarchisten, Kommunisten, der Tudeh-Partei oder den Volksmujaheddin, vorgeworfen. Der Vater einer Freundin war ein führendes Mitglied bei den Volksmujahedin. Diese Gruppierung, die später aus dem Exil Anschläge gegen die Machtelite der Islamischen Republik verübte, war in erheblichem Maße am Sturz des Schah-Regimes beteiligt gewesen. Ihre Ideologie ist vereinfacht gesagt islamischer Sozialismus. Eine Ideologie, die in der Islamischen Republik Iran keinen Platz hatte, so dass die Organisation nach ihrem offiziellen Verbot 1981 in den Untergrund abtauchte. Meine Freundin saß damals als Dreijährige neben ihrem Vater und ihrer Mutter im Taxi in Teheran, als die Revolutionsgarde das Auto stoppte und den »Feind« vor den Augen seiner Tochter und seiner Ehefrau im Auto exekutierte. Die Reste seines Gehirns klebten an den Fenstern des Autos.

Tausende wurden in den ersten Jahren der Revolution abgeholt, verhaftet und exekutiert. Jeder, der in den Augen des Klerus nicht ins neue System passte. Noch ein Grund, warum mein Vater nicht mitkam in den Iran. Er war nie Teil einer politischen Gruppierung. Aber er konnte seine Verabscheuung für das System der Islamischen Republik von Anfang an nicht verbergen. Ein System, das sich seine Legitimation durch die Religion holt, in ihrem Namen tötet, sich darauf bis heute beruft und seine Taten rechtfertigt. Der vorläufige Höhepunkt der Tötung von Oppositionellen im Iran fand Ende Juli 1988 statt. Tausende politische Gefangene wurden innerhalb weniger Tage in iranischen Gefängnissen ohne Urteil hingerichtet. Eine geheime Fatwa Khomeinis gab dafür die Legitimation. Jeweils sechs Personen wurden an einem Galgen aufgehängt. Alle 15 Minuten starb ein Gefangener. Erschießungen wären zu laut gewesen. Ebrahim Raisi, der damalige Vizestaatsanwalt von Teheran, gehörte dem verantwortlichen »Komitee des Todes« an. Er ist heute Chef der ultrakonservativen Justiz.

Wir spielten Rommé unter dem Tisch, damals in Teheran. Wir hatten die Karten bei unserer Einreise in der Unterwäsche im Koffer versteckt. Dass wir Spielkarten verstecken sollten, kam mir komisch vor, ich war ja erst vier. Ich verstand nicht, dass Glücksspiel in der Islamischen Republik strikt verboten war. Jegliches Spiel mit Karten. Es ist heute offiziell immer noch verboten, doch inzwischen kann man an jeder Straßenecke bei Schwarzhändlern Karten kaufen. Damals musste man bei der Ein-und Ausreise am Flughafen mindestens vier Stunden extra Zeit einrechnen. Alles wurde kontrolliert, jedes einzelne Spielzeug von uns wurde mit spitzen Fingern hochgehoben und von einer Seite auf die andere im Koffer gelegt. Nicht selten kam es vor, dass die Kontrolleure am Flughafen in Mehrabad persönliche Dinge der Reisenden an sich nahmen, weil sie ihnen gefielen, nicht weil es illegal war, sie ins Land mitzunehmen.

Es gibt eine Anekdote, die sich Iraner im Ausland erzählen. Ich weiß nicht, ob sie sich wirklich so zugetragen hat, aber sie steht sinnbildlich für das, was damals im Iran passierte. Bei der Ausreise aus dem Land. Sie erzählt die Geschichte eines herausragenden iranischen Chefarztes, der zu Revolutionszeiten den Iran für immer verlassen wollte. Er hatte zehntausend US-Dollar Cash in seiner Hosentasche versteckt. Die

Grenzbeamten fanden das Geld und nahmen es ihm ab. Der Arzt blieb ruhig. Freundlich lächelnd sagte er: Das Geld könnt ihr behalten, aber das hier – und dabei tippte er auf seine Stirn – das nehme ich mit. Er soll auch in den USA ein hervorragender Arzt gewesen sein.

Stundenlang saßen wir Kinder in unserer selbst gebauten Höhle im Keller und spielten. Mit dem ständigen Unbehagen, die Putzfrau könnte uns finden. Ich glaube, meine Mutter war ganz froh, dass wir unten spielten, weit weg vom Fernseher, der ständig lief. Von morgens bis abends wurden Kriegsbilder ausgestrahlt. Bilder von zermatschten, zerfetzten Körpern. Von Panzern, die über Menschen rollten. Von weinenden Müttern und Plastikschlüsseln, die in die Kamera gehalten wurden. Es war das, was von ihren Kindern geblieben war. Musikalisch begleitet wurden diese Fernsehbilder von Koransuren und Kriegsmusik. Die einzige Musik, die man damals hören durfte. Ich kann mich noch erinnern, dass an einem der wenigen Tage, an denen wir uns auf der Straße aufhielten, auf einem Parkplatz plötzlich ein Auto von bärtigen Männern in grüner Uniform gestürmt wurde. Die neue Macht auf Irans Straßen. Die Revolutionsgarde. Der Mann in dem Auto hatte Musik gehört. Sie rissen die Kassette aus dem Kassettenrekorder. Das Band zog sich quer durch das ganze Auto. Darauf war die Stimme von Heideh zu hören gewesen, einer iranischen Musikikone zu Schah-Zeiten. Dass auch noch die Stimme einer Frau zu hören war, stellte in den Augen der Revolutionsgarde damals ein Generalverbrechen dar. Ich kann mich nur noch an das Flehen des Autofahrers erinnern. Ich weiß nicht, wie seine Strafe ausfiel, doch für solche »Vergehen« ausgepeitscht zu werden, war nicht ungewöhnlich.

Viele der Familien, die ihre Kinder im Krieg verloren haben und deren Trauer und Stolz auf ihre »schiitischen Märtyrer« im Fernsehen zu Propagandazwecken gezeigt wurde, waren damals noch glühende Anhänger der Revolution. Diejenigen, die allmählich an den Zielen der Revolution zweifelten, zeigte man nicht im Staatsfernsehen. Das ist bis heute so. Über den wahren Verlauf des Krieges, über die künstliche Verlängerung, den Streit innerhalb der Machteliten findet sich nichts in den iranischen Geschichtsbüchern wieder. Darüber herrscht Schweigen. Die Familien, die ihre Kinder und Männer im Krieg verloren haben, bekommen staatliche Entschädigungen dafür, dass ihre Angehörigen den Märtyrertod für ihr Land, für den Krieg, für Gott gestorben sind. Auch die Kinder der Märtyrer erhalten bis heute Zuschüsse vom Staat, so wie meine Cousine. Sie hätte lieber nie einen einzigen Rial dieser jährlichen Zuschüsse bekommen, sagt sie, und dafür mit ihrem geliebten Mann ihre gemeinsame Tochter großgezogen. Der Krieg wurde ohne einen Gewinner mit rund einer Million Toten durch einen Waffenstillstand am 20. August 1988 beendet.

Unsere Putzfrau hat meine Familie nach ein paar Wochen entlassen. Das ständige Versteckspiel war ihr zu anstrengend geworden.

Im Kleiderschrank

Im Iran ist Alkohol per Gesetz verboten, überall. Laut der Scharia handelt es sich bei Alkoholkonsum um ein Kapitalverbrechen. Es gibt keine Ausnahmen wie in den meisten arabischen Ländern, in denen man in großen Luxushotels zu überteuerten Preisen Alkohol serviert bekommt. Offiziell gibt es im Iran keinen Alkohol. Aber es ist möglich, über einen »Dealer« rund um die Uhr sämtliche Spirituosen zu erwerben. Wobei ausländische Sorten, besonders Bier, völlig überteuert sind. Jeder, der Alkohol konsumiert, und das sind nicht wenige, kennt eine Person, über die er seine Alkoholbestellung aufgeben kann. Kurze Zeit später wird geliefert – wie beim Pizzaservice. Ein beliebtes Hobby ist inzwischen auch, Alkohol selbst zu produzieren. So kommt es nicht selten vor, dass selbstgebrautes Bier oder eigener gegorener Wein angeboten werden. Oder Schnaps aus Datteln, der einen förmlich umhaut. Überhaupt wird meistens Hochprozentiges getrunken, es wirkt schneller und ist günstiger. Ich hatte nie eine größere Hausbar als zu der Zeit, in der ich im Iran lebte. Allein schon, weil ich das Gefühl hatte, meine Gäste erwarteten ein vielfältiges Angebot. Iranerinnen und Iraner feierten auch nach Gründung der Islamischen Republik 1979 weiter Partys. Sie waren zu Beginn der Revolution, als die Stimmung aufgeheizt gegen alles Westliche war, mit einer großen Gefahr verbunden. Fanatische Revolutionäre konnten jederzeit die Wohnungen stürmen und alle Gäste festnehmen. Das Recht auf Privatsphäre gibt es zwar in der Islamischen Republik, es ist aber nicht wirklich geschützt. In Deutschland braucht es einen begründeten Durchsuchungsbefehl, um in eine Wohnung einzudringen, da laut Grundgesetz der eigenen Wohnung ein besonderer Schutz zugesprochen ist. Im Iran liegt der Unterschied darin, dass sie die Begründung für den Durchsuchungsbefehl selbst definieren und durch islamische Richter legitimieren, so dass Sicherheitskräfte jederzeit Wohnungen stürmen können. Wird man in seiner eigenen Wohnung oder auch woanders beim Alkoholkonsum erwischt, gibt es 80 Peitschenhiebe. Bei mehrmals wiederholter Tat droht die Todesstrafe. Eigentlich müsste derjenige, der auspeitscht, sich einen Koran unter den Arm klemmen, so dass er mit seinem Arm nicht so weit ausholen kann, weniger Schwung hat, weniger Schmerzen und Wunden verursacht. Doch die Fanatiker der ersten Stunde der Islamischen Revolution ließen auch gern den Koran weg und holten mit voller Wucht aus. Auch Frauen peitschen aus. Fatih-Kommando nannte man die besonders fanatischen weiblichen Hüter der revolutionären Idee, die auch auf den Straßen darauf achteten, dass kein Stückchen Haut einer Frau, bis auf ihr Gesicht, zu sehen war. Und keine einzige Haarsträhne. Wenn doch eine zu sehen war, schrien sie die »Täterin« an und beschimpften sie als Nutte. Zurück zum Auspeitschen. Inzwischen wird auch oft mit Hilfe von Maschinen ausgepeitscht. Ein Bekannter von mir, der wegen Alkoholkonsums ausgepeitscht werden sollte, nahm mich mit. Wir gingen in den Keller des Gerichtsgebäudes in Teheran, das dortige Gericht hatte ihn zuvor zu 80 Peitschenhieben verurteilt. Seine Hände und Füße wurden angeschnallt und die Maschine beugte seinen Körper nach vorn. 40 Hiebe auf den Oberkörper und 40 Hiebe auf die Beine. Ich wartete vor dem Raum, in dem er ausgepeitscht wurde. Neben mir standen weitere Personen, die auf ihre Auspeitschung warteten. Vermutlich ist das ein Teil der Folter, die Schreie der anderen zu hören. Mein Bekannter kam nach 20 Minuten heraus und meinte zu mir, das Schlimmste war die Angst davor. Sein gesamter Körper war von dunkelroten, zum Teil auch offenen Striemen übersät.

Gründe, um ausgepeitscht zu werden, gibt es viele in der Islamischen Republik. Während zu Beginn der Revolution keine Ausnahme gemacht wurde, kann man heute Peitschenhieben auch entgehen, wenn man die Strafe finanziell begleicht. Verlassen kann man sich auf diese alternative Strafe jedoch nicht. Es kommt darauf an, wie der Richter die Straftat definiert und in welcher Laune er ist.

Mit 17 verbrachte ich drei Wochen in Teheran. Wir sollten im Rahmen des Unterrichts an unserer Schule ein Sozialpraktikum absolvieren. Das war 1996. München langweilte mich, deshalb suchte ich mir einen Praktikumsplatz weit weg. In Teheran – in einem Krankenhaus. Ich lernte viele junge Menschen in der iranischen Hauptstadt kennen. Es war eine Zeit des Aufbruchs im Iran, so empfand ich es. Mohammad Khatami, Präsident ab Mai 1997, sollte für die ersten wirklichen Reformen im Land sorgen. Die Geistlichen waren inzwischen 30 Jahre an der Macht. Satellitenfernsehen nahm Einzug in die iranischen Wohnzimmer. Zwar war es verboten, ausländisches Programm zu sehen, doch fast jeder hat im Iran eine Satellitenschüssel auf dem Dach. Mit Verboten ging man inzwischen routiniert um. Kam die Revolutionsgarde auf die Dächer und warf die verbotenen Satellitenschüsseln herunter, telefonierte man währenddessen schon in der Wohnung mit dem »Dealer« und organisierte die nächste Schüssel. Meist war die neue ein paar Stunden später bereits auf dem Dach installiert. Die Jugend sah nun im Fernsehen, was ihr bisher verwehrt blieb: Ein ganz normales Leben in Freiheit außerhalb der iranischen Grenzen. Partys, auf denen man sich frei bewegen kann, Küssen und Händchenhalten in der Öffentlichkeit, und das sogar ohne verheiratet zu sein. Beyoncé im Minirock. Die jungen Menschen im Iran waren damals gierig nach Freiheit, zum ersten Mal spürbar seit Gründung der Islamischen Republik. Sie drängten auf eine Liberalisierung des Landes, politisch und ökonomisch.

Ich lernte während meines Aufenthaltes in Teheran einen Architekturstudenten kennen. Bijan. Ein bisschen war ich in ihn verliebt. Ich war 17, da geht das schnell. Er nahm mich zu einer Party mit. Um neun Uhr abends kamen wir an. Die Feier fand in einem Haus im Norden Teherans statt, dort wo die Reichen leben. Schon früher, zu Schah-Zeiten, als Teheran mit seinen knapp fünf Millionen Einwohnern noch überschaubar war, lebten dort die Wohlhabendsten. Oft wohnten sie dort nur im Sommer. Heute ist alles zugebaut, bis ins Elburs-Gebirge hinein, an das Teheran im Norden grenzt. Die Stadt platzt aus allen Nähten. Mehr als 13 Millionen Menschen leben inzwischen in Teheran. Dicht an dicht stehen luxuriöse Hochhäuser im Norden. Der Grund, warum hier schon immer die Elite lebte, ist auch, dass es im Norden der Stadt immer ein paar Grad kühler ist als im Süden Teherans. Im Sommer ist das von großem Vorteil. Bijan und ich klingelten. Die Musik, die wir schon auf der Straße gehört hatten, brach ab. Vorsichtig schaute ein junger Mann durch den Türspalt. Sein Gesicht hellte sich auf. Er öffnete die Tür und begrüßte uns. Hinter der Tür sah ich Mädchen in kurzen Röcken und knappen Tops mit viel Make-up im Gesicht, sie tanzten, tranken und flirteten, was das Zeug hielt. Die Jungs auch. Die Party war in vollem Zuge. Eine andere Welt – getrennt durch eine einzige Tür. Eine Welt, die für einen kurzen Augenblick bei jedem erneuten Klingeln innehielt. Dann ging es wieder weiter. Es erinnerte mich an das Spiel »Reise nach Jerusalem«. Ich war überrascht, so eine Party im Iran zu erleben, und gleichzeitig verwirrt. Für alle anderen Gäste war es Normalität. So feiert man im Iran. Inzwischen ignorierte die junge Generation größtenteils die vom religiösen Staat definierten verwerflichen Sünden und deshalb Verbote wie Alkohol, Musik und strikte Geschlechtertrennung. Auch Hochzeiten sollen laut den islamischen Vorstellungen im Staat getrennt gefeiert werden. Nur das Brautpaar darf auf die jeweils andere Seite des Ehegatten gehen, damit alle Gäste einen Blick auf Braut und Bräutigam werfen können. Diese Vorschrift wird von vielen nicht befolgt. Das kostet. Wenn das Brautpaar den wichtigsten Tag in seinem Leben gemeinsam mit allen Gästen feiern will, muss es dafür zahlen. Bei der Budgetplanung einer »gemischten« Hochzeit macht oft die Hälfte des Budgets das Schmiergeld aus, dass man an der Tür zahlt, wenn Polizei, Revolutionsgarde oder Basijmilizen auftauchen. Es ist nicht nur eine einkalkulierte Ausgabe des Brautpaares, sondern auch eine einkalkulierte Einnahme der anderen Seite. Eine lukrative. Genauso wie der Verkauf von Alkohol, an dem auch die Revolutionsgarde beteiligt sein soll. Auch auf der Party, auf der ich mich befand, gab es eine Menge Alkohol. Ich trank nichts davon. Denn oft wird der Alkohol im Iran mit giftigem Methanol gestreckt. Die Gefahr, daran zu erblinden und zu sterben, ist groß. Die Zahl der Alkoholiker im Iran ist inzwischen so hoch, dass die jetzige Regierung sich das Problem eingestehen musste und öffentlich vor Alkoholkonsum warnt. Sie ließ 2016 eine Studie durchführen, aus der hervorging, dass Iraner rund 60 Millionen Liter alkoholische Getränke im Jahr trinken. Und das trotz des strikten Verbots.

»Mehr Alkohol, mehr Drogen, mehr Sex – manche Partys der Oberschicht wirken selbst für Europäer exzessiv«, schrieb ein Kollege der *NZZ*. Er hat Recht, ich konnte zeitweise auf der Party in Teheran nicht glauben, was ich sah. Ich brauchte Luft. Durchtanzen ohne Pause kannte ich aus Deutschland nicht. Wir tanzten an diesem Abend, seit wir angekommen waren. Mit Gesprächen wird nicht viel Zeit vertan; wenn man feiert, dann wirklich exzessiv. Jede Party ist auch eine Gefahr. Deshalb soll sie sich wenigstens lohnen, demonstrieren mir die jungen Menschen um mich herum. Ich ging kurz auf den Balkon, blickte hinunter. Hohe Mauern umgeben den Innenhof, sie gehören zur Bauplanung in der Islamischen Republik. So schützt man seine Privatsphäre, grenzt die Parallelwelt ab. Während man sich auf der anderen Seite der Mauer oft den Wünschen der Machthaber der Islamischen Republik unterwirft, um zu überleben. Innerhalb der eigenen Mauern lebt man das Leben, das man ohne ein diktatorisches Regime leben würde. Nur mit mehr Angst, denn dieses Leben kann jederzeit ge- und zerstört werden. Ich stehe neben alten Kartons, eingelegtem Knoblauch, verschlossen in riesigen Gläsern, einem Wischmop und einer Menge von Kochtöpfen, überdimensional groß. Balkone sind Abstellkammern im Iran. Sie für ein gemütliches Beisammensein bei einem Sundowner zu benutzen, darauf würde man hier nie kommen. Man könnte ja gesehen werden. Vor mir im Hof befindet sich ein Pool. Er ist leer. Viele Schwimmbäder von früher, die in dem Bauplan Wohlhabender zu Schahzeiten integriert waren, sind seit der Islamischen Revolution nicht mehr mit Wasser gefüllt worden. Beim Schwimmen im Badeanzug vom Nachbarn gesehen zu werden, ziemt sich nicht.

Während ich auf den mit Laub bedeckten blauen Boden des Schwimmbads blicke, höre ich plötzlich hysterische Schreie. Einige Mädchen kommen auf den Balkon hinausgestürmt, drängen sich in ihren engen kurzen Kleidern und Pumps zwischen Putzeimer, mich und die alten Kartons. Sie merken schnell, dass auf dem Balkon viel zu wenig Platz ist und ziehen mich mit hoch über die Feuerleiter aufs Dach. Sie signalisieren mir (ich konnte damals nur ein paar Worte Farsi), dass ich mich flach auf den Bauch legen soll. Die meisten liegen schon. Ich drücke meine Nase auf den schmutzigen Boden des flachen Daches. Vorsichtig hebe ich meinen Kopf, schaue über die Kante nach unten. Wir liegen auf dem Dach eines vierstöckigen Hauses. Das nächtliche Teheran umhüllt mich mit Millionen funkelnden Lichtern. Ich frage mich in dem Moment, was ich hier eigentlich mache. In München könnte ich es doch wirklich einfacher haben – mit dem Feiern. Langsam begreife ich, was passiert ist. Die Party wurde von iranischen Sicherheitseinheiten gestürmt. So oft habe ich davon gehört, jetzt bin ich selbst dabei. Meine Gedanken werden unterbrochen durch das Geräusch von Schritten, es müssen Militärstiefel sein. Die Sprossen der Feuertreppe knarzen, das Knarzen wird lauter, die Schritte kommen näher. Einige Mädchen fangen an zu wimmern. Zuerst sehe ich eine grüne Militärmütze, dann schiebt sich das Gesicht eines böse blickenden, bärtigen Mannes über die Kante des Daches nach oben. Ich weiß im ersten Augenblick nicht, ob der Mann zur Revolutionsgarde gehört, zu den freiwilligen Basijmilizen, die millionenstarke Schlägertruppe der Revolutionsgarde, oder ob es Sicherheitskräfte sind, zu Beginn der

Revolution nannte man sie Komitee. Von unten hören wir Männer, die die Partygäste anbrüllen. Der Mann, der uns auf dem Dach entdeckt, holt Verstärkung von unten, sie ziehen uns jetzt einzeln herunter. Befehlen uns, Kopftuch und Mantel anzuziehen und schubsen uns Richtung Wohnzimmer, in dem sie die jungen Männer bereits alle in einer Reihe aufgestellt haben. Klein, mickrig und in ihrem Stolz gebrochen stehen sie vor uns. Während sie noch kurz vorher, als wir alle unbesonnen tanzten, die starken und coolen Jungs waren. Sie sind mucksmäuschenstill. Anders als die Mädchen, die, seit uns der Sittenwächter auf dem Dach entdeckt hat, entweder hysterisch schreien oder verzweifelt in sich hineinschluchzen. Die ganze Zeit über werden wir von den Männern in grüner Uniform angeschrien.

Wir sollen in die Minibusse, die vor der Tür stehen, einsteigen. Ich weiß, dass sie uns damit in die Vozara Straße in der Stadtmitte bringen. Dort befindet sich ein Haftzentrum, in das alle kommen, deren Kopftuch nicht richtig sitzt, die Alkohol getrunken haben, auf Partys erwischt werden. Oder ein anderes der vielen willkürlichen Vergehen, für die man in der Islamischen Republik bestraft werden kann, begangen haben.

Solche Minibusse fahren bis heute durch die Städte, auch tagsüber. An den Seiten steht jetzt »Gashteh Ershad«, »Patrouille zur Einhaltung islamischer Regeln«. Darin sitzen sogenannte Sittenwächter, die, sobald es im Frühling wärmer wird, an den großen Straßenkreuzungen die Kleidung der Menschen kontrollieren und Mädchen und Frauen einkassieren, wenn sie ihre Kopftücher nicht züchtig genug tragen. Ich sah auch, dass die Sittenpolizei junge Frauen mit zu kurzen Hosen, was im Iran bedeutet, dass die Knöchel zu sehen sind, manchmal zwangen, mitten auf der Straße mit ihren

Füßen in Töpfe mit schwarzer Farbe zu steigen, die wochenlang nicht abging. Männer die ihre Haare »unislamisch« schneiden lassen, werden auch ab und an in das Haftzentrum gebracht. Je nachdem, wie streng die Regeln gerade ausgelegt werden. Diese ständige Angst, gegen eine Regel zu verstoßen, setzt vor allem die junge Bevölkerung großem Stress aus. Der perfide Beweggrund dahinter: Man hält die Bevölkerung in Schach, sie beschäftigt sich so permanent mit der täglichen Angst, ein Delikt zu begehen. Wie komme ich heil wieder von einer Party nachhause, wie komme ich mit meinem locker sitzenden Kopftuch an der nächsten Kontrollstelle vorbei, wie bekomme ich eine neue Satellitenschüssel? So konnte man die Bevölkerung auch davon abhalten – und lenken, sich um die großen politischen Fragen zu kümmern und das gesamte System in Frage zu stellen. Zumindest hat dies lange funktioniert. Die Menschen wollten einfach nur ein ganz normales Leben führen, überleben und sich arrangieren in dem politischen System, in das die meisten hineingeboren wurden. Über 60 Prozent der Iraner kennen keinen anderen Alltag. Sie haben sich durch Austricksen, Verstecken und Vertuschen gegenüber den Kontrolleuren der Islamischen Republik durchs Leben geschummelt, immer mit einer großen Portion Angst.

Als sie uns Richtung Minibusse stoßen, beginnen die Mädchen sie anzuflehen, einige schreien. Gerade diejenigen, die studieren, wissen, dass sie jetzt, zusätzlich zu ihrer Polizeiakte, einen Eintrag in ihre Akte des Sicherheitsdienstes der Universität riskieren. Sie erhalten dann einen Stern für auffälliges Verhalten. »Setareh-dar« nennt man sie dann: »Mit Stern versehen«. Haben sie drei Sterne, fliegen sie von der Universität. Man riskiert schon einen Stern, wenn man an der Uni beim Flirten erwischt wird. Besonders die politischen

Studenten sind im Visier der Sicherheitsdienste. Sie loszuwerden ist nicht schwer, man muss ihnen nur drei Sterne verpassen.

Die uniformierten Männer kennen kein Erbarmen mit uns. Für einen kurzen Augenblick entsteht Chaos. Ich nutze den Moment, schlüpfe durch eine Tür und stehe im Schlafzimmer der Eltern. Ohne nachzudenken, steige ich in den Kleiderschrank, werfe die in der Innenseite des Schrankes säuberlich aufgehängten Krawatten über mich. Ich halte meinen Atem an. Ich höre noch Schreie, sie entfernen sich immer mehr, Türen werden zugeschlagen. Nach zehn Minuten ist alles still. Ich atme immer noch flach, warte ab. Weitere zehn Minuten lang bleibe ich sitzen, und nochmal 20 Minuten. Ich trage keine Uhr, ich bleibe einfach so lange im Schrank, bis ich nur noch die Stille der Nacht höre. Dann befreie ich mich von den Krawatten. Wie viele er davon hat. Obwohl doch Krawatten als ein westliches Symbol in der Islamischen Republik verpönt sind. Nie zieht man in einem iranischen Büro eine Krawatte an, zumindest nicht, wenn man im Staat etwas erreichen will. Mich haben sie gerettet. Jetzt stehe ich da – ganz allein in dem riesigen Haus im Norden Teherans. Geld habe ich auch keines dabei. Mein Begleiter wollte mich ja eigentlich wieder sicher nach Hause bringen, so versprach er es meiner Familie. Er hatte sich übrigens, als die Sittenwächter das Haus stürmten, aus dem Staub gemacht. War über die Mauer gesprungen und weggerannt, zusammen mit ein paar anderen Jungs. In dieser Nacht habe ich gelernt, dass man im Iran, bevor man sich der Party hingibt, zuvor die Fluchtwege überprüft. Wo kann ich wie über Hinterausgänge fliehen. Das hatte mir mein Date vorher nicht gesagt. Er hätte mich ruhig mitnehmen können – auf seine Flucht. Es wäre romantisch gewesen.

Nun gut, jetzt muss ich irgendwie nach Hause kommen. Zu Fuß. Das ist ein langer Weg mitten in der Nacht durch Teheran.

Es ist 6 Uhr morgens, ich liege bei meiner Familie zuhause im Bett. Eines ist klar, meine Verliebtheit in den Studenten hat mit der heutigen Nacht ein Ende gefunden. Wie konnte er mich dort nur allein zurücklassen? Nein, ein Mann soll bitteschön zuerst mich retten. Ich denke in diesem Moment mehr darüber nach, als dass ich in Frage stelle, warum uniformierte Männer des Systems überhaupt das Recht haben, meine Freiheit zu beschränken. Welcome to the Islamic Republic!

Studentenproteste

Es ist mein Schicksal. Irgendwie bekam ich nie genug vom Iran. 1998, gerade fertig mit dem Abitur, reiste ich wieder nach Teheran. Mohammad Khatami war seit einem Jahr Präsident. Der »Reformpräsident«, wie ihn alle nannten. Die Menschen erhofften sich von ihm eine Verbesserung ihres Lebensstandards. Die versprochenen Ziele der Revolution von sozialer Gerechtigkeit und materiellem Wohlstand waren bisher nicht erfüllt worden. Die sehr junge Bevölkerung, mehr als die Hälfte ist unter 30, verlangte zusätzlich eine Lockerung der Einschränkungen ihrer Freiheit. Khatami war auf einem guten Weg. In der Tat bot sich mir ein neues Straßenbild in Teheran. Die Toleranzschwelle wurde sichtbar angehoben. Die Kopftücher der Mädchen waren bunter, lockerer gebunden, man sah ihre Knöchel, die Mantelärmel bedeckten die Arme nicht mehr bis zu den Fingerkuppen. Junge Männer und Frauen saßen in Straßencafés und lachten, hielten Händchen. Theateraufführungen, Konzerte, Kinobesuche gehörten inzwischen zum Alltag. Ich war in dieser Zeit auf so vielen Partys eingeladen wie nie mehr zuvor und danach in meinem Leben. Man feierte in Teheran, was das Zeug hielt. Natürlich gab es immer noch die Sittenpolizei, die Jagd auf Partygänger machte, aber der Fanatismus war von der Straße verschwunden. Und es waren so viele

Partys, dass ich das Gefühl hatte, sie kommen auch überhaupt nicht mehr nach mit den Kontrollen. Vielleicht war es ihnen zu dem Zeitpunkt auch nicht mehr so wichtig. Das Regime wusste, der Wind der Revolution von 1979 war verflogen. Die Intellektuellen, die damals gegen den Schah auf die Straße gingen, sind inzwischen in der sogenannten Opposition. Eine genehmigte Opposition bestehend aus Personen, die aus dem System stammten und die Reformen im Rahmen der Verfassung der Islamischen Republik anstrebten. Sie kannten die roten Linien und befolgten sie. Denn der Opposition war klar, dass sie der ständigen Kontrolle der noch bestehenden konservativen Machtelite ausgesetzt waren, dennoch wagten sie sich an den roten Linien entlang, das Land Stück für Stück zu liberalisieren.

Damals gab es Tageszeitungen, in denen sehr kritische Texte veröffentlicht wurden. Journalisten im Iran heute können davon nur träumen. Präsident Khatami strebte eine Lockerung der Restriktionen von Presse- und Meinungsfreiheit an. Die Zahl der Zeitungen und Zeitschriften, viele reformorientiert, stieg bis auf über 600 an. Heute gibt es keine einzige reformorientierte Zeitung mehr. Es wurde kritisiert, diskutiert, kontrovers in Frage gestellt. Das war Neuland für den Iran. Der lächelnde Präsident aus Yazd hatte eine Reformbewegung in Gang gesetzt. Wohl wissend, dass die Hardliner im Land ihn auf Schritt und Tritt verfolgten. Vor allem die ultrakonservative Justiz war Khatamis Reformbewegung, die es auch auf sie abgesehen hatte, ein Dorn im Auge.

Ich erhielt damals eine Zusage für ein Praktikum bei der Zeitung *Asre-Azadegan*. Dreimal wurde diese Zeitung in den Monaten zuvor geschlossen und über Nacht mit neuem Namen wieder aufgelegt. Die Justiz, Gegenspieler von Präsident

Khatami, ließ immer wieder Reformzeitungen unter fadenscheinigen Gründen schließen und Herausgeber und Journalisten verhaften. Ich bewunderte das Engagement der Journalisten. Ihnen wurde permanent gedroht, einige wurden verhaftet, trotzdem ließen sie sich nicht vom Schreiben abbringen. Der Unterschied zu heute ist, dass es damals diesen Machtkampf noch gab. Namhafte Journalisten arbeiteten zu der Zeit für die Zeitung, in der ich mein Praktikum absolvierte. Akbar Ganji, Ebrahim Nabavi, Hossein Derakhshan oder Massoud Behnoud. Ich war gerade mal 19 Jahre alt. Diese Menschen um mich herum hatten schon so viel erlebt, sie hatten gegen den Schah gekämpft, waren in der Opposition, saßen im Gefängnis, revolutionierten, wurden von den Folgen der Revolution enttäuscht und standen erneut auf und kämpften für Reformen und das Recht auf Pressefreiheit.

Mashallah Shamsolvaezin war der Herausgeber der Zeitung und ein führender Reformer. Eines Tages kam ich morgens in das Verlagsgebäude, und es herrschte große Aufregung in der Redaktion. Kaum einer saß auf seinem Platz von den wenigen, die überhaupt noch da waren. Mir wurde gesagt, ich solle lieber gehen, es sei jetzt zu gefährlich, sich noch in dem Gebäude aufzuhalten. Der Herausgeber und einige Journalisten wurden von Sicherheitskräften abgeholt. Mal wieder. Man hatte Shamsolvaezin wegen Verstoßes gegen religiöse Werte inhaftiert, erklärten mir meine Kollegen von der Zeitung. Die Sicherheitskräfte (oder war es der Geheimdienst, damals hatte ich bei weitem keinen Überblick), hatten Unterlagen mitgenommen, das Büro verwüstet. Die Zeitung wurde wenige Tage später gänzlich verboten. Zum vierten Mal.

Die Anklage gegen den Herausgeber ging auf einen Artikel zurück, der die Todesstrafe kritisierte und den er in seiner vorherigen Zeitung »Neshat« veröffentlicht hatte. Sie war im September 1999 vom Pressegericht geschlossen worden, das war einer der jüngsten Schläge gegen die Reformbewegung im Iran.

Richtige Reformen waren in den Augen der Hardliner nie vorgesehen. In den 1990er Jahren verschwanden weit mehr als 80 Schriftsteller, Übersetzer, Dichter, politische Aktivisten und normale Bürger. Sie starben bei Autounfällen, durch Messerattacken oder Schießereien bei inszenierten Raubüberfällen, wurden erdrosselt oder durch Injektionen mit Kalium getötet, um einen Herzinfarkt zu simulieren. Diese Mordserie, ausgeführt vom iranischen Geheimdienst, ging als »Kettenmorde« in die Geschichte Irans ein. Der Staat zeigte seine dunkelste Seite. Die Morde und das Verschwinden von oppositionellen Intellektuellen waren der Versuch, die Anhänger und Unterstützer der Reformbewegung einzuschüchtern, Angst und Schrecken zu verbreiten. Die Bewegung sollte erstickt werden. Die in Deutschland lebende iranische Künstlerin Parastou Forouhar, deren Eltern, Dariush und Parvaneh Eskandari Forouhar, 1998 im Zuge der Kettenmorde brutal ermordet wurden, sagte über den späteren Gerichtsprozess, der erst durch heftigen Protest der Bevölkerung und journalistischen Druck stattfand: »Das war ein Schauprozess. Achtzehn Handlanger wurden angeklagt und haben unterschiedliche Haftstrafen bekommen. Aber die Befehlsgeber, die Auftraggeber wurden verschont. Wir, die Hinterbliebenen der sogenannten Kettenmorde, bestehen auf vollständiger Aufklärung dieser politischen Verbrechen. Das wollen sie verhindern.« Sie haben es bis heute verhindert.

Der damalige Kulturminister Ataollah Mohajerani, der als der Architekt der kulturellen Renaissance im Iran galt (er verließ 2004 den Iran), äußerte sich damals besorgt über die Verhaftung des Herausgebers. Gleichzeitig gab er zu, dass er machtlos sei: »Ich bin traurig darüber, dass ein prominenter Journalist ins Gefängnis geschickt wird … aber ich kann nichts für ihn tun.« Eines von vielen Beispielen, das zeigt, wie schwach die Reformbewegung innerhalb des politischen Systems war. Sie durfte zwar existieren, doch Macht hatte sie keine. »Die Verwirklichung und Institutionalisierung der Freiheit ist ein langwieriger Prozess«, sagte Mohajerani. Wohl voraussehend, dass die Reformbewegung im Iran bald wieder beendet sein sollte.

Doch zunächst begannen die Studentenproteste. Es waren die schwersten Ausschreitungen seit dem Sturz des Schahs. Tagelang waren Studenten im Juni 1999 in der iranischen Hauptstadt Teheran für eine Demokratisierung des Landes auf die Straße gegangen. Ausgelöst wurden die Protestaktionen der Studenten durch eine Verschärfung der Pressegesetze und das Verbot der reformorientierten Zeitung »Salam«. Sicherheitskräfte in zivil sowie Basijmilizen stürmten daraufhin in der Nacht vom 9. auf den 10. Juli Studentenwohnheime in Teheran, prügelten mit Stöcken wie wild auf die Studenten ein und stürzten einige aus den Fenstern der Wohnheime im dritten Stock. Viele wurden schwer verletzt. Die Milizen verwüsteten die Zimmer, verbrannten Bücher. Am nächsten Tag gab es aus Protest in Teheran und anderen großen iranischen Städten Tausende Demonstranten auf den Straßen. Plötzlich war zum ersten Mal im Iran öffentlich zu hören: »Tod Khamenei«. Das gab es noch nie, dass man dem Revolutionsführer den Tod wünschte. Der 18. Tir (9. Juli 1999) brannte sich in unser Gedächtnis ein, erzählte mir eine Zeitzeugin: »Es war unsere erste Erfahrung mit Protest«. Die Menschen, die auf die Straße gingen, waren die Kinder der Revolution. Keine Monarchisten aus der Schah-Zeit, vor der die Islamische Republik immer gewarnt hatte. Sie kannten die Monarchie überhaupt nicht. Die Proteste dauerten einige Tage. Dann beendete das Regime den Aufstand. Es kam zu 1 500 Festnahmen laut dem Präsidenten des Teheraner Revolutionsgerichtes. Fünf Todesopfer meldete Amnesty International. Die Machtelite der Islamischen Republik hatte zum ersten Mal Gegenwind von der eigenen Bevölkerung gespürt. Zahlreiche Reformpolitiker wurden daraufhin verhaftet und verurteilt, Universitäten bewacht von Basijmilizen, die Reformen rückgängig gemacht, Presse eingeschüchtert, Demonstrationen verboten. Es wurde aufgeräumt. Das nächste Mal sollten die Menschen erst genau zehn Jahre später wieder gegen das Regime auf die Straße gehen.

Präsident Khatami und sein Kabinett schafften es nicht, im Iran langfristige Reformen durchzusetzen. Sie waren permanent den Angriffen von zwei Seiten ausgesetzt. Von den Hardlinern, die keine Reformen für das Land wollten, weil sie eine Gefahr für ihre eigene Existenz darstellten. Und von denjenigen, denen Khatamis Reformen nicht weit genug gingen, weil sie sich zu sehr innerhalb der iranischen Verfassung bewegten. Es wurde kritisiert, dass im bestehenden politischen System der Velayat-e Faqih am Ende der Revolutionsführer mit seiner Macht die republikanischen Elemente dann doch neutralisiert.

Reformen konnten so nie stabil aufrechterhalten werden. Letztendlich knickte Präsident Khatami vor den Konservativen im Land ein, als die Studentenunruhen niedergeschlagen wurden. 1998 erreichte Khatami in Meinungsumfragen noch Popularitätswerte von über 75 %. Noch 2001, als Khatami wiedergewählt wurde, lag die Wahlbeteiligung bei

69 %. Doch kurz darauf fiel die Unterstützung für Khatami auf 43 % zurück. Die Bevölkerung hatte ihm nicht verziehen, dass er sich bei den Studentenprotesten nicht hinter die Studenten gestellt hatte. Er hatte zu wenig Rückgrat bewiesen. Dabei waren es die Studenten, die Khatamis größte Stütze gewesen waren. Die Mehrheit der Bevölkerung hatte erst einmal ihr Vertrauen in Reformen verloren. »Ghahr kardan«, das heißt soviel wie enttäuscht, beleidigt sein und sich daraufhin zurückziehen.

Khatami befand sich in einem Dilemma, an dem die »Reformbewegung« Irans, wenn man sie überhaupt so nennen kann, letztlich auch gescheitert ist. Denn Reform bedeutet wörtlich eine Verbesserung des Bestehenden. Doch das System zu reformieren, ohne es grundlegend zu ändern, funktioniert in der Islamischen Republik nicht. Es ist laut Verfassung nicht vorgesehen. Khatami und seine Minister wollten sich mit kleinen Zugeständnissen die Sympathie der Bevölkerung sichern. Dabei saß den Reformern des Systems auch immer die Angst im Nacken, denn würden die Zugeständnisse Überhand nehmen, könnte es zu einer Massenbewegung kommen, die das Ende des Regimes fordert. Und das Ende dieses Regimes hatten die Reformer, die zum System gehörten und die damals an der Macht waren, nie im Sinn.

Präsident Khatami wurde zusätzlich durch eine neue außenpolitische Konfrontation geschwächt, die die um die Jahrtausendwende begonnene Reformbewegung im Iran dann endgültig zum Erliegen brachte. Am 11. September 2001 wurden die USA von islamistischen Terroristen angegriffen. Die ersten Lichterketten, die entzündet wurden, gab es in Teheran. Die Zivilgesellschaft war nur wenige Stunden nach den Terroranschlägen in New York auf die Straße gekommen, um ihre Trauer zu bekunden, ihre Solidarität zu zeigen. Einige kamen sicher auch mit Hintergedanken auf die Straße, sie wollten signalisieren: Wir waren es nicht. Am 29. November 2002 prägte US-Präsident George W. Bush den Begriff: »die Achse des Bösen«. Wörtlich sagte er: »States like these, and their terrorist allies, constitute an axis of evil, arming to threaten the peace of the world.« In seiner Rede zur Nation beschuldigte er Iran, Irak und Nordkorea zu dieser Achse zu gehören und den internationalen Terrorismus zu fördern sowie nach Massenvernichtungswaffen zu streben.

Afghanistan war das erste Ziel der Amerikaner kurz nach den Terroranschlägen in New York. Irak sollte das nächste Ziel werden. Unter den 19 Terroristen befand sich kein einziger Iraner. Aber 15 Saudis, sie alle kamen aus Saudi-Arabien, nach wie vor immer noch der engste Verbündete der USA in der Region. Ich saß mit Freunden im Iran zusammen. Schon wieder war ich in einem Schlüsselmoment der neueren iranischen Geschichte vor Ort. Ich hatte vom DAAD (Deutscher Akademischer Austauschdienst) ein Stipendium für die Universität Teheran erhalten. Wie sechs weitere Studenten. Unsere Flugtickets waren auf den 13. September 2001 ausgestellt, zwei Tage nach den Anschlägen. Ich war die Einzige, die flog. So saß ich in Teheran und dachte darüber nach, dass es jeden Moment passieren könnte. Iran kann angegriffen werden. Iran wurde nicht angegriffen. Die anderen Stipendiaten kamen ein paar Wochen später in Teheran an.

Parallelgesellschaft

Seit Gründung der Islamischen Republik wird das öffentliche Leben im Iran von einem strengen Sitten- und Moralkodex bestimmt. Als wäre es in ein luftraubendes enges Korsett gepresst, das dennoch an vielen Stellen immer wieder gelockert wird, was für eine hohe Ambivalenz und weite Verunsicherung in der Gesellschaft sorgt. Auf der einen Seite sieht man Frauen mit blondierten Haaren, aufgespritzten Lippen, Tattoos, engen Hosen und kurzen Mänteln flirtend durch die Stadt flanieren. Auf der anderen Seite können die Sicherheitsdienste einen jederzeit anhalten, bloß weil man eine zu auffällige Sonnenbrille trägt oder eine Haarsträhne aus dem Kopftuch heraushängt. Diese willkürliche Bestimmung erzeugt einerseits einen permanenten Raum der Grenzüberschreitung und andererseits einen des Rückzugs und der Verängstigung. Ich habe mehrfach mit Iranerinnen und Iranern darüber gesprochen, wie es möglich ist, in einem solchen Staat zu leben. Sie mussten es lernen, erzählten sie mir. Jeder Einzelne zeigt sich in der Arbeitswelt, im Kreis der Freunde und zuhause in seiner jeweils angepassten Persönlichkeit. Seit der Kindheit ist dieses Verhalten antrainiert. Man verhält sich entsprechend der Einschränkungen, Grenzen und Tabus, die für die einzelnen Lebensbereiche definiert sind. Bei Familien, die streng konservativ sind, ist dieser Moralkodex umso enger. Gerade Mädchen aus diesen Familien haben gelernt, nur zu überleben, indem sie sich unterordnen, sich züchtig und brav geben. Viele von ihnen gehen dabei einem parallelen Leben nach und entrinnen unter welchem Vorwand auch immer dieser engstirnigen Welt, indem sie sich heimlich mit ihrem Freund treffen – durchaus auch in einem extra dafür gemieteten Apartment – und sogar vor der Ehe Sex haben. In der Islamischen Republik ist das offiziell natürlich streng verboten. Gleichzeitig spielen sie zuhause das Spiel der braven Tochter weiter. Selbst wenn ihre Eltern einen »Khastegar« einladen, einen potenziellen zukünftigen Ehemann, der sein Interesse bekundet, trauen sich die Mädchen nicht, diese Zeremonie platzen zu lassen. Zuhause wahren sie das konservative Bild einer Frau, um die Eltern zufriedenzustellen. Bei einer Party im Kreis ihrer Freunde kann es sein, dass sich genau diese junge Frau plötzlich zu einem komplett anderen Menschen verwandelt. Eine Frauenärztin erzählte mir, dass die mit am häufigsten durchgeführte Operation im Iran die Wiederherstellung der Jungfernhaut ist.

Die kulturelle Ambiguität und Schizophrenie der Gesellschaft wird schon im Mikrokosmos der einzelnen Familien ersichtlich. Ich kann mich erinnern, dass ich einmal in Isfahan landete und mich eine Bekannte vom Flughafen abholte. Sie hatte eine knallenge Jeans an, trug grell roten Lippenstift und ein Kopftuch, das man eigentlich auch hätte weglassen können, weil es die Haare sowieso kaum bedeckte. Ich wusste von einer gemeinsamen Freundin, dass sie heimlich eine Beziehung mit einer Frau führte. Im Iran sind gleichgeschlechtliche Beziehungen streng verboten. Das islamische Strafrecht sieht für Homosexualität die Todesstrafe vor. Hunderte wurden seit Gründung der Islamischen Republik deshalb hingerichtet. Männer. Frauen werden »nur« ausgepeitscht.

Wir fuhren zu ihr nachhause. Sie wohnte noch bei ihren Eltern. Als wir dem Haus näher kamen, parkte sie eine Straße weiter, drückte ihre Zigarette aus, wischte sich mit einem Taschentuch den Lippenstift ab, zog sich den schwarzen Tschador über und schlüpfte in flache, abgetragene Schuhe. Als ich mit ihr das Haus betrat und uns ihr Vater empfing, wurde mir klar, warum sie dieses Doppelleben führte. Er war streng religiös, hatte enge Kontakte zum innersten Geheimdienstapparat der Islamischen Republik. Dementsprechend konnte er keine lesbische, moderne Frau als Tochter akzeptieren. Er hätte im ultrakonservativen System der Islamischen Republik seinen Posten verloren. Deshalb ignorierte er das reale Leben seiner Tochter. Und sie hielt es vor ihm geheim.

Im Iran sind knapp 70 Prozent aller Arbeitsplätze staatlich. Die Islamische Republik ist nicht laizistisch, es gibt also keine Trennung zwischen Religion und Staat. Die Scharia, das islamische Rechtssystem, dominiert die iranische Verfassung. Ende März 1979, kurz nach Gründung der Islamischen Republik, wurde das islamische Recht, auch das islamische Strafrecht, wiedereingeführt. Religiös zu sein und dies zu demonstrieren, ist in vielen staatlichen Büros ein Muss. Bilder des Revolutionsführers Ayatollah Khamenei und des Gründers der Islamischen Republik Ayatollah Khomeini hängen obligatorisch in jedem Büro. Auch im Frisörsalon oder im Restaurant. Viele, die zuhause Partys feiern und Alkohol trinken, Dinge tun, die in der Islamischen Republik verboten sind, gehen im Tschador zur Arbeit. Um nicht aufzufallen, um ihren Job zu behalten. An religiösen Trauertagen (die Trauertage überwiegen bei den Schiiten) bringen sie Süßigkeiten mit zur Arbeit und verteilen sie unter Kollegen, zeigen auf diese Weise, dass sie die religiösen Traditionen achten und schätzen. Viele, die zuhause nicht beten, gehen im

Büro in die dafür vorgesehenen Gebetsräume. Viele Frauen schminken sich nicht oder kaum, obwohl sie in ihrem privaten Bereich definitiv mehr Make-up tragen als hierzulande die Braut auf der eigenen Hochzeit. Das Problem mit dem Nagellack, den man nun mal schwerer los wird als das Make-up, regeln die meisten so, dass sie während der Arbeit Handschuhe tragen. Schwarze.

Dieses parallele Leben, privat versus öffentlich, selbstbestimmt versus staatlich bestimmt, fängt schon in der Kindheit an. Ein wesentlicher Grund hierfür ist die unterschiedliche Auslegung von Rolle und Bedeutung der Religion. Die Schüler werden in der Schule permanent mit dem Koran konfrontiert, sie müssen beten, Arabisch lernen, den Religionsunterricht besuchen, Koransuren auswendig lernen. Gerade in Zeiten von Revolution und Krieg hatte Religion einen extrem hohen Stellenwert. »Kinder, die besonders gut den Koran rezitieren konnten, wurden bevorzugt behandelt. Wir suchten damals das Lob des Lehrers«, erzählte mir meine Cousine. Gleichzeitig wurden sie eingeschüchtert, indem man ihnen permanent mit der Strafe Gottes drohte. Im Monat Ramadan musste meine Cousine in der Grundschule jeden Tag von 7.30 Uhr bis 9.00 Uhr Koransuren lesen und hören. Nichts anderes. Jedes Kind hatte einen Koran vor sich aufgeschlagen auf dem Tisch. Über Lautsprecher wurden die Suren abgespielt, die die Kinder gleichzeitig lesen sollten. Dabei mussten sie kerzengerade sitzen und durften nicht auf die Toilette gehen.

Die Nachfolgegeneration ist nicht mehr so leicht einzuschüchtern. Sie ist nicht mehr so naiv, lässt sich weniger einreden und fremd bestimmen. Die Kinder sind über ihre Smartphones mit der Welt vernetzt. Religion spielt inzwischen im Leben vieler Familien keine zentrale Rolle mehr.

Auch wenn sich das Leben im Privaten von der Religion weg entwickelt hat, hat sie in der Schule nach wie vor eine große Bedeutung. Kindern aus liberal lebenden Familien wird von ihren Eltern eingetrichtert, dass sie nichts, was sie zuhause sehen und erleben, in der Schule erzählen sollen. Viele Lehrer, die vor ihnen stehen und sie die religiösen Inhalte lehren, spielen dasselbe Spiel. Sie müssen den Kindern etwas beibringen, was viele zuhause selbst nicht mehr leben. Doch jeder wahrt den Schein. Eine Freundin erzählte mir, dass sie als junges Mädchen eine Rektorin hatte, die bildhübsch war. Sie sah sie einmal zufällig außerhalb der Schule. Sie erkannte sie kaum wieder, denn die Rektorin hatte einen engen Mantel an, ihre nackten Beine waren zu sehen, und das Kopftuch lag fast im Nacken. Am nächsten Tag in der Schule war ihr schwarzes »Maghnae«, die bis zur Brust reichende Kopfbedeckung, wieder fest und tief ins Gesicht gezogen, und sie sprach in den höchsten Tönen über Hazrate Ali, den wichtigsten Imam in der Schia (die zweitgrößte islamische Strömung innerhalb des Islams – im Iran sind laut Zensus 95 Prozent Schiiten). Hätte sie sich auch nur einmal gekleidet, wie sie es außerhalb der Schule bevorzugte, man hätte ihr die Lehrbefugnis entzogen. Das ist nur ein weiteres Beispiel dafür, wie das Regime das Bild einer Nation, die vereint hinter der Islamischen Republik steht, durch Einschüchterung aufrechterhalten will.

Dass dieses Bild jedoch nicht der Realität entspricht und mehr und mehr bröckelt, kann man anhand der Inhalte beobachten, die Iraner auf den Plattformen sozialer Medien wie Instagram oder Telegram posten. Dort werden Schminktipps gegeben, Frauen singen, Bilder von wilden Partys werden hochgeladen, und junge Mädchen zeigen sich in hipper Kleidung in westlichem Ambiente. Nur einer von vielen Accounts, auf denen dieses in der Islamischen Republik unerwünschte und verbotene Leben abgebildet wird, nur noch etwas exzessiver, luxuriöser und mit mehr Champagner, ist @therichkidsoftehran. Userprofile wie der RKOT-Account stören die Machthaber, obwohl – und wieder wird hier das Paradoxe im Land deutlich – die meisten dieser Jugendlichen, die dort etwas posten, zum Nachwuchs der politischen Elite gehören. Sie sind inzwischen die Wohlhabenden im Staat. Revolutionsführer Khamenei wetterte: »Eine durch das Geld vergiftete Generation sorgt in Teheran für psychologische Unsicherheit.« Dennoch ist Instagram einer der wenigen sozialen Kanäle, die noch nicht blockiert sind.

Denn das Regime hat eine neue Taktik. Anstatt die Plattform, wie fast alle anderen sozialen Medien im Iran, zu verbieten, gelang es dem Regime ganz ohne Verbot, Instagram zu »heilen«, so hieß es offiziell. Das übergeordnete Ziel ist ein Halal-Intranet, in dem der Staat »seine« Normalität präsentiert. Dafür braucht er jedoch Akteure, iranische Influencer. Seit die Internetpolizei »Fata« die Instagram-Kanäle überwacht und viele für ihre nicht islamkonformen Inhalte verhaftet wurden, haben einflussreiche Influencer dem Druck nachgegeben. Es sind bekannte Schauspieler, Regisseure, Sportler, Sänger und Künstler des Landes. Sie wollen auftreten, ein Engagement bekommen, eine Lizenz für ihr neues Album erhalten. Deshalb posten inzwischen viele das, was der Aufsichtsbehörde gefällt. Sie zeigen sich mit todschicker, aber züchtig islamischer Kleidung, sie schwärmen von den Imamen und posten Bilder vom Fastenbrechen im Monat Ramadan –, auch wenn unter ihnen die wenigsten das staatlich verordnete Fasten ausführen. Doch wahrt auch hier jeder, der mit dem Staat zu tun hat, den Schein vor Kollegen, Publikum und Vorgesetzten, während er im Hinterzimmer heimlich das mitgebrachte Essen verzehrt.

Manchmal bricht die Fassade zusammen und lässt die Doppelmoral offen zu Tage treten. Eine bekannte Moderatorin des iranischen Staatsfernsehens warb häufig vor laufender Kamera für die Einhaltung islamischer Kleidungsvorschriften für die Frauen. Nicht selten betonte sie im Fernsehen, dass sie »sehr gern den Tschador trage«. Wie gern sie diesen trug, wurde deutlich, als über die sozialen Medien Bilder von ihr aus dem Urlaub erschienen, im Ausland mit kurzer Hose, T-Shirt und einem Bier in der Hand. »Sie wirkt ganz glücklich«, stand unter den Bildern. Ein Shitstorm brach los, die Moderatorin verschwand erst einmal von der Bildfläche.

Selbst wenn die Bevölkerung inzwischen die Methoden der Einschüchterung und Propaganda der Islamischen Republik durchschaut hat: Der Staatsapparat sitzt am längeren Hebel. Sobald einer aus der Reihe tanzt, wird er dafür bestraft. Ein Pärchen – Ahmad Shirazi, ein bekannter Boxer, und seine Ehefrau – das Millionen Follower auf Instagram hat, präsentierte auf seinem Kanal ein modernes gleichberechtigtes Leben. Ein Lebensmodell, das der Islamischen Republik nicht gefiel. Vor ihrer Verhaftung gelang es dem Paar, 2019 in die Türkei zu fliehen. Im April 2020 wurden beide in Abwesenheit zu 16 Jahren Haft und 74 Peitschenhieben verurteilt. Sie hätten gegen das System Propaganda betrieben, vulgäre Inhalte gepostet und gegen die allgemeine Moral verstoßen, hieß es in dem Urteil. Ein Urteil in Abwesenheit ist auch eine Form der Einschüchterung derer, die das Land noch nicht verlassen haben. Das Regime insistiert darauf, dass nur das Bild gezeigt werden darf, das ins islamische Konzept passt.

Ein Großteil der säkular eingestellten Bevölkerung verbirgt also sein wahres Leben, um zu überleben. Auf internationalen Konferenzen, die außerhalb des Irans stattfanden, kam es nicht selten vor, dass mir Männer, die zu einer iranischen Delegation gehörten, mit gesenktem Kopf zuraunten, ihnen tue es leid, dass sie mir nicht die Hand geben könnten. Ich wisse ja, dass das verboten sei. In der Islamischen Republik dürfen sich Männer und Frauen nicht die Hand geben. Häufig sah ich, wie Teilnehmerinnen internationaler Delegationen beim Zusammentreffen mit iranischen Politikern ihre Hand zur Begrüßung vergeblich ausstreckten: Der iranische Kollege legte seine Hand entschuldigend auf die eigene Brust.

Am 4. November finden jährlich Anti-USA-Demonstrationen statt. Im ganzen Land. Denn an diesem Tag im November 1979 besetzten iranische Studenten die US-Botschaft. Das ist einer der Gründe, warum die Beziehungen zu den USA seit über 40 Jahren auf Eis liegen. 444 Tage hielten iranische Revolutionäre 52 amerikanische Diplomaten in Geiselhaft. An diesem Tag haben Kinder im Iran schulfrei. Aber sie spielen nicht auf Spielplätzen oder sind im Freibad. Sie werden in Bussen auf öffentliche Plätze gefahren, auf denen sie in Sprechchören »Tod Amerika« rufen müssen. In Teheran werden sie jedes Jahr vor dem ehemaligen US-Botschaftsgebäude versammelt, in dem jetzt die Revolutionsgarde sitzt. Dabei werden auch amerikanische Flaggen verbrannt. Im Laufe der Jahre immer weniger – was schade ist für die internationalen Journalisten, die an diesem Tag immer in Teheran im Einsatz sind. Brennende amerikanische Flaggen lassen sich besser in den Nachrichtensendungen verkaufen, sie passen ins Klischee. Besser als Bilder von gelangweilten Kindern.

Ich fragte einmal halbpubertäre Jungen und Mädchen vor laufender Kamera, ob sie wüssten, warum sie hier seien. Eine für sie leicht zu beantwortende Frage, denn sie konnten mir antworten, was sie jahrelang auswendig lernen mussten:

»Amerika ist unser Todfeind«. Für einen Moment sah ihre Lehrerin nicht zu uns. Ich fragte die Kinder, ob sie Lust hätten, mit einem Visum in die USA zu fliegen. Plötzlich sah ich in freudestrahlende Augen, und alle riefen ja. Das Material und die Kamera wurden 30 Sekunden nach diesem Interview von Sicherheitskräften konfisziert, und wir mussten stundenlang in einem Minibus des Geheimdienstes warten, bis die Demonstration vorbei war.

Die Angst, erwischt oder denunziert zu werden, spielt eine große Rolle im Verhalten und in der Psyche der Iraner. Mit dieser Angst der Menschen spielt die Islamische Republik bis heute. Sie setzt darauf. »Irgendetwas können sie dir immer anhängen«, sagte mir ein iranischer Freund. Journalisten der inländischen Presse wurde zum Beispiel gedroht, dass sie keine Pressekarte mehr bekämen, wenn sie nicht zur Wahl gingen. Es ist oft nur Willkür, mit der die Gesellschaft in Schach gehalten wird.

Die Bevölkerung lernte, einen Weg zu finden, in diesem System zu überleben. Ich wollte wissen, welche Auswirkungen das auf Dauer auf die Psyche der Menschen hat, und befragte einen Psychologen im Iran. Er antwortete mir, dass dieses Phänomen, um jeden Preis in einem System überleben zu wollen, in allen Ländern existiere, in totalitären Staaten jedoch ausgeprägter. Er antwortete mir nicht wirklich auf die Frage, ob es einen negativen Einfluss auf die Psyche gebe. Er sah es eher positiv. Ich müsse mir das so vorstellen: Ein Tier, das sich im Wasser und auf dem Land bewegen könne, habe ein höheres Potenzial zu überleben. Menschen, die unter solchen Bedingungen aufwüchsen, seien anpassungsfähiger. Er meinte, dass dieses Verhalten aus historischen Gründen im kollektiven Bewusstsein der Iraner verankert sei. Der Iran würde seit jeher aufgrund seiner geografischen Lage von ausländischen Mächten erobert. Iraner sähen sich entsprechend gezwungen, sich immer wieder an die neuen Machthaber anzupassen.

Eine weitere Erklärung, weshalb die sozialen Verhältnisse in der iranischen Gesellschaft von Ambiguität geprägt sind, liegt darin, dass Iranerinnen und Iraner als Schiiten zur religiösen Minderheit unter den Muslimen gezählt werden. Deshalb waren sie oft Peinigungen durch das verfeindete politische System des sunnitischen Kalifats ausgesetzt. Die Shia erlaubt deshalb ihren Gläubigen die »Taqiya« – die Möglichkeit, den eigenen religiösen Glauben angesichts drohender Gefahren zu verleugnen. Die Praxis der Taqiya ist zu einem tief verwurzelten Aspekt der iranischen Kultur geworden, der schon lange nicht mehr ausschließlich mit der Religion zusammenhängt.

Der Psychologe fügte hinzu, dass diese außerordentliche Anpassungsfähigkeit besonders bei den Iranern, die ins Ausland gingen, zu beobachten sei. Sie adaptierten die neue Lebensumgebung spielend leicht und könnten dieses neue Leben quasi über Nacht annehmen.

Iran ist ein Land der Paradoxe. Das wichtigste Fest für Iraner ist das Neujahrsfest. Es ist das einzige nicht islamische Fest in einer langen Reihe von gesetzlichen Feiertagen, die fast alle einen religiösen Hintergrund haben.

Ein Freund aus Istanbul sah mich erstaunt an, als ich ihm erzählte, dass die Moscheen in Teheran mittlerweile weit weniger besucht werden. Große Teile der Bevölkerung haben sich von der Religion entfernt. Entsprechend leerten sich die Moscheen im Laufe der letzten 40 Jahre. Die Schuld an der katastrophalen Situation im Land geben viele Menschen der geistlichen Machtelite. Und Moscheen stehen für sie in unmittelbarem Zusammenhang mit dieser Obrigkeit.

In Istanbul hört man, egal, wo man sich in der Stadt befindet, den Muezzin, der zum Gebet ruft. Und die Gläubigen folgen weitgehend diesem Ruf. Moscheen sind in der Türkei zu Gebetszeiten voll. Im Iran nicht. Wenn man zum Gebet geht, dann zum Freitagsgebet, und das oft aus Prestigegründen – oder, um dort Geschäfte abzuwickeln. Das steht in starkem Kontrast zur Staatspropaganda, die Iran als eine streng religiöse, schiitische Nation darstellen möchte. Laut einer Umfrage des GAMAAN Instituts, eines staatlich unabhängigen Forschungsinstituts mit Sitz in den Niederlanden, aus dem Sommer 2020 betrachten sich nur 32 Prozent der Iraner als Schiiten. 72 Prozent sind gegen den obligatorischen Hejab (bei einer Enthaltung von 12,5 Prozent), und 68 Prozent sind für die Trennung von Staat und Religion. Ob diese Umfrage wirklich repräsentativ und verlässlich ist, bleibt fraglich. Die darin erhobenen Zahlen entsprechen jedoch dem Eindruck, den ich in den vielen Jahren im Iran gewinnen konnte. Die Islamische Republik hat die Bevölkerung politisch, wirtschaftlich und gesellschaftlich dazu erzogen, den religiösen Schein zu wahren. Mit dem Effekt, dass auch psychische Störungen wie Depressionen, Angststörungen, autoaggressive Verhaltensweisen bis hin zu schweren Persönlichkeitsstörungen die Folge dieses aufgezwungenen schizophrenen Lebensstils sein können. Darauf weist auch der hohe Konsum von Psychopharmaka im Iran hin. Die Doppelmoral wird gewahrt, von jedem. Jeder weiß es. Nur darf es nicht herauskommen. Sie ist eine Strategie, um die eigene Existenz nicht zu gefährden. Jeder verfolgt sein eigenes Ziel: Bürger und Staat, nach innen und nach außen.

Weihnachten mit Ahmadinedschad

Ich hatte mich nach meinem Abitur für das Studium der Orientalistik in Bamberg entschieden mit dem Schwerpunkt Iranistik. Ich fing 1999 an zu studieren, verbrachte ein Auslandssemester in Teheran und eines in Damaskus. Das war, noch bevor islamistische Terroristen New York angriffen. Damals waren wir bei der Immatrikulation fünf Studenten, die sich für dieses Fach eingeschrieben hatten. Wir galten als Exoten, junge Menschen, die auf der Suche nach ihren Wurzeln waren, oder Träumer. Nach den Terroranschlägen auf die USA am 11. September 2001 wurden wir plötzlich zu wichtigen Interpreten der hoch komplizierten Region Nahost. Und waren gefragt. Im Mai 2005 erhielt ich mein Diplom von der Otto-Friedrich-Universität, dann zog ich in den Iran.

Ich bekam einen Job an der Deutschen Botschaft. Zwei Jahre arbeitete ich dort in der Presse- und Politikabteilung, bis mich 2007 Peter Mezger abwarb – für die ARD. Ein Geschenk! Denn ich wollte schon als Kind Korrespondentin werden. Kriegskorrespondentin. Ich wollte dort sein, wohin niemand möchte. Ich wollte von dort berichten, wo es ums Überleben geht. Dort fühle ich mich bis heute wahrhaftig. Inzwischen lebte ich schon drei Jahre in der Islamischen Republik. Seit einem Jahr arbeitete ich für die ARD.

Nouruz, das iranische Neujahrsfest, das Iraner zwei Wochen lang zelebrieren, konnte auch nach drei Jahren Iran den Stellenwert nicht ersetzen, den Weihnachten für mich hat. Ich bin eine extreme Advents- und Weihnachtsfanatikerin. Ich finde in dieser Zeit alles romantisch, besonders, und jedes Mal erneut, wenn WHAM im Supermarkt mit »Last Christmas« über Lautsprecher ertönt. Ich versuche jedes Jahr, mehr als die Hälfte meiner Urlaubstage für die Adventszeit aufzuheben. Nur um die Vorweihnachtszeit ohne Job und Stress genießen zu können. Ich bin schließlich mit Weihnachten aufgewachsen. Mit der Christmette, mit einem Weihnachtsbaum und einem Adventskranz. Nikolaus und Christkind. Nur meine ich mich daran zu erinnern, dass es nie Kartoffelsalat mit Würstchen gab, sondern Reis. Das war aber auch das einzige nicht Weihnachtliche. Mag vielleicht auch daran liegen, dass meine Mutter seit der Ehe mit meinem Vater nur noch persisch kochte, weil es einfach uns allen und unseren Gästen am besten schmeckte. Gänsebraten kann jeder. Safranhühnchen mit Berberitzen und Knusperreis nicht.

Im Iran war es schwierig, richtig in Adventsstimmung zu kommen. In der Mirza-Shirazi-Straße im Stadtzentrum Teherans sah man hier und da einen leuchtenden Tannenbaum. Dort kaufen und verkaufen überwiegend die christlichen Armenier. Die Verfassung Irans gewährt Christen staatlichen Schutz als anerkannte religiöse Minderheit. Sie zählen neben Juden und Zorastriern zu den drei anerkannten Religionen im Iran – und müssen dennoch Diskriminierungen ertragen. Vor allem in wirtschaftlicher, beruflicher und sozialer Hinsicht. Laut dem BAMF-Bericht aus dem Jahr 2019 ist die Zahl der Christen in den traditionellen Kirchen seit der Islamischen Revolution von rund 350 000 auf derzeit geschätzt unter 200 000 zurückgegangen, obwohl die Gesamtbevölkerung von 42 Millionen auf mehr als 82 Millionen angestiegen ist. Gemäß der Volkszählung von 2011, in der nur Armenier und Chaldo-Assyrier zu den Christen gezählt wurden, bestand die christliche Bevölkerung aus 117 704 Personen.

Nicht nur für sie sind die Schaufenster mit Weihnachtsschmuck, lebensgroßen Weihnachtsmännern aus Plastik und kitschig geschmückten Weihnachtsbäumen dekoriert. »Jingle Bells« habe ich in der Straße auch ab und zu gehört. Jahr für Jahr nimmt die Zahl derer zu, die nicht christlich geprägt sind, aber Weihnachten schick finden und feiern. Immer mehr Iraner, die keine Christen sind, finden Gefallen an dem fröhlichen Fest, stehen vor den geschmückten Schaufenstern und an den Kassen an. Zum Ärger des Klerus. Schiiten ist es laut der iranischen Verfassung verboten, zu konvertieren oder an Gottesdiensten anderer Religionen teilzunehmen. Im Iran »wurden viele zu mindestens zehn Jahren Gefängnis für ihre religiösen Aktivitäten bestraft«, so die US-Kommission für Internationale Religionsfreiheit in ihrem Bericht von 2018. Auf die Konversion eines Iraners zum sunnitischen Islam oder einer anderen Religion kann laut Scharia die Todesstrafe angewandt werden. Trotz der Lebensgefahr konvertierten zehntausende Iraner bereits zum Christentum.

Es war kurz vor Weihnachten 2008. Ich bekam einen Anruf. Wir dürften mit auf die Provinzreise von Präsident Ahmadinedschad. Es war das erste Mal, dass uns vom Ershad-Ministerium, das ausländischen Journalisten Dreh-und Reisegenehmigungen ausstellt, bewilligt wurde, den Präsidenten zu begleiten. Im Vorfeld hatten Geheimdienst und weitere Sicherheitsbehörden unsere Anträge überprüft und genehmigt.

Dieses Mal hat es geklappt. Endlich! Das wird tolle Bilder geben. Die Mitarbeiter des Ministeriums haben mir ein iranisches Datum genannt. Meine Freude verschwindet plötzlich, als ich beim Blick in den Kalender bemerke, welcher Tag das ist: Weihnachten. Weihnachten mit Ahmadinedschad. Das eignet sich aber auch nur für einen plumpen Buchtitel, denke ich mir in dem Moment. Die Idee, die Reise abzusagen, kam mir nicht. Job ist Job, noch mehr in unserem Job. Und so eine Gelegenheit lässt man sich nicht entgehen.

Wir fuhren also nach Shiraz im Süden Irans. Die Stadt ist bekannt für ihre offene und liberale Bevölkerung. Die Traube für den bekannten Shiraz-Wein soll hier ihre Herkunft haben. In der *NZZ* las ich dazu: »Man vermutete ihren Ursprung tatsächlich in der Stadt Shiraz im alten Persien. Vor allem in der Neuen Welt wird für Syrah das Synonym »Shiraz« verwendet.« In der Stadt steht auch das Mausoleum eines der bekanntesten Dichter: Hafis. Er schrieb die schönsten Gedichte über Liebe, Schmerz und Wein.

Unsere Reise hatte mit diesen Themen keinerlei Berührungspunkte. Wir übernachteten in einer Schule, in der ein paar Betten für uns aufgestellt wurden. Ich war allein im Zimmer. Mein Team bestand ausschließlich aus Männern. Im Morgengrauen hörte ich die Koransuren über den Schulhof tönen, immer lauter und ewig lang. Wie müssen sich die Kinder auf dem Schulhof fühlen, die das tagtäglich hören? Welche Auswirkungen haben diese ständigen religiösen Gesänge auf sie? Viele Iraner, mit denen ich gesprochen habe, sagten mir, dass gerade diese Indoktrination in der Kindheit dazu führte, dass sie sich später zunehmend vom Islam distanzierten.

Wir fahren zu dem Ort, an dem der Präsident auftreten soll. Ahmadinedschad präsentiert sich seit Beginn seiner Amtsperiode im Jahre 2005 als volksnaher Politiker, der sich um das Leid der Menschen kümmert, sich ihrer Sorgen annimmt, sie dazu auffordert, ihm Briefe mit ihren Bitten und Problemen zu schreiben. Viele nehmen ihn ernst. Vor allem diejenigen, die nicht zur Mitte der Gesellschaft gehören: Die Armen und Ungebildeten, die sich nicht regelmäßig im Internet informieren und austauschen. Darüber, dass sich dieser Präsident und sein Gefolge am Staat bereichern, wesentlich mehr als seine Vorgänger. Öleinnahmen werden über Mittelsmänner auf Konten ins Ausland überwiesen.

Eine unglaubliche Geschichte, die sich aber tatsächlich zugetragen hat, ist die von Babak Zanjani: Der 41-Jährige ist in der Ära Ahmadinedschad zum Milliardär geworden. Und zwar mit Öl. Über ein mafiöses Netzwerk von über 60 Firmen im Ausland, darunter der Türkei, Tadschikistan, den Vereinigten Arabischen Emiraten und Malaysia, soll er heimlich Millionen Barrel iranischen Öls für die Regierung verkauft und dabei die Sanktionen umgangen haben. Solche und unzählige andere Korruptionsgeschichten unter Präsident Ahmadinedschad kamen erst 2013 an die Öffentlichkeit, nach seiner Amtszeit. Der »Präsident der Armen«, wie er sich gern selbst darstellte, war derjenige, der staatliche Korruption fast salonfähig machte, zumindest zur Normalität werden ließ. Die Summen, die ins Ausland geschafft wurden, sind kaum noch zu zählen, sagte mir ein Insider aus dem Bankengeschäft. So etwas kann es nur in der Islamischen Republik geben, fügte er hinzu. Eigentlich müsse ein Typ wie Zanjani rote Beete auf dem Bazar verkaufen. In der Tat begann er seine Karriere als Fahrer des iranischen Zentralbankchefs.

Präsident Mahmoud Ahmadinedschad ebnete in seiner Amtszeit außerdem der Revolutionsgarde den Weg, die Wirtschaft des Landes größtenteils zu übernehmen. Er war selbst Mitglied und hatte im Iran-Irak-Krieg gekämpft. Ebenso ließ der Präsident zahlreiche Schlüsselpositionen in der Politik mit ehemaligen Kommandeuren der Revolutionsgarde besetzen. Und der Etat für die Freiwilligenmiliz, die »Basijis«, wurde erheblich erhöht. Diese Schlägergruppen sind inzwischen in jedem Viertel präsent, in jeder Nachbarschaft, in jeder Moschee. Ihre Verbände sind in reguläre paramilitärische Einheiten eingeteilt, die auf die Straße gehen, wenn der Staat sie ruft. Um diejenigen niederzuknüppeln, die sich gegen den Staat auflehnen. Das erste Mal schlugen sie die Demonstranten bei den Studentenprotesten 1999 nieder. Der Höhepunkt dieser Konfrontation zwischen Bürgern und Schlägern des Staates fand bislang 2009 statt. In einem späteren Kapitel schreibe ich ausführlich darüber.

Ahmadinedschad und sein Team waren an diesem Vormittag in Shiraz noch nicht am Veranstaltungsort angekommen. Aber sehr viele Menschen, die einen Brief für ihn hatten, den sie ihm heute übergeben wollten, in der Hoffnung, dass endlich jemand ihren Wunsch erfüllen würde. In einer Parkanlage hinter dem Platz, auf dem er seine Rede halten wollte, hatten sich lange Menschenschlangen hinter kleinen Tischchen gebildet. Hinter den Tischchen saßen Männer und Frauen, die auf klapprigen alten Schreibmaschinen das tippten, was ihnen diejenigen, die vor ihnen standen, diktierten. Es waren Männer und Frauen, die weder lesen noch schreiben konnten, also nicht selbst ihren Brief an den Präsidenten verfassen konnten. Die Analphabetenquote im Iran liegt bei knapp 11 Prozent. Diese 11 Prozent setzen sich zum Großteil aus den Ältesten der Gesellschaft zusammen, die aus ärmlichen Verhältnissen stammen. Als Kinder mussten sie oft den Unterricht abbrechen und arbeiten, um zum Überleben der Familie beizutragen.

Deshalb brachten nun andere ihre Probleme zu Papier, die

Ahmadinedschad dann – so Gott will – lösen würde. Stolz falteten sie anschließend die Briefe zusammen und steckten sie in ein Kuvert. Mir brach es das Herz, als ich das sah, und gleichzeitig wurde ich unglaublich wütend auf diesen Präsidenten, der die Menschen an der Nase herumführte, sie zum Narren hielt und sie ausnutzte, denn er wollte mit ihrer Stimme die Wiederwahl im nächsten Jahr gewinnen. Die Wünsche der Menschen hat er nie erfüllt. Vermutlich landeten ihre Briefe im Müll. Viele erzählten mir, dass sie ihm schon mehrere Briefe geschrieben hätten, eine Antwort sei immer ausgeblieben. Er sollte seine Rechnung dafür bekommen. Aber den kürzeren zogen am Ende wieder die Menschen im Iran. Auch uns wurde letztlich das Interview mit dem Präsidenten verwehrt.

Während der Amtszeit von Ahmadinedschad wurden Milliarden an US-Dollar veruntreut. Zwei seiner Vizepräsidenten sind inzwischen verhaftet. Babak Zanjani, der Geschäftsmann, wurde 2013 von einem Gericht wegen Untreue, und weil er »die Korruption in der Welt verbreitet«, zum Tode verurteilt. Ihm wird vorgeworfen, 2,7 Milliarden US-Dollar staatlicher Gelder unterschlagen zu haben. Ahmadinedschad ist noch auf freiem Fuß. Ob der ehemalige Präsident als Außenseiter wirklich etwas gegen die Führungselite in der Hand hat, wie er immer wieder verlauten ließ und deshalb bis heute verschont blieb, weiß man nicht. Ahmadinedschad wäre einer der wenigen, die verschont blieben, denn seit Gründung der Islamischen Republik ist es fast schon Tradition, den Präsidenten nach Ende seiner Amtszeit zur Verantwortung zu ziehen. Alle Präsidenten der Islamischen Republik stehen entweder unter Hausarrest, wurden mundtot gemacht oder umgebracht – außer Khamenei, der mächtigste Mann im Land, heute Revolutionsführer.

Ich interviewte Mahmoud Ahmadinedschad viele Jahre später, als er erneut als Präsident kandidieren wollte. Er log erneut, sprach davon, dass etwas ganz Großes geschehen würde. Er könne nur noch nicht sagen, was, aber die ganze Welt werde es sehen. Das war 2017. »Er hat eine große Klappe«, sagte einmal ein international renommierter Historiker, »aber es ist nicht viel dahinter.«

Bei den Wahlen 2005 und 2009 genoss Ahmadinejad noch Rückendeckung von oberster Stelle. Das geistliche Oberhaupt Ajatollah Khamenei hatte ihn auch bei seiner Wiederwahl unterstützt – obwohl Ahmadinejad das Land in die internationale Isolation und die Wirtschaft in eine Katastrophe getrieben hatte. Aber er hatte die Reformbewegung erfolgreich gestoppt, die Khamenei als Gefahr für seine Machtposition betrachtete, und dessen früheren Weggefährten und damaligen Rivalen Rafsanjani an den politischen Rand gedrängt.

Aber den Mund so weit aufzureißen, machte Ahmadinejad für das System der Islamischen Republik brandgefährlich. Er legte es auf einen Machtkampf mit führenden Politikern und höchsten Würdenträgern an. Widerrede und Aufsässigkeit in der Politik waren bis dahin unüblich gewesen. Ahmadinejad verletzte völlig unverhohlen die ungeschriebenen Regeln der Islamischen Republik: Nach außen werden Differenzen nicht kommuniziert. So paradox es erscheinen mag: Der Feind der iranischen Reformbewegung nährte damit den Wunsch der Iraner nach Freiheit und demokratischer Mitbestimmung. Zudem war er kein Kleriker, das spielte in seiner Inszenierung als »Mann des Volkes, der aufräumt« auch eine wichtige Rolle. In seinen Tiraden hatte Ahmadinedschad eines offenbart: Das System ist nicht unangreifbar. Dennoch litt die Gesellschaft unter seiner isolationistischen Wirtschaftspolitik, die zu Inflation und Massenarbeitslosigkeit führte.

Korruption und Betrug wurden also salonfähig. Und wenn es die eigenen Politiker vormachen, liegt es nicht fern, dass Teile der Bevölkerung es nachahmen. Über eine von vielen Geschichten, die ich hörte, möchte ich hier schreiben. Eine iranische Bankangestellte erzählte sie mir. Ihre Bank gab einem Geschäftsmann einen hohen Kredit für eine Schaffarm in Shahriar in der Nähe von Teheran. Als die zweite Rate des Kredits ausgezahlt werden sollte, wollte der Sachbearbeiter für Kreditüberprüfung der Bank die Farm besuchen und kontrollieren. Der Kreditbegünstigte meinte, er solle sich doch nicht so viel Mühe machen, der Weg sei lang, die Hitze groß. Dieser meinte, das mache ihm nichts aus. Er fuhr zur angegebenen Adresse, wurde dort überschwänglich begrüßt, zu einem großzügigen Mittagessen eingeladen, anschließend gab es Obst, Tee und Süßigkeiten. Ab und an hörte er das Blöken von Schafen, und immer wieder kam ein Windzug mit dem typischen Geruch von Schafkot. Nach der Einladung zum Essen bedankte er sich und meinte, er möchte kurz einen Blick auf die Schafe werfen, wie viele es seien. Nach längerem Drängen öffneten sie die Tore zum Stall. Kein einziges Schaf war zu sehen. Nur ein Kassettenrekorder, der über große Lautsprecher das Blöken von Schafen abspielte und ein Ventilator, vor dem ein Haufen Schafkot lag. Der Prüfer freute sich, dem Betrüger auf die Schliche gekommen zu sein. Er schrieb einen Bericht an den Bankdirektor. Am nächsten Morgen rief ihn die Bank an. Er müsse nicht mehr zur Arbeit kommen. Ihm sei gekündigt worden. Der Bankdirektor war ein Freund des vermeintlichen Schafzüchters.

Der Mut der iranischen Frauen

Wenn sich im Iran einmal etwas verändern sollte, hin zum Guten, in meinem demokratisch-freiheitlichen Verständnis, dann durch die Frauen. Das wurde mir unzählige Male vor Ort demonstriert. Viele Frauen, die ich traf, sind davon selbst überzeugt und einige Männer auch. Fremde, die den Iran bereisten, bestätigten diesen Eindruck. Doch es wird nicht einfach werden.

Über 83 Millionen Einwohner zählt der Iran. Davon ist ungefähr die Hälfte weiblich. Frauen sind in fast allen Lebensbereichen durch das islamische Rechtssystem – der Scharia – systematisch entrechtet und stark benachteiligt. Das ist so gewollt. Das islamische Recht wird ausschließlich von männlichen Geistlichen bestimmt. Eine Gleichberechtigung ist nicht vorgesehen. Revolutionsführer Ajatollah Khomeini setzte das moderne »Gesetz zum Schutz der Familie« von 1967, das Gleichberechtigung schuf, außer Kraft. Die iranischen Frauen hatten die Islamische Revolution mitgetragen, nicht ahnend, dass die neue Staatsform mit dem vorherrschenden islamischen Recht ihre eigenen Rechte massiv beschneiden würde. Sie hätten es ahnen müssen, denn Khomeinis Haltung war in dieser Hinsicht klar. Er war schon, bevor das Wahlrecht 1963 für Frauen im Iran eingeführt worden war, strikt dagegen.

Das Wahlrecht haben sie zwar behalten, dennoch ist es ein täglicher Kampf, den die Frauen im Iran führen, um sich zu behaupten. Sie sind zäh und willensstark. Die Anzahl der Studentinnen liegt höher als die der Studenten, bei ungefähr 60 Prozent. Meist schließen sie mit besseren Noten ab. Doch ihr akademischer Erfolg endet mit der Universität. Nur etwa ein Fünftel aller akademisch gebildeten Frauen arbeitet. Der Anteil der Frauen am Arbeitsmarkt liegt laut einer Angabe des Präsidialbüros von 2019 bei 18 Prozent. Studieren ist schick, doch eine arbeitende Frau, emanzipiert und selbstständig, ist zu viel für das konservative religiöse System.

Eine der beeindruckendsten Frauen, die ich seit 2005 ständig begleitet habe, ist Nasrin Sotudeh. Sie ist eine renommierte Menschenrechtsanwältin in Teheran. Ich möchte sie und weitere Frauen, die mich in meiner Zeit im Iran bewegt haben, mir imponieren und mich berühren, hier porträtieren:

Meine liebste Tochter, Du und Dein Bruder seid der Grund dafür, warum ich die Rechte von Kindern verteidige. Ich weiß, dass Ihr Essen, ein warmes Zuhause und Zuneigung benötigt. Aber genauso braucht ihr Freiheit und Gerechtigkeit in Eurem Leben. Jedes Mal, wenn ich Eure Köpfe streichelte, nachdem ich von einer Gerichtsverhandlung, in der ich Minderjährige verteidigte, nachhause kam, zerriss es mir das Herz, Euch wieder zu verlassen.

100 Küsse. Deine Mama Nasrin.

Nasrin Sotudeh schrieb diesen Brief an ihre Tochter aus ihrer Zelle im Evin-Gefängnis. Die Haftanstalt, auch als Terroranstalt bekannt, befindet sich im Norden der iranischen Hauptstadt und ist berüchtigt für die Inhaftierung politischer Gefangener. Am 13. Juni 2018 wurde die Menschenrechtsanwältin in ihrem Haus verhaftet. Ein Revolutionsgericht verurteilte sie zu 33 Jahren Haft und 148 Peitschenhieben. Ihr wurde »Störung der öffentlichen Ordnung« und »sündhaftes Auftreten ohne Kopftuch« vorgeworfen sowie »Spionage« und das »Schüren von Prostitution«. Es war nicht das erste Mal, dass die Anwältin zu einer Gefängnisstrafe verurteilt wurde. Nachdem sie Oppositionelle verteidigte, die im Juni 2009 gegen die Wiederwahl von Präsident Ahmadinejad protestiert hatten, wurde sie im September 2010 schon einmal verhaftet. Da war sie 47 Jahre alt und Mutter zweier Kinder, ihr Sohn war gerade erst zwei geworden.

Ich begleitete Nasrin Sotudeh oft zu Gerichtsverhandlungen. Eine kleine, zarte, zerbrechlich wirkende Frau, nicht laut, nicht auffällig. Aber zäh und mutig. Leise huschte sie durch die Flure des Familiengerichts. Doch sobald die Gerichtsverhandlung begann, wurde sie zur Löwin. Sie ließ sich nichts gefallen, ließ sich nicht ins Wort fallen. Für einen kurzen Moment vergaß ich, dass ich mich in einem islamischen Gericht befand. Acht Jahre lang musste Nasrin auf ihre Zulassung warten, bis ihr 2003 endlich erlaubt wurde, als Rechtsanwältin zu arbeiten. Sie verteidigte Frauen, die gegen das Kopftuch protestierten, Dissidenten, religiöse Minderheiten.

Am Vanak Platz, einem sehr belebten Platz im Norden der Hauptstadt, befindet sich das Familiengericht. Fast täglich kam ich dort vorbei, da es auf meinem Nachhauseweg lag. Vor dem Gebäude sah ich oft Frauen mit verweinten Gesichtern, andere schrien ihre Männer an oder schluchzten verzweifelt. Weil der Richter gegen die Scheidung entschieden hatte – im Iran hat das Recht auf Scheidung nur der Mann. Oder er hatte ihnen das Sorgerecht für ihr Kind nicht gewährt, ab dem siebten Lebensjahr werden die Kinder dem Vater zugesprochen.

Ich sah so viel Leid in und vor diesem Gerichtsgebäude. So viel Unglück, so viele Frauen, die gekränkt und gedemütigt wurden, die schier wahnsinnig wurden ob der ihnen fehlenden Rechte. In den Verhandlungen stehen sie meist vor einem Geistlichen, der entscheidet, ob die Ehe annulliert wird oder nicht. Dass sie von ihrem Ehemann krankenhausreif geschlagen oder vergewaltigt worden sind, führt nicht zwingend zur Scheidung. Ehemänner haben das Recht auf sexuelle Verfügbarkeit ihrer Ehefrau – und dürfen dazu auch Gewalt anwenden. Wenn die Frau »ungehorsam« ist, darf der Mann sie laut islamischer Rechtsprechung schlagen.

Nur ein einziges Mal bisher ließ die Islamische Republik eine Umfrage über häusliche Gewalt zu. Sie ergab, dass 66 Prozent der befragten Frauen mindestens einmal von ihren Ehemännern geschlagen worden waren. Diese Umfrage wurde nie wiederholt. Das Thema totgeschwiegen.

Ich lernte Nasrin kennen, als sie Sina verteidigte, einen jungen Mann, der gehängt werden sollte. Er war zur Tatzeit minderjährig. Sina hatte einen Mann getötet. Nasrin setzt sich besonders für minderjährige Straftäter ein, die zum Tode verurteilt wurden. In einem Staat, in dem die Justiz von ultrakonservativen Hardlinern bestimmt wird, ist das eine schier unmögliche Aufgabe. Sie erzählte mir, dass sie das Schreien und Wehklagen der Mütter, nachdem man ihnen mitgeteilt hatte, dass ihr Kind hingerichtet wurde, selten aus ihrem Kopf bekomme. Es gelinge ihr nur, indem sie sich mit Kunst oder Musik ablenke. Wir drehten die Geschichte von Sina für den *Weltspiegel*. Er stand bereits unter dem Galgen. Ein letzter Wunsch wurde ihm gewährt. Er bat darum, dass er noch einmal die Ney spielen dürfe. Eine Rohrflöte. Diese Flöte hat eine tiefe symbolische Bedeutung. Der Mensch muss so werden wie eine Ney, ganz leer und selbstlos, um zu klingen. Sina spielte so herzergreifend, dass ihn die Familie des Getöteten begnadigte.

Nasrin Sotudeh verteidigt immer wieder Angeklagte in aussichtslosen Situationen, nie gab sie auf. Immer im vollen Bewusstsein, dass das Recht vor Gericht oft gar nichts zählt. Ihr Glaube an das Recht bleibt bis heute ungebrochen. Das betont sie zu jeder Gelegenheit. Selbst als sie im Gefängnis saß, hörte ihr Kampf für Gerechtigkeit nicht auf. Im September 2020 geht sie in den Hungerstreik. Damit will sie die Aufmerksamkeit der Welt gewinnen, um auf die katastrophalen Zustände in Irans Gefängnissen in Zeiten der Pandemie hinzuweisen. Besonders gefährlich ist es für die politischen Gefangenen. Nasrin hat eine Herzschwäche, sie spricht nie darüber, aber ihr Mann, Reza Khandan, weiß es. Er und ihre beiden Kinder machten sich in dieser Zeit große Sorgen. Reza spricht über seine Sorgen mit mir, mit anderen Journalisten. Auch sein Mut ist zu bewundern, denn eigentlich darf er nicht sprechen. Seiner Tochter hängte die Justiz ein fadenscheiniges Verfahren an, so dass sie ausreisegesperrt wurde. Ein Grund, um auch Nasrin im Gefängnis mundtot zu machen. Nasrin Sotudeh beendete nach fast 50 Tagen ihren Hungerstreik aus gesundheitlichen Gründen – sie überlebt ihn nur knapp. Am Donnerstag, den 1. Oktober 2020, wird bekanntgegeben, dass Nasrin Sotudeh den Alternativen Nobelpreis erhält. Laut Jury steht sie furchtlos für die Förderung politischer Freiheiten und der Menschenrechte im Iran ein. Sie weiß nichts davon, erzählt mir ihr Mann am Telefon. Es ist Donnerstag, sie dürfen erst wieder am Samstag telefonieren.

Am 8. November wird Nasrin in den Hafturlaub entlassen. Zum ersten Mal nach zwei Jahren Gefängnis. Vielleicht hat das Regime Angst, sie könnte im Gefängnis sterben. Ich bin sehr berührt, als sie in diesen kurzen Tagen persönlich und so vertraut mit mir telefonierte und sie mir sagt, was dieser Preis für sie bedeutet: »Dieser Preis gebührt aus meiner Sicht der iranischen Zivilgesellschaft. Er demonstriert, was die Solidarität der Menschen bewirken kann, die sich für die Menschenrechte und für gemeinsame Ideale einsetzen. Die Solidarität der Menschen auf der ganzen Welt bestärkt mich, mich weiterhin für andere einzusetzen. Ich hoffe, dass alle diese Bemühungen zu einer besseren Welt beitragen.« Wie lange sie frei sein wird, weiß sie nicht. Das Land zu verlassen, ist ihr nicht erlaubt. Aber das will sie ohnehin nicht. Nach ein paar Tagen Hafturlaub wurde Nasrin wieder ins Evin-Gefängnis gebracht, um ihre restlichen 31 Jahre abzusitzen.

Seit Gründung der Islamischen Republik, vor über 40 Jahren, ist es Frauen im Iran verboten, als Zuschauerinnen bei Fußballspielen dabei zu sein. Erzkonservative Geistliche meinen, sie schützten so die Frauen vor dem Anblick halbnackter Männer und einem vulgären Umfeld. Immer wieder versuchten Frauen und Mädchen trotzdem, ins Stadion zu gelangen. Eine tragische Geschichte, die des »blauen Mädchens«, ereignete sich während meiner Zeit als Korrespondentin im Iran. Sie berührte mich sehr, machte mich traurig und wütend. Ich berichtete darüber in den *Tagesthemen* im September 2019. Es geht um das junge Mädchen Sahar Khodayari. Sie wollte unbedingt ins Azadi- Stadion in Teheran. Zum Derby. Sie trug einen blauen Schal. Die Vereinsfarbe ihres heißgeliebten FC Esteghlal. Sie hatte sich als Mann verkleidet. Aufgrund der vielen Kontrollen war das die einzige Chance, so vielleicht ins Stadion zu gelangen. Für viele Männer im Stadion wäre ihre Anwesenheit eigentlich kein Problem. Das sagten sie mir zumindest immer wieder in Interviews. Dann wurde Sahar erwischt und verhaftet. Das Urteil: sechs Monate Gefängnis. Sahar protestierte, übergoss sich mit Benzin und erlag ihren Verletzungen.

Weltweit gab es einen Aufschrei. Im Netz bekam Sahar den Namen »das blaue Mädchen«. Und endlich wird auch Kritik an der Fifa laut: Sahar könnte noch leben, wenn diese früher Druck auf die Islamische Republik ausgeübt hätte. Erst seitdem der Weltfußballverband der iranischen Nationalmannschaft mit Turnierausschluss droht, bewegt sich etwas. Beim nächsten Länderspiel Iran gegen Kambodscha am 10. Oktober 2019 durften jetzt Frauen im Internet 1 400 Tickets kaufen. 100 000 Plätze gibt es im Stadion. Das war bisher das einzige Mal, dass Frauen bei einem Spiel dabei sein durften. Doch die internationale Aufmerksamkeit ist verschwunden und somit der Druck auf die Islamische Republik. Zumindest haben viele Iraner Sahar nicht vergessen. Andranik Teymourian, ein ehemaliger Fußballer beim FC Esteghlal, twitterte nach dem Tod von Sahar: Eines Tages wird ein Stadion im Iran den Namen »Das blaue Mädchen« bekommen.

Zahra Rahnavard ist Professorin für Politik und Bildhauerin. Sie ist die Ehefrau von Mir Hossein Mussawi, dem Anführer der Grünen Bewegung von 2009. Die Bewegung, die Millionen auf die Straße brachte, um gegen die Wahlfälschung vorzugehen, die Mahmoud Ahmadinedschad erneut zum Präsidenten machte. Ich konnte kurz vor der Wahl auf einer der Veranstaltungen, auf denen das Ehepaar von Tausenden jungen Menschen umjubelt wurde, ein Interview mit ihr führen. Sie ist konservativ, aber auch irgendwie modern. Sie ist eine derjenigen, die ihre Einstellung zu den rückständigen Ideen zu Beginn der Revolution revidierte. Zunächst war sie auch für die allgemeine Einführung des Kopftuches. Doch heute findet sie, jede Frau sollte das selbst für sich entscheiden und nicht der Staat. Sie war Rektorin der einzigen Frauenuniversität Al-Zahra im Iran: »Wenn Mousavi Präsident wird, dann werde ich auf jeden Fall eine leitende Rolle übernehmen. Nicht in der Politik, sondern als eine Frau, die modern und intellektuell ist. Ich werde die Frauenrechte verteidigen, ich möchte Diskriminierung beseitigen, ich wünsche mir die Meinungsfreiheit, auch für die Medien. Ich muss dafür nicht unbedingt zum Kabinett gehören. 65 Prozent der Studenten sind weiblich. Es gibt viele intelligente und mutige Frauen in hohen Positionen. Wir sind schon überall tätig. Die Stellung der Frau passt nicht mehr zu den Gesetzen. Die Frauen sind so fortschrittlich und unsere Gesetze veraltet. Dieser Kontrast zwischen den Fortschritten und den rückschrittlichen Gesetzen ist ein Paradox. Und dieses muss beseitigt werden. Die ganze Welt schaut darauf und auch die Frauen im Iran. Das muss gelöst werden.«

Zahra Rahnavard wurde nach Amtsantritt von Präsident Ahmadinedschad entlassen und befindet sich seit 2010 mit ihrem Mann unter Hausarrest in Teheran.

Ich folgte Sara Naeini auf der Treppe ihres Hauses nach oben. Sie konnte nicht schnell gehen. Sie geht auf Krücken. Sara war einmal Leistungssportlerin, doch dann stürzte sie vom Dach ihres Elternhauses. Das hat sie nicht entmutigt. Sport kann sie nicht mehr machen. Aber sie kann singen. Und das ist schon immer ein Traum von ihr gewesen, erzählt sie mir. Auf der Bühne vor einem großen Publikum zu singen. Doch das darf sie in der Islamischen Republik nicht. Frauen dürfen nur im Hintergrund eines Chores singen. Sara trotzt dem Regime und den Verboten, indem sie unermüdlich weiter übt. Neben Popmusik singt sie auch traditionelle Lieder, ihr jüngerer Bruder begleitet sie dabei. Während wir auf dem Dach des Hauses ihrer Eltern mit ihr das Interview führen, sagt sie zu mir mit überzeugter Stimme: »Eines Tages werde ich als Frontsängerin auftreten.« Und dann spricht sie weiter. Sie wird rot im Gesicht, das Thema ist ihr sichtlich unangenehm: »Es ist mir wirklich peinlich, das zu sagen, doch die Mullahs meinen, Männer würden durch den Gesang einer Frau erregt, und das sei nicht gut. Mir wird ganz schlecht, wenn ich das erzähle. Dies soll wirklich der Grund dafür sein, warum wir Frauen nicht singen dürfen – unfassbar. Es ist so wunderschön, auf der Bühne zu stehen, es gibt einem soviel Energie, das Publikum glücklich zu sehen. Eines Tages werde ich auch ein Konzert geben, entweder hier oder im Ausland.«

Sara ist inzwischen nach Kanada ausgewandert. Und arbeitet dort als Sängerin.

Sie ist dominant, das spürte ich gleich, als wir zur Tür hereinkommen. Azam Taleghani ist Politikerin und Tochter des berühmten Ayatollahs Mahmoud Taleghani. Wir sind zu ihr ins Büro gekommen, um mit ihr für einen *Weltspiegel* anlässlich der Präsidentschaftswahlen 2017 zu drehen. Eine spannende Frau, fast 75 Jahre alt ist die ehemalige Abgeordnete. Zu Schahzeiten saß sie als Oppositionelle im Gefängnis. Sie streitet seit Jahren öffentlich um die Bedeutung des arabischen Wortes »rejal« in der iranischen Verfassung. Für den Wächterrat bezeichnet das Wort Männer – während sie es mit Menschen übersetzt. Was bedeuten würde, dass auch eine Frau im Iran Präsidentin werden kann. Für den mächtigen ultrakonservativen Wächterrat, der Kandidaten zur Präsidentschafts- und Parlamentswahl zulässt oder ablehnt, ist das undenkbar. Azam eröffnete das Interview mit folgendem Satz: »Zuallererst möchte ich sagen: Sie können hier gerne Ihr Kopftuch abnehmen. Es ist Ihnen freigestellt. Hier sind Sie völlig frei. Ich zwinge Sie zu nichts.« Dann erklärte sie mir bezüglich der Auslegung des Wächterrats: »Ich habe damit ein Problem, deshalb werde ich mich immer wieder für die Präsidentschaftswahl registrieren lassen. Bis heute hat mir der Wächterrat nicht mitgeteilt, warum ich nicht zugelassen wurde. Was ist der Grund, dass ich nicht zugelassen wurde, würde ich gern wissen. Nichts ist klar. Das ist meine Herausforderung. Ich will beweisen, und zwar mit wissenschaftlichen Belegen, dass das Wort »rejal« in unserem Grundgesetz eben nicht nur Männer bedeutet.«

Azam ist 2019 gestorben, ohne je zu einer Präsidentenwahl zugelassen worden zu sein.

Masih Alinejad ist eine umstrittene Person. Sie war im Iran lange Zeit Journalistin. Jetzt ist sie Aktivistin, in den USA. Manche sagen, sie sei die gefährlichste für die Islamische Republik, weil sie eine enorme Reichweite im Iran und Ausland hat und Massen mobilisieren kann. Andere werfen ihr vor, es sei keine Kunst, aus dem Ausland heraus zu kritisieren, und sie gefährde Frauen im Iran, die euphorisch und deshalb aber auch oft unvorsichtig ihren Aufforderungen folgten und dann vom Regime weggesperrt würden. Ich kenne sie seit längerem. Sie steht wie keine andere für den Kampf gegen den obligatorischen Hejab. 2014 begann sie die Facebook-

Kampagne »My Stealthy Freedom«, eine Kampagne, die inzwischen zu einer Bewegung geworden ist. Sie erzählte mir, dass die Idee dazu durch Zufall entstand. Sie postete ein Bild von sich, das sie unter prächtigen blühenden Bäumen zeigte:

»Der Wind wehte durch mein Haar. Unter das Bild schrieb ich: ›Jedes Mal, wenn der Wind durch mein Haar geht, dann erinnere ich mich an die Zeit, in der meine Haare im Iran in Geiselhaft waren und das System mir nicht erlaubte, dass der Wind sie berührt.‹ Viele Kommentare unter dem Bild klangen neidisch, sie waren eifersüchtig auf meine Freiheit: ›Wir wollen auch, dass unsere Haare den Wind spüren.‹ Daraufhin postete ich erneut ein Foto, auf dem ich im Iran beim Autofahren auf dem Weg in den Norden zu sehen war, ohne Kopftuch. Ich schrieb darunter: ›Ich weiß als Frau, wie ich die Sittenpolizei umgehe, um meine Freiheit zu erhalten. Ich weiß, wie ich mich wie und wo im Iran ohne Kopftuch bewegen kann, und ich bin mir sicher, dass Millionen Frauen, wie ich, in ihren Fotoalben Fotos haben, auf denen sie ohne Hejab zu sehen sind. Irgendwo, wo ihr euch heimlich schnell für einen Moment am Meer, in den Bergen euer Kopftuch abgenommen habt.‹ Und ich fragte die Follower: ›Seid ihr damit einverstanden, mir diese Bilder von euch zu schicken?‹ Ich wurde bombardiert mit Bildern von Mädchen und Frauen, auf denen sie ohne Kopftuch zu sehen waren. Beim Autofahren, beim Sport, auf Partys. In dem Moment dachte ich mir, es sei Zeit für eine Kampagne: um diese unterdrückte heimlich gelebte Freiheit mit der Veröffentlichung all dieser Bilder zu beenden. So hat diese Kampagne begonnen. Drei Jahre später habe ich die Kampagne »weißer Mittwoch« gestartet. Inzwischen hatten wir Millionen Follower auf Facebook, unsere Videos hatten eine enorme Reichweite erreicht, so dass sogar Präsident Rohani darauf reagieren musste. Ab diesem Zeitpunkt sollten sich Frauen am Mittwoch, gekennzeichnet durch ein weißes Kopftuch, auf der Straße treffen. Eine Protestaktion.«

Zum Schluss sagte sie noch zu mir: »Die obligatorische Verschleierung der Frau ist eine der Säulen des Systems. Wenn es eine Frau schafft, demjenigen die Stirn zu bieten, der sie zwingen will, sich zu verhüllen, dann wird sie jedem Diktator sagen: NEIN. Ich weiß aber auch: Wenn man im Iran gegen die Islamische Republik protestiert, bedeutet das, sein Leben zu riskieren. Warum? Weil man nicht sicher sein kann, ob man überhaupt wieder nach Hause kommt. Man ist sich nie sicher, ob man auf dem Weg verletzt, ins Gefängnis kommt – oder gar getötet wird. Oder einfach verschwindet.«

Masih Alinejad lebt nach wie vor in den USA. Ihr Bruder sitzt im Iran im Gefängnis. Seine Strafe: Acht Jahre Haft. Seine Schwester sagt, »weil er mich nicht öffentlich im Fernsehen verleumden wollte«.

Beim Schreiben dieses Kapitels fragte ich meinen Kameramann, mit welchen Frauen wir noch alles Interviews geführt hätten. Es waren so viele. Er meinte, es sei vollkommen gleich, wie sie hießen, so viele Frauen im Iran kämpften um ihr Recht. Doch das patriarchalische islamische System lässt sie nicht groß werden. Einmal nahm er mich auch auf den Arm und meinte: »Es reicht jetzt. Du kannst nicht nur Filme über Frauen im Iran machen. Die Menschen da draußen denken, hier gebe es keine Männer.« Ich hätte nie genug über diese starken bewundernswerten Frauen im Iran berichten können. Frauen, die sich seit Gründung der Islamischen Republik trotz Unterdrückung und frauenverachtender islamischer Gesetze Stück für Stück Emanzipation erkämpfen.

»Hagh gereftani ast- na dadani«, ein persisches Sprichwort, das sagt: »Rechte werden nicht gewährt, man muss sie erkämpfen.« Das wissen die Frauen im Iran nur zu gut. Sie erfahren es tagtäglich am eigenen Leibe.

Die Farbe der Revolution

Die Hoffnung auf eine versprochene Liberalisierung und Reformen hat die Menschen im Iran immer wieder dazu bewogen, am politischen Geschehen teilzunehmen. Lange hat es funktioniert. Jedes Mal haben sie sich erneut dazu überreden lassen, zur Wahl zu gehen. »Eslahtalab, Usulgara, dige tamume majerah!« (»Reformer, Konservative, das Spiel ist aus!«), rufen die Studenten auf dem Gelände der Amir-Kabir-Universität in Teheran im Januar 2020. Es sind die ersten regimekritischen Proteste seit zehn Jahren, an denen die Mittelschicht teilnimmt. Lange hatte man nichts von ihr gehört. Zu groß war die erlebte Machtlosigkeit, als Millionen 2009 nach der Wiederwahl von Ahmadinedschad auf die Straße gekommen waren, um zu protestieren. Die Opposition war überzeugt, dass die Wahlergebnisse manipuliert worden waren und nur so Ahmadinedschad erneut Präsident werden konnte. Die Menschen riefen damals auf der Straße: »Gebt uns unsere Stimme zurück.« Sie sollten sie nicht zurückbekommen.

Die Vorberichterstattung zur Wahl im Mai und Juni 2009 war gewaltig und unvergesslich für die iranische Gesellschaft, aber auch für uns Journalisten. Damals riet mir mein Kollege Peter Mezger, der kurz vor seinem Ruhestand war: »Sauge diese Eindrücke auf; bei so einem historischen Ereignis dabei zu sein, ist im Leben eines Journalisten ein Glücksfall!« Er hatte Recht, es war bewegend. Nie hatte ich so viele junge Menschen auf einmal gesehen, die einen politischen Wechsel anstrebten und dafür auf die Straße gingen, alles riskierten. Sie glaubten den Anführern der »Grünen Bewegung«, Mir Hossein Mussawi, der von seiner Frau Zahra Rahnavard und dem geistlichen Politiker Mehdi Karroubi unterstützt wurde. Die Grüne Bewegung war eine Koalition von Reformern, rund um den ehemaligen Präsidenten Khatami, von Unternehmern und Kapitaleigentümern, deren prominentester Vertreter Hashemi Rafsandschani, ehemaliger Präsident, war. Den dritten Flügel bildeten konservative Geistliche der ersten Generation. Ihr gemeinsames Ziel bestand darin, eine Wiederwahl Ahmadinedschads zu verhindern. Gestützt wurde die Bewegung von Millionen Iranern. Sie akzeptierten, dass die Anführer der Bewegung zum inneren Kreis der Islamischen Republik gehörten: Mir Hossein Mussawi war Premierminister in den 1980er Jahren gewesen, Karroubi unter anderem Parlamentspräsident. Aufgrund ihrer Loyalität dem bestehenden System gegenüber gewährte ihnen der mächtige ultrakonservative Wächterrat ihre Kandidatur. Der Rat überprüft bei jeder Wahl im Vorfeld die Kandidaten auf Konformität mit den Prinzipien der Islamischen Republik. So filtern sie vor jeder Wahl die unliebsamen Kandidaten raus, die ihre Machtposition gefährden könnten. Der Wächterrat wusste, dass die Kandidaten der Grünen Bewegung liberalere Ideen und Reformen als die Regierung Ahmadinedschad anstrebten und versprachen. Er kalkulierte dies ein, um die Menschen an die Wahlurnen zu locken, den Anschein einer demokratischen Wahl zu wahren. Und er nahm in Kauf, dass sich die beiden Reformkandidaten gegenseitig Wählerstimmen nehmen würden.

Im ganzen Land versammelten sich wochenlang junge Freiwillige, Frauen und Männer in Wahlbüros, und warben für die mitunter mutigen Reformvorschläge der Präsidentschaftskandidaten. Hunderttausende vertrauten und glaubten ihnen, jubelten ihnen bei ihren öffentlichen Auftritten zu, als wären sie Popstars. Seit zehn Jahren war die Bevölkerung nicht mehr auf die Straße gegangen. Jetzt schöpften die Menschen wieder Hoffnung. Wir waren mit der Kamera jeden Tag dabei und mittendrin. Im Mai 2009, kurz vor der Wahl, führte ich ein Interview mit Zahra Rahnavard. Die Frau des Präsidentschaftskandidaten ist Professorin für Politikwissenschaft. Ihre Augen leuchteten, während wir sprachen, trotzdem wahrte sie die offizielle Zurückhaltung, die eine Frau in der Islamischen Republik in der Politik zwingend braucht. Sie wagte dennoch die Aussage: »Ich trage das Kopftuch, ich trage es für mich, anderen möchte ich es nicht verbieten.« Diese und andere moderne Interpretationen des Islam ließen die Erzkonservativen in ihren religiösen Hochburgen aufhorchen. Solche neuen Töne und der Umstand, dass sich Hunderttausende begeistert im Wahlkampf eindeutig hinter die Reformkandidaten stellten, führten dazu, dass das Regime die Reißleine zog.

Ich kann mich noch erinnern, wie erschöpft wir alle von der Wahlberichterstattung waren. Drei Wochen lang filmten wir euphorische Menschen. Bei soviel Hoffnung, Enthusiasmus und Aufbruchsstimmung vergisst man die eigene Müdigkeit. Jetzt überkam sie uns. Die Menschen hatten ihre Stimme an diesem Freitag im Juni 2009 abgegeben. Noch nie waren sie so zahlreich zur Wahl erschienen. Und noch nie waren sie sich so sicher, dass ihre Stimme zu einem politischen Richtungswechsel im Iran führen würde. Die Schlangen vor den Wahllokalen in vielen iranischen Städten zogen sich über mehrere Straßen lang. Als der Kandidat Mir Hossein Mussawi seine Stimme in Teheran abgab, sprach er zu den Medien, die im Wahllokal auf ihn gewartet hatten, und warnte: »Sie haben den SMS-Dienst blockiert (der Revolutionsführer hatte anscheinend den Befehl gegeben, die Nachrichtenfunktion auf Handys blockieren zu lassen), das ist gegen das Gesetz, und ebenso haben sie viele unserer Wahlbeobachter nicht zu den Urnen gelassen.« Tausende konnten ihre Stimme nicht mehr abgeben, weil die Öffnungszeiten der Wahllokale nicht verlängert wurden. Was bisher immer üblich war. Die Massen, die an diesem Freitag zur Wahl gekommen waren, ließen vermutlich Revolutionsführer Khamenei erkennen, dass sein präferierter Kandidat Ahmadinedschad verlieren würde. 80 Prozent der Wahlberechtigten gaben an diesem Tag ihre Stimme ab. Im Iran ist eine hohe Wahlbeteiligung schon immer Zeichen dafür gewesen, dass die Reformer gewinnen. Denn die systemtreuen Wähler kommen sowieso zur Wahl.

Es war kurz vor Mitternacht, ich war schon auf dem Weg nach Hause. Da klingelte mein Handy. Ein Anruf aus dem Büro des Oppositionsführers Mussawi. Wahlbetrug, das Regime wolle die Ergebnisse fälschen. Ein Putsch solle dafür sorgen, dass Ahmadinedschad als Sieger bekannt gegeben werde, die Schlagzeilen der Tageszeitungen für den nächsten Morgen seien bereits mit dem Wahlergebnis gedruckt, das sich die Erzkonservativen wünschten. Offiziell gebe es zu diesem Zeitpunkt noch kein Ergebnis. Wir sollten sofort zur Parteizentrale kommen, Mir Hossein Mussawi werde noch in der Nacht, in einer Stunde, eine Pressekonferenz geben. Ich drehte auf der Stelle um und rief mein Team zusammen. Wir packten unsere Kamera ein. Zwei Straßen vor Mussawis Büro kamen wir nicht mehr weiter. Kamerateams der internationalen Korrespondentenbüros sowie iranische Journalisten waren gekommen. Dutzende. Normalerweise gibt es nicht viele internationale Korrespondenten im Iran, nur zu Wahlen werden sie großzügig eingeladen, damit das Regime demonstrieren kann, wie angeblich demokratisch das Land ist. Schließlich komme die Bevölkerung zahlreich zur Urne und bestimme so die Politik. Dass die internationalen Korrespondenten also noch vor Ort waren, war Glück für die Opposition und für die Bevölkerung, denn so konnte darüber berichtet werden, was in den nächsten Tagen passierte.

Wir gingen zu Fuß weiter. Mein Herz klopfte, ich spürte, etwas Großes würde passieren. Ich drängte mich in den Raum, in dem schon unzählige Mikrophone auf einem einfachen Holztisch aufgebaut waren. Ich verlor für kurze Zeit meinen Kameramann, wusste aber, dass er sich für das beste Bild ganz nach vorn durchkämpfen würde – darin war er ein Meister. Nie zuvor habe ich so viele Vertreter der Presse im Iran in einem Raum zusammengedrängt gesehen. Bis zur Straße standen meine Kollegen mit ihren Kameras, Mikrofonen und Handys. Ich presste mich an die Wand, damit ich den Halt nicht verlor. Neben mir stand Christiane Amanpour, die Chefkorrespondentin von CNN. Ich lächelte sie an und meinte zu ihr, dass sie der Grund sei, warum ich heute als Journalistin hier arbeitete, sie sei nämlich schon seit meiner Kindheit ein Vorbild für mich. Dann kam Mussawi in den Raum. Mit sehr ernster Miene begann er zu sprechen, sie hätten die Befürchtung, dass es zu Wahlbetrug gekommen sei. Denn laut der Angaben seiner Wahlbeobachter aus dem ganzen Land habe er, Mussawi, klar gewonnen. Er würde den Betrug nicht akzeptieren. Bevor die Pressekonferenz begann, hatte Mussawi vom Geheimdienst einen Anruf bekommen. Sie teilten ihm mit, er solle die Pressekonferenz absagen. Er dürfe nicht sprechen. Er tat es dennoch und forderte die Bevölkerung auf, genau hinzusehen.

Farsnews, eine der Revolutionsgarde nahestehende Nachrichtenagentur, gab das laut Mussawi gefälschte Wahlergebnis noch in der Nacht bekannt. Erst am nächsten Morgen dann auch das Innenministerium und alle staatsnahen Medien. Ahmadinedschad sei zum Präsidenten gewählt worden. Ein Ergebnis, das veröffentlicht wurde, bevor alle Stimmen ausgezählt waren. Viele Stimmzettel waren laut Opposition verschwunden. Die Tabellen im Internet, die die Hochrechnungen zeigten, wiesen teilweise Minuswerte auf, was darauf hindeutet, dass sie so programmiert waren, ein gewünschtes Ergebnis zu präsentieren, so Mussawi. Mehdi Karroubi, der zweite Oppositionskandidat, sagte an diesem Tag zu seinem Sohn: »Du hast keine Vorstellung davon, welche Ungeheuer/Monster in den letzten 20 Jahren aus diesem politischen System hervorgekommen sind.« Er ahnte schon, was in den nächsten Wochen geschehen würde. Er kannte das System, in dem er selbst groß geworden war.

Noch nie trauten sich so viele Menschen nach Gründung der Islamischen Republik auf die Straße, um gegen die in ihren Augen unrechtmäßige Wahl zu protestieren. Sie liefen am Morgen nach Bekanntgabe der Wahlergebnisse los, die ersten kleineren Gruppen sah ich am Vanak Platz im Norden Teherans, im Laufe des Tages wurden es immer mehr Menschen. Nichts war geplant. Viele schauten sich fragend an. Sie suchten nach einer Antwort. Wie konnte es sein, dass ihr Kandidat Mussawi nicht gewonnen hatte? Sie banden sich wieder die grünen Stirnbänder des Wahlkampfes um den Kopf und über den Mund. Mit dem absoluten Willen, sich diesen Betrug nicht gefallen zu lassen, wurde die Menschenmasse auf der Straße größer und größer.

Seit dieser Nacht riefen täglich und wochenlang Tausende um Punkt 22 Uhr von den Dächern Teherans »Allah Akbar«. Schon einmal protestierte man gegen das Regime auf diese Weise: 1978. Doch dieses Mal war »Allah Akbar« nicht islamisch begründet, nicht Khomeini gewidmet, es war ein Warnruf, der auch implizierte, wir sind wieder bereit für eine Revolution. Auf einem Dach riefen sie »Ya Hossein«, von einem anderen wurde geantwortet »Mir Hossein«. Sie ließen sich so über die Dächer hinweg wissen, wir sind nicht wenige, wir halten zusammen. Wir werden den Wahlbetrug nicht akzeptieren.

Am Azadi Platz (»Azadi« heißt Freiheit), dem Wahrzeichen Teherans, noch zu Schah-Zeiten erbaut, versammelten sich drei Tage nach der Wahl rund drei Millionen Menschen. Auf Plakaten, die sie in den Händen hochhielten, stand »Gebt uns unsere Stimme zurück!« und »Wo ist meine Stimme?« Inmitten von ihnen die zwei vom System erklärten Wahlverlierer, Mir Hossein Mussawi und Mehdi Karroubi. Sie hatten sich nicht einschüchtern lassen, obwohl sie vom Geheimdienst gewarnt wurden. Mussawi sprach zu den Massen, dass sie nicht aufgeben würden, für ihre Stimme zu kämpfen. Die Straßen, die zum Azadi Platz führten, waren kilometerlang mit protestierenden Menschen gefüllt. Das war zu viel für das System. Sie bekamen Angst. Und schickten ihre eigenen Leute auf die Straße. Diejenigen, die im Notfall, wenn es um den Schutz und die Aufrechterhaltung der Islamischen Republik geht, gerufen werden und innerhalb kürzester Zeit bereit zum Einsatz sind. Die Basijmilizen, die Ahmadinedschad erst kurz zuvor mit einem höheren Budget ausgestattet hatte. Die millionenstarke Freiwilligenmiliz der Revolutionsgarde war nun präsent, überall. Wie die Revolutionsgarde selbst. Und ihr

Geheimdienst. Sie übernahmen das Sagen auf der Straße. Die Islamische Republik war außer Kontrolle geraten. Für diesen Tag war die Revolutionsgarde vor über 30 Jahren gegründet worden.

Ich sah sie zuerst nicht, hörte nur ein näher kommendes Geräusch. Es war der Lärm von Hunderten von Motorrädern. Wie ein wütender Hornissenschwarm fuhren sie auf die Demonstranten zu – und auf uns. Auf den Motorrädern saßen wütende kampfbereite Basijmilizen, mit Messern und Schlagstöcken bewaffnet. Die Messer hatten sie um ihre Fußgelenke unter den Hosen gebunden. Man konnte sie nur sehen, als die Milizen noch auf ihren Motorrädern saßen und sich die Hose nach oben schob. Sie hatten Elektroschocker unter ihren Arm geklemmt, ihre Augen waren blutunterlaufen. Sie saßen zu zweit auf den Motorrädern. Schwarz gekleidet, die meisten dick und massig. Sie kamen von überall, aus den umliegenden Dörfern, aus anderen Städten mit dem Flugzeug eingeflogen, in Bussen. Die Islamische Republik erlebte den Notfall, für den sie diese Schergen jahrelang aufgebaut und bezahlt hatte. Sie begannen, auf die Menschen einzuschlagen. Mit ihren Motorrädern die Massen auseinanderzutreiben. Sie fuhren brutal und rücksichtslos in die friedlichen Demonstranten hinein. Spezialeinheiten der Polizei wurden zusätzlich auf die Menschen losgelassen. Von Tag zu Tag wurden es mehr. Und es wurde gefährlicher. Teilweise sprachen die Schläger nicht einmal Farsi, die Vermutung stand im Raum, dass sich die Islamische Republik Hilfe von außen holte und Dutzende der von ihr ausgebildeten schiitischen Milizen aus der Region rekrutierte. Söldner. Sie sprachen nur arabisch. Uns, der internationalen Presse, verbot man ab dem zweiten Tag der Proteste zu berichten. Das Visum vieler Korrespondenten war abgelaufen, und sie mussten das Land verlassen. Die Wahlberichterstattung war beendet. Die Folgen sollten nicht gezeigt werden. So wollte es das Regime. Die BBC hatte damals noch ein ständiges Büro in Teheran, ihr Korrespondent wurde ausgewiesen. Wir von der ARD waren die Letzten, gemeinsam mit einer Handvoll weiterer internationaler Journalisten. Und mit uns Hunderttausende Menschen, die für ihre Stimme kämpften. Wir durften nicht nur nicht drehen, uns wurde auch verboten, uns auf der Straße aufzuhalten. Ich ging trotzdem jeden Tag auf die Straße, um mit eigenen Augen zu sehen, worüber wir in den Nachrichten dann berichteten. Ich zog mir mein Kopftuch tiefer ins Gesicht in der Hoffnung, nicht erkannt zu werden. Mir war klar, dass der Geheimdienst Bilder von uns hatte, sie wussten, wie wir aussehen. Wenn sie uns erwischten, wüsste ich nicht, was mit uns geschehen würde.

Am fünften Tag der Proteste sollte ich es erfahren. Wir wollten uns kurz etwas zum Mittagessen kaufen und gingen auf die Straße, um im Café um die Ecke Falafel zu holen. Unser Büro befand sich im vierten Stock eines fünfgeschossigen Hauses im Teheraner Stadtzentrum, genau dort, wo die Proteste seit Tagen stattfanden. Als wir durch das dicke Eisentor auf die Straße traten, bog ein Dutzend riesiger und angsteinflößender Männer um die Ecke, sie schrien uns an, wir sollten sofort wieder reingehen. Für einen kurzen Moment dachte ich, sie wollten uns warnen vor dem, was kommt. Doch die Gefahr waren sie selbst. Sie drängten uns durch die Eisentür zurück, wie Schafe dirigierten sie uns mit ihren Elektroschockern in eine Reihe. Tsss Tsss Tsss … der Elektroschocker zischte an meinem Ohr entlang. Es klang, wie wenn Insekten in elektrischen Fliegenfallen, die oft in Supermärkten in südländischen Ländern hängen, landen und krepieren. Die Männer brüllten uns an. Das, was mir am meisten Angst machte, war, dass ich das Gefühl hatte, sie seien nicht bei Bewusstsein, fremdgesteuert. Ohne Herz, ohne Verstand. Aufgehetzt gegen den Feind, der eine Revolte plant. Ein paar der Dutzend Milizen rasen das Treppenhaus hinauf, sie hätten vom Helikopter aus Menschen auf unserem Dach gesehen. Ja, denke ich mir, unsere Kameramänner, wir haben dort oben unsere Livepositionen aufgebaut, um direkt in unsere Nachrichtensendungen zu schalten. Zu diesem Zeitpunkt waren wir, die Korrespondenten der ARD, des US-Senders NBC und des türkischen Senders TRT, im Haus. Ich höre Schreie, der NBC-Korrespondent sowie unser Producer werden mit den Elektroschockern von den Milizen die Treppe hinuntergetrieben. An uns vorbei, vor der Eisentür steht inzwischen ein Pick-up. Sie wollen uns alle darauf verfrachten, »mit dem Kopf nach unten«, brüllen sie. Sie laufen mit ihren zwei Gefangenen auf die Straße, schreien uns an, dass wir auch kommen sollen. Mein Kameramann, der Tontechniker, die Korrespondentin des türkischen Nachrichtenkanals und ich stehen immer noch aufgereiht im Garten. Dann fällt die Eisentür hinter den Milizen ins Schloss. Unbeabsichtigt. Sie können nicht mehr rein. Wir machen die Tür nicht wieder auf. Der Pick-up fährt weg. Mit unseren zwei Kollegen. Wir sollten sie erst nach zwei Tagen wiedersehen. Sie wurden gefoltert.

Die Proteste enden nicht. Die Menschen lassen sich nicht mehr einschüchtern. Teheran brennt, die Demonstranten haben Mülltonnen angezündet, wollen auf diese Weise eine Sicherheitszone zwischen sich und den Schlägern des Staates aufbauen. Nedah Agha Soltan, eine junge Studentin, wird bei den Protesten auf der Straße von Basijmilizen erschossen. Das Bild, wie das Blut aus ihrem Mund läuft, geht um die Welt. Ihr Name »Neda« bedeutet Stimme. Tausende werden verhaftet, die Demonstranten niedergeknüppelt. Viele Eltern der jungen Menschen, die auf der Straße demonstrierten, waren damals selbst auf die Straße gegangen, gegen den Schah. Sie konnten ihre Kinder, denen sie das schwere Erbe der Revolution hinterlassen haben, verstehen, doch sie wollten ihre Kinder auch nicht verlieren. Ich habe damals von vielen gehört, dass sie von ihren Eltern zuhause eingesperrt wurden, weil diese fürchteten, dass ihre Kinder verschwinden oder getötet würden. Viele Eltern, die sie nicht einsperrten, suchten nach ihnen nächtelang in Teherans Straßen. Sie wussten nicht, in welche Gefängnisse und Haftanstalten sie von der Revolutionsgarde gebracht worden waren. Plötzlich war es nicht mehr nur das Evin-Gefängnis, vor dem in dieser Zeit wochenlang Hunderte von Menschen standen, weil sie ihre Angehörigen suchten. In Kahrizak, einem unterirdischen Gefängnis, das von der Revolutionsgarde kontrolliert wird, 15 Kilometer südlich von Teheran, wurden Menschen wochenlang gefoltert. Einer der Inhaftierten sagte später in einem Interview: »Junge Frauen und Männer wurden teilweise mehrfach am Tag brutal vergewaltigt, sodass die meisten nach der Entlassung im Krankenhaus zusammengenäht werden mussten.« Es waren keine Mörder und Schwerstkriminelle, die in diesen Zellen landeten, es waren Kinder der Mittelschicht, die dieses Trauma, wenn sie überlebten, nie wieder vergessen werden. Kahrizak war keine Ausnahme.

Doch dann ging das Interesse der Welt am Iran verloren. Über Nacht, denn Michael Jackson war völlig unerwartet gestorben. Plötzlich will keine Nachrichtensendung mehr etwas von den Demonstrationen im Iran hören, niemand möchte unsere Berichte haben. Die Welt sieht nicht mehr hin. Die Menschen sind sich und ihrem Schicksal selbst überlassen.

Es gab zwei Schlüsselmomente, die das Ende der Grünen Bewegung gegen den Staat markierten. Als die aufgebrachten Massen auf den Straßen kaum noch aufzuhalten waren, wurde angekündigt, dass das nächste Freitagsgebet in Teheran Revolutionsführer Khamenei persönlich halten würde. Wir warteten alle gespannt auf seine Rede. Hatte ihn die geballte Wut der Menschen dazu bewogen, umzudenken, ihnen einen Schritt entgegenzugehen? Zuzugeben, dass ein Wahlbetrug in seinem Auftrag stattgefunden hatte, wie die Massen auf den Straßen behaupteten. Würde er sich tatsächlich von seinem Zögling Ahmadinedschad distanzieren? Der vermeintlich neu gewählte Mahmud Ahmadinedschad saß an diesem Freitag in der ersten Reihe beim Gebet. Khamenei wechselte nicht seinen Kurs. Vermutlich befürchtete er, ansonsten seine Machtposition zu gefährden. Er sagte, »politische Entscheidungen fallen an den Urnen, nicht auf der Straße. Warum haben wir denn sonst gewählt?«. Und ihm entglitt ein Satz, der deutlich machte, dass sein Favorit »gewonnen« hatte. »Ahmadinedschads Sicht der Dinge liegt mir näher.« Die Demonstranten, die auf der Straße standen und über Lautsprecher die Worte des Revolutionsführers hörten, wussten in dem Moment, dass es keine Neuwahl geben würde, wie sie erhofft und gefordert hatten. Ich stand auch auf der Straße und sah vor mir Menschen, denen Tränen über die Wangen liefen. Sie wussten, sie haben verloren. Der Revolutionsführer erkennt das Wahlergebnis an. Für ihn ist Ahmadinedschad der rechtmäßige Präsident. Er beschuldigte die ausländischen Medien, seit langem eine Kampagne gemeinsam mit den Feinden der Islamischen Republik gegen den Iran geplant und die Demonstranten angestachelt zu haben. Danach war allen klar, wer jetzt noch auf die Straße geht, der riskiert sein Leben.

Ich konnte damals jedes Ereignis, das seit der Pressekonferenz in der Nacht nach der Wahl passiert war, mit Datum aufzählen. Ich wusste, was sich wie wann und wo an welchem Tag abgespielt hatte. Es hatte sich alles in mein Gedächtnis eingebrannt. Jedes Mal, wenn ich mich in den Jahren darauf auf dem Weg zum Flughafen befand, kamen all die Szenen wieder in mir hoch. Denn es gibt auf der Strecke eine Ausfahrt, auf der steht »Kahrizak«.

Die Mittelschicht war seither nicht mehr auf der Straße. Bis zum Nachmittag des 8. Januar 2020. Doch bis dahin war die Gesellschaft paralysiert, eine Schwere legte sich über das Land. Die Opposition war im Gefängnis oder mundtot gemacht, iranische Journalisten weggesperrt oder ins Exil geflohen. Nach den Protesten der Grünen Bewegung gab es den größten Exodus aus dem Iran seit Beginn der Revolution 1979. Wer konnte, verließ das Land. Fast alle Nichtregierungsorganisationen wurden verboten, Büros von Frauenrechtlern und Menschenrechtsaktivisten geschlossen. Ebenso Büros von Think Tanks. Parteien, die reformorientiert waren, wie die Mosharekat oder die Etemade Melli Partei, wurden verboten. Der Kontakt zu 60 westlichen Organisationen und Medien wurde vom Vizegeheimdienstminister verboten. Er warnte die Bevölkerung, ab sofort auch keinen Kontakt mehr zu ausländischen Botschaften und Bürgern zu unterhalten. Facebook, Twitter und Tausende Webseiten mit irankritischem Inhalt sind seitdem blockiert. Das Regime hatte zum ersten Mal erfahren, wie gefährlich die sozialen Medien für sie werden können. Twitter hatte während der Proteste extra ein Software-Update verschoben, damit sich die Demonstranten weiter über diese Plattform organisieren konnten.

Zum Jahrestag der Revolution, am 1. Februar 2010, dem

Tag, an dem Khomeini 1979 am Flughafen in Teheran ankam, hatten die Machthaber der Islamischen Republik ihre Position wieder konsolidiert. Mein zweiter Schlüsselmoment. Die treuen Anhänger des Systems wurden mit Bussen auf die großen Plätze in die Städte Irans gebracht, sie riefen »Tod Amerika«. Ahmadinedschad war Präsident, und sein Herausforderer Mir Hossein Mussawi wurde unter Hausarrest gestellt. Zusammen mit seiner Frau Zahra Rahnavard und Mehdi Karroubi. Bis heute.

In der Mittelstufe gibt es ein Schulbuch mit dem Namen »Amadegie Defai«, was soviel bedeutet wie »Vorbereitung für die Verteidigung«. In der Zeit nach den Demonstrationen wurde das Buch um ein Extrakapitel mit dem Titel »Fetneye 88«, die »Verschwörung von 2009« erweitert. Darin steht, dass im Jahr 2009 eine wildgewordene Meute auf fromme Muslime und Basijis stürmte und sie tötete, angeführt und bezahlt aus dem Ausland, insbesondere den USA und Israel. Das ist es, was die Kinder in der Schule über ihre Eltern lesen werden, die auf die Straße gingen, um ihre Stimme zurückzuholen.

Aufstieg der Revolutionsgarde

Auch ich verließ im Juli 2011 den Iran. Sechs Jahre hatte ich in Teheran gelebt. Ich sehnte mich so sehr nach der Demokratie, mit der ich aufgewachsen war. Nach einem Staat, in dem ich mich auf Gesetze verlassen konnte. Ich vermisste die Frauentürme in München, das Glockenspiel, das sich jeden Tag pünktlich um 11 Uhr im Rathaus am Marienplatz dreht, und die Butterbrezen, auch wenn ich keine Butter mag. Ich hatte genug von Ahmadinedschad und der immer mächtiger werdenden Revolutionsgarde mit ihren Schlägertrupps, die an jeder Straßenecke auf uns Journalisten lauerten. Nichts bewegte sich mehr in dem Land. Die Drehschrauben wurden für die Bevölkerung enger gezogen. Auch mit dem Westen legte man sich mehr und mehr an. Laut Propaganda im Land unterstellte man dem Ausland, die Proteste 2009 gesteuert zu haben. Präsident Ahmadinedschad sorgte für einen außenpolitischen Eklat nach dem anderen. Westliche Firmen zogen sich schon seit längerem sukzessive zurück und hinterließen im Land Lücken, vor allem wirtschaftliche, die die Revolutionsgarde mit Freude neu füllte.

Die Revolutionsgarde ist im Iran die Eliteeinheit der Streitkräfte und weitaus wichtiger als die klassische reguläre Armee im Land. Die Sepah-e-Pasdaran-e Enghelab-e Eslami-ye Iran heißt übersetzt soviel wie die »Armee der Wächter der

Islamischen Revolution«. Die Garde, im Englischen auch IRGC (Islamic Revolutionary Guard Corps) genannt, wurde kurz nach der Revolution im Mai 1979 im Auftrag des Gründers der Islamischen Republik Ayatollah Ruhollah Khomeini aufgebaut. Ihre erklärte Mission ist es, die Revolution und ihre Errungenschaften zu schützen, der revolutionären Staatsideologie zu dienen. Durch den Aufbau dieser zusätzlichen Parallelarmee wollte man sich auch gegen einen Militärputsch absichern, eine Versicherung innerhalb des Militärapparates schaffen. Denn zu Beginn der Islamischen Republik war man sich der Loyalität der teilweise noch Schah-treuen Generale in der regulären Armee nicht sicher. Die ursprüngliche Stärke der Garde umfasste ein paar Hunderte und wuchs im Laufe des Iran-Irak-Kriegs, der ein Jahr nach der Revolution begann, schnell auf Einheiten mit über Hunderttausend Soldaten. Kritische Stimmen innerhalb der Garde, die nach dem Krieg dafür plädierten, sich auf das Militär zu beschränken, und nicht in andere Bereiche zu expandieren, so wie es Ayatollah Khomeini auch ursprünglich festsetzte, wurden von Ayatollah Khamenei, dem Nachfolger des Gründers der Islamischen Republik, aussortiert. Dass es von Beginn an innerhalb der militärischen Machtelite große Differenzen gab, auch in Bezug auf die teilweise dilettantische Kriegsführung, die zur Folge hatte, dass es knapp eine halbe Million Opfer gab, belegen Tonbandaufnahmen aus den Kriegsjahren, die der BBC zugespielt wurden und die der Sender 2020 erstmals veröffentlichte. Diejenigen, die sich nicht gegen die Machtausdehnung stellten, profitierten davon und wurden mit hohen Posten belohnt. Bis heute.

Die Revolutionsgarde verfügt über eine eigene Luftwaffe, Marine und Heer. Aktuell wird die Truppenstärke der Revolutionsgarde von internationalen Geheimdiensten und

Think Tanks auf ca. 200 000 Mann geschätzt. Die ungefähre Anzahl der registrierten Basij-Milizen auf 450 000, nicht registriert sind es Millionen. Niemand außerhalb des inneren Kreises der Garden kennt die exakte Zahl. Intransparenz gehört zur Strategie der Garde auf allen Gebieten. Dies ist laut dem Iran-Experten Reza Haghighatnejad, der in Prag für den Oppositionssender »Radio Farda« arbeitet und von außen die Garde seit Jahren analysiert, auch darauf zurückzuführen, dass Ayatollah Khomeini zu Beginn der Revolution sagte, man müsse ein Militär mit einer Truppenstärke von 20 Millionen Mann aufbauen. Im Laufe der Jahre wurde viel mit Zahlen jongliert. Ziel der Propaganda ist es, verkünden zu können, dass es täglich mehr Mitglieder bei den Basij-Milizen gibt.

Die IRGC ist die wichtigste und mächtigste Institution der Islamischen Republik Iran. Sie kontrolliert das Raketenprogramm sowie die Waffenarsenale, die Grenzen und den Schmuggel über die Grenzen. Iran hat inzwischen eines der größten globalen konventionellen Raketenarsenale. Der Geheimdienst der Garde, der über die Jahre enorm an Macht gewonnen hat, verfügt über einen großen Einfluss auf alle Bereiche des öffentlichen Lebens, von Kultur und Umwelt bis hin zu Wirtschaft, Politik und Justiz. Er stellt den mächtigsten Sicherheitsapparat im Iran und kann durch Richter, die Mitglieder der Garde sind, auch Gerichtsentscheidungen beeinflussen. Eine spezielle Einheit koordiniert die Überwachung und Kontrolle von Aktivitäten in sozialen Medien. Die Anti-Aufruhr-Einheiten der Revolutionsgarde sind eine wesentliche Säule für das Überleben des Systems, indem sie öffentliche Proteste und Unruhen niederschlagen. Ohne die Revolutionsgarde und ihre Basij-Milizen wären die Proteste 1999, 2009 sowie 2017/18/19 nur schwer unter Kontrolle zu bringen gewesen. Die Garde muss niemandem Bericht erstatten und ist keinem gegenüber Rechenschaft schuldig außer dem Revolutionsführer. Er ist Befehlshaber der Streitkräfte, und die Revolutionsgarden sind Teil dieser dualen Militärstruktur. Angesichts ihrer Macht wird inzwischen daran gezweifelt, ob jede Entscheidung mit dem Revolutionsführer abgesprochen ist. Der in Deutschland lebende Oppositionelle Mehran Barati analysierte in einem Gespräch in Berlin das Machtverhältnis des Revolutionsführers zur Revolutionsgarde folgendermaßen: »Es wäre ein Fehler, die Sepah-e Pasdaran-e Enghelab mit einer regulären kommandierenden Militärinstitution zu vergleichen, die vom Hause Khamenei dominiert wird.« Die Informationen bezog Barati unter anderem – wie er betonte – aus dem inneren Zirkel der Revolutionsgarden. So martialisch und in sich geschlossen die Garden nach außen wirken, sind interne Differenzen nicht mehr zu verleugnen. Direkten Kontakt zu iranischen Oppositionellen, die sich im Ausland aufhalten, konnte ich erst aufbauen, als ich das Büro in Teheran aufgeben musste. Während meiner Arbeit dort wäre das zu gefährlich gewesen. Ich hätte im besten Fall meine Akkreditierung verloren. Die Geheimdienste der Islamischen Republik überprüfen ständig die Opposition im Ausland und Exil-Iraner, die mit ihr in Kontakt stehen.

Nach dem Ende des Iran-Irak-Kriegs 1988 musste das Land wirtschaftlich wieder aufgebaut werden. Die Garden erhielten als Anerkennung für ihren militärischen Einsatz Privilegien bei vielen Wiederaufbau-Projekten. So konnten sie ihren Einfluss in der Wirtschaft massiv ausweiten. Die Khatam al-Anbiya, 1990 von der Revolutionsgarde gegründet, wurde zur wichtigsten iranischen Bauunternehmensgruppe aufgebaut. Die Holding ist der größte Auftragnehmer im Iran. Allein 1 700 Aufträge bekommt sie jährlich von Staatsseite. Meist ohne Ausschreibung erhält sie die größten Aufträge für den Bau von Straßen, Tunneln, Flughäfen, Krankenhäusern, Öl- und Gasförderanlagen sowie Dämmen. Zu dieser riesigen Holdinggesellschaft werden mehr als 800 registrierte Unternehmen gezählt, innerhalb und außerhalb des Iran. Ihre Belegschaft soll 25 000 Ingenieure und Mitarbeiter umfassen.

Und wieder gibt es keine genauen Angaben über den exakten Umfang der Unternehmensgruppe. Laut mehrerer Iran-Experten, mit denen ich in Europa und in den USA sprach, sollen die von Revolutionsgarden kontrollierten Gesellschaften insgesamt bis zu 80 Prozent der iranischen Wirtschaft beherrschen. Besonderen Machtgewinn erhielt die Garde wirtschaftlich in der Amtszeit von Präsident Ahmadinedschad. Berichten zufolge wurden in dieser Zeit Aufträge im Wert von mehr als sieben Milliarden US-Dollar allein nur für Ölpipelines an Unternehmen vergeben, die der Revolutionsgarde angehören, ohne dass öffentliche Ausschreibungen durchgeführt worden wären. Das alles zu einer Zeit, in der zahlreiche privatwirtschaftliche Firmen mit weitaus mehr Know-How zur Verfügung gestanden hätten, doch sie gehörten nicht zur Revolutionsgarde. Der damalige Präsident Ahmadinedschad schon. Die alten Seilschaften funktionierten im gegenseitigen Einverständnis und Nutzen.

Die wirtschaftlichen Verflechtungen der Revolutionsgarde reichen weit und sind sehr intransparent. Bücher werden nicht offengelegt. Das liegt sicher auch daran, dass man es der Sanktionspolitik der USA nicht so leicht machen wollte. Vor allem nach dem Ausstieg der USA aus dem Atomabkommen im Mai 2018 geriet die Sepah-e Pasdaran mitsamt ihren Unternehmen verstärkt ins Visier der Sanktionspolitik.

Man kann zu Recht sagen, dass die Revolutionsgarde seit ihrer Gründung ein paralleles System im Staat aufgebaut hat: Militär, Wirtschaft, Politik, Geheimdienst, Kultur. Nicht umsonst wird die Garde auch als »Parallelstaat«, »Tiefenstaat« und »Staat mit Waffen« von internationalen Analysten bezeichnet. Einer der Mitbegründer und später in Ungnade gefallene, Mohsen Sazegara, der nach einer Haftstrafe im Iran in die USA ausgewandert ist, sagt über die Revolutionsgarde: »What was once a Revolutionary Guard is now just a Mafia«. Er wandte sich nach dem Krieg von der Garde ab, war strikt gegen eine Machterweiterung und strebte als Politiker Reformen für das Land an, die Revolutionsführer Khamenei jedoch zu weit gingen.

Eine der wichtigsten Abteilungen der Revolutionsgarde sind die Basijis, eine millionenstarke Freiwilligenmiliz. Mohammad Bagheri, Generalmajor und Chef der iranischen Streitkräfte, sagte 2016 anlässlich eines Basij-Festivals: »Es gibt 25 Millionen Basijis im Land. Jeder, der auf der Straße läuft, ist ein Basij, es sei denn, er ist ein Feind der Revolution.« Diese paramilitärische Abteilung wurde im November 1979 gegründet. Die Basidsch-e Mostazafin, »Organisation zur Mobilisierung der Unterdrückten«, setzt seit Beginn auf die Rekrutierung von Kindern und Jugendlichen. Zehntausende junge Männer wurden als Basij im Iran-Irak-Krieg als menschliche Minenräumer aufs Schlachtfeld geschickt. Die Jugendlichen wurden damals und werden heute mit der religiösen Staatsideologie indoktriniert und militärisch ausgebildet.

Heute gibt es in jeder noch so kleinen Stadt eine Einheit von Basij-Milizen. Meist befindet sich in der lokalen Moschee die Militärbasis der Basijis (Payegah-e Basij). In großen Städten auch außerhalb von Moscheen, nicht nur in jedem Stadtteil (Mantaghe), sondern inzwischen auch in jedem kleinen Viertel (Mahal) und in Universitäten. Freiwillige Milizen, die auf Abruf parat stehen, kann die Islamische Republik nie genug haben, durch sie sichert sie sich ihr Überleben, deshalb ist man ständig auf der Suche nach Nachschub. In einem Alter, in dem pubertierende Jungen oft die Orientierung verlieren, sich selbst noch nicht gefunden haben, schenken die Milizen ihnen Aufmerksamkeit und Anerkennung und angesichts der hohen Arbeitslosigkeit ein Einkommen. Orientierung, im ideologischen Sinne der Islamischen Republik. Die jungen Männer sind einfach zu manipulieren. Viele Freizeitbeschäftigungen, denen junge Menschen üblicherweise in diesem Alter nachgehen, sind im Iran verboten. Umso attraktiver ist eine Mitgliedschaft bei den Basij-Milizen. Man lockt die jungen Männer, indem man ihnen unter anderem verspricht, dass ihr Militärdienst um sechs Monate verkürzt wird, erzählte mir Ramin. Seinen richtigen Namen kann ich nicht nennen. Dass er mir überhaupt so viel erzählte, ist eine Seltenheit. Normalerweise sprechen Basjis nicht mit uns Korrespondenten, schon gar nicht mit mir, weil ich eine Frau bin. Ich lernte Ramin über meine Familie kennen, so konnte ich mit ihm in einem vertrauten Umfeld in Kontakt treten, und er begann zu erzählen: »Sie versprechen dir Macht und Autorität.« Er nahm zweimal an einem Basij-Treffen in einer Moschee teil. »Sie erzählten uns bei diesem Treffen, dass wir Schlagstöcke, Elektroschocker und Tränengas mit nach Hause nehmen dürften, ihr Besitz für uns legalisiert wird. Sie betonten auch, dass wir systemrelevant sind und zum Bestehen der Islamischen Republik beitragen, wenn wir die vom Ausland gesteuerten Demonstranten, die auf die Straße kommen und das Regime stürzen wollen, niederknüppeln.«

»Kelas-e batoom«, hieß der Kurs, in dem Ramin saß. Ein

»Kurs für Schlagstockeinsatz«. 45 Minuten wurde ihnen beigebracht, wie man einen Schlagstock am effektivsten einsetzt. 15 Minuten blieben für die Fragen der frisch Rekrutierten. Ramin fragte, was man tun solle, wenn man einen Demonstranten verletze. Ihm wurde geantwortet, »kümmert euch nicht um die. Zieht euch zurück zu euren eigenen Leuten« (»khodi«). Der Begriff »khodi« verdeutlicht den gravierenden Riss durch die Gesellschaft. Diejenigen, die »khodi« sind, also »zu den Unsrigen gehören«, haben Existenzrecht in der Islamischen Republik. Die anderen, die »qheir-e khodi«, »diejenigen, die nicht dazugehören«, nicht. Diese Begrifflichkeiten haben sich durchgesetzt und trugen über die Jahre zu dem Zustand bei, in dem sich die Gesellschaft heute befindet. Sie stehen in keinem Buch, in keinem Gesetz, aber jeder weiß, was damit gemeint ist. Die unmenschliche Kälte in der Antwort erschreckte Ramin so sehr, dass er nicht mehr zu den Treffen in der Moschee ging.

Es sind bei Weitem nicht alle, die bei den Basijis Mitglied werden, von Geburt an Schläger. Sie werden dazu erzogen. Ideologisch wird ihnen immer wieder eingeschärft, dass alles zum Schutz der Revolution diene. Und wenn die Revolutionsgarde ruft, die Revolution gefährdet scheint, dann musst du als Basij liefern. Selbst wenn es darum geht, dass du deinen eigenen Nachbarn bei einer Demonstration gegen das Regime niederknüppelst. Basijis werden privilegiert behandelt, dafür fordert das System von ihnen uneingeschränkte Loyalität. Je schlechter es den Menschen wirtschaftlich geht, desto einfacher fällt es der Revolutionsgarde, junge Menschen als Basij zu rekrutieren.

Basij-Milizen sorgen nicht nur für Angst und Schrecken auf der Straße bei Anti-Regime-Protesten. Sie kontrollieren auch die Straßen im »Normalzustand«, besonders abends und nachts. Sie bauen an gut befahrenen Straßen sporadisch Checkpoints auf, halten die Autos an und kontrollieren, ob diejenigen, die im Auto sitzen, verheiratet und islamisch gekleidet sind oder Alkohol getrunken haben. Plötzlich steht man jungen Männern gegenüber, die bewaffnet sind und sich wichtig nehmen, einen unflätig behandeln und tyrannisieren, in ihren Augen ist man ja kein »khodi«. Sie wissen, dass sie sich diese dreiste Willkür leisten können, denn sie sind sich ihrer Rückendeckung sicher. Sich mit ihnen bei einer der Kontrollen anzulegen, ist gefährlich. Ich kann mich erinnern, dass es mich jedes Mal durchzuckte, wenn so ein Checkpoint plötzlich vor uns auftauchte. Umdrehen war dann zu spät.

Solange du »nur« für den Einsatz im Notfall bereitstehen musst, wirst du nicht registriert, erzählte mir Ramin. Nur wenn du einen höheren Posten einnimmst, wirst du registriertes Mitglied der Organisation. Davor muss man sich aber bewähren. Dann kann man richtig gut Geld verdienen, betont er. Du bekommst zum Beispiel bei jeder Denunziation eines Vergehens, nehmen wir Einkauf von Alkohol, eine Provision für die Ware, die einkassiert wird. Das Geld der Provision kommt nicht vom Himmel. Sie verkaufen den Alkohol selbst, aus dem Erlös wird die Provision gezahlt. Möchte man ein Café eröffnen, muss man Basij sein. Ansonsten wird es sehr teuer, denn man muss den Basijis der Gegend Schmiergeld bezahlen, um die Genehmigung dafür zu bekommen. Selbst wenn man diese dann erhält, werden einem weiter Steine in den Weg gelegt. Um sie zu beseitigen, muss man erneut zahlen. Wiederum eine Einnahmequelle der Milizen.

Ist man Basiji, genießt man Privilegien. Im täglichen Leben. Für Basij-Mitglieder gibt es spezielle Kontingente an Universitäten. Sie werden auch mit mittelmäßigen Noten an der Uni zugelassen. So, der Gedanke dahinter, können sie auch gleich für die »Sicherheit« vor Ort sorgen. Sehr zum Ärger derjenigen, die aufgrund der begrenzten Studienkapazitäten keinen Platz mehr bekommen, obwohl sie sich mit wesentlich besseren Noten beworben haben. Basijis erhalten Hilfe bei Kreditanträgen, können an Wartelisten vorbei ein Auto kaufen, bekommen auch zu bestimmten religiösen Festen Nahrungsmittel.

Neben der brutalen Niederschlagung bei politischen Unruhen, die einhergeht mit gravierenden Menschenrechtsverstößen, kämpfen die Basij-Milizen auch für die Quds-Einheit, die Spezialeinheit der Revolutionsgarde für Auslandseinsätze. »Quds« bedeutet die Heilige und ist die arabische und auch persische Bezeichnung für Jerusalem. Die Eroberung dieser Stadt sowie die Zerstörung Israels sind ein langfristiges Ziel der Quds-Brigade. Sowie auch der ihr übergeordneten Revolutionsgarde. Die Zerstörung ist Teil der Staatsdoktrin.

Eine der wichtigsten Aufgaben besteht darin, die ihnen ideologisch nahestehenden Gruppen im Ausland zu Verbündeten aufzubauen und sie zu schützen. Die Brigade ist Irans mächtigstes Instrument im Ausland – insbesondere im Nahen Osten. Alle iranischen Botschafter in der Region werden erst nach Abstimmung mit der Führung dieser Einheit ernannt. Schiitische Milizen in Jemen, Libanon, Palästina, Irak, Syrien, Bahrain, Afghanistan und Pakistan stehen in direkter Verbindung mit der Quds-Brigade, werden von ihnen ausgebildet und zu großen Teilen finanziert.

Der international bekannte und im Iran sehr angesehene und einflussreiche Generalmajor und Chef dieser Einheit, Qassem Soleimani, wurde im Januar 2020 von den Amerikanern durch eine MQ-9 Reaper-Drohne in Bagdad getötet. Er war seit 1998 Kommandeur der Quds-Brigade. Die

Ermordung des Generals war eine gewagte militärische Exekution der Amerikaner. Qassem Soleimani stand nicht erst seit Kurzem auf ihrer Liste. Immer wieder kursierten schon zuvor Gerüchte, dass er tot sei. Auch Israel soll den Amerikanern dabei geholfen haben, einen ihrer berüchtigtsten Feinde auszulöschen. Als ich die Nachrichten las, die über die Nachrichtenticker auf meinem Handy plötzlich im Sekundentakt aufpoppten, dachte ich, jetzt gebe es Krieg. Es sah wirklich danach aus. Beobachter und auch ich gingen davon aus, dass die Situation jetzt eskalieren würde. Die Iraner sahen die Auslöschung Soleimanis als Kriegserklärung an. Die USA forderten zu dem Zeitpunkt alle US-Bürger auf, den Irak zu verlassen. Stützpunkte wurden geräumt. Nach der Tötung zeigte das iranische Staatsfernsehen ausschließlich heroische Bilder von Qassem Soleimani, unterlegt mit tragisch-religiöser Trauermusik. Die Führung der Islamischen Republik warnte: Man hätte 35 Ziele im Visier sowie Tel Aviv. Trotzdem kam es schließlich dann doch *nur* zu einem sehr überschaubaren Vergeltungsschlag der Iraner. Zwei US-Basen im Irak wurden beschossen. Kein Amerikaner starb dabei. Für internationale Beobachter war das nicht der erste Beweis, dass keines der beiden Länder, weder die USA noch der Iran, an einer direkten militärischen Konfrontation interessiert ist.

Soleimani hatte in der iranischen Gesellschaft, vor allem unter vielen jungen Iranern, einen Heldenstatus. Für sie war er der Mann, der den IS (den sogenannten Islamischen Staat) von den eigenen Landesgrenzen fernhielt. In der Tat war er derjenige, der von iranischer Seite den Anti-IS-Kampf erfolgreich leitete. Er erreichte einen Kultstatus, und sein Konterfei wurde auf T-Shirts gedruckt. Es gibt unzählige Fanseiten auf Instagram und Facebook. Er war kein Mullah, sondern ein Kämpfer. Das brachte ihm Sympathie ein. Es war nicht nur der Schein der Macht, er war tatsächlich mächtig. So war es Soleimani, der nicht nur einmal zu Gesprächen mit Russlands Präsident Wladimir Putin nach Moskau fuhr. Und der sich, ohne den iranischen Außenminister davon in Kenntnis zu setzen, mit Irans Verbündeten Assad in Damaskus traf. Überhaupt war Soleimani der Chef-Architekt, wenn es darum ging, Assad dabei zu helfen, die Anti-Regime-Aufstände und die Rebellen brutal niederzuschlagen. In Afghanistan sowie im Irak arbeitete die Quds-Brigade auch mit den Amerikanern zusammen, inoffiziell. Für eine kurze Zeit hörte man bei politischen Hintergrundgesprächen auf Konferenzen, dass Soleimani auch als Frenemy bezeichnet wurde, ein Rivale, zu dem man aufgrund der Umstände gezwungen ist, eine freundliche Beziehung aufzubauen.

Die Revolutionsgarde hat zahlreiche Vertreter auf der diplomatischen Bühne, ohne dass sie selbst als Organisation im Rampenlicht steht. So gehört der stellvertretende iranische Außenminister Seyed Abbas Araghchi, Unterhändler bei den Atomverhandlungen, zur Quds-Brigade. Auch der iranische Botschafter im Irak, Iraj Masjedi. Hossein Dehghan, General der Revolutionsgarde und ehemaliger Verteidigungsminister, kandidiert für die Präsidentschaftswahlen im Juni 2021. Nach Soleimanis Tod wurde sein Stellvertreter Ismail Qaani zu seinem Nachfolger ernannt. Ein weit weniger charismatischer und mächtiger neuer Chef der Quds-Brigade.

Erst 2019 stufte die US-Regierung die iranischen Revolutionsgarden offiziell als ausländische Terrororganisation ein. Es war das erste Mal in der Geschichte, dass eine offizielle Streitmacht eines Staates auf diese Liste kam. Im Gegenzug dazu setzte die Revolutionsgarde das US-Militär auf die Terrorliste, die Einheit, die federführend auch für den Nahen und Mittleren Osten ist, das CENTCOM. Begegnete man sich vorher noch in der Region und kommunizierte auch bisweilen, betrachtet man sich jetzt gegenseitig als Terrorist. Eine Situation, die eine Eskalation im Persischen Golf fördert. Denn auch dort ist die Revolutionsgarde allgegenwärtig.

Wir Journalisten bekamen die Macht der Garden ständig zu spüren. Tagtäglich auf der Straße, schon bevor ich 2011 das Land verließ. Als ich 2015 wiederkam, wurde es noch schlimmer. Sie waren überall. Wenn wir auf der Straße angehalten wurden und unsere Drehgenehmigung zeigen sollten, fragte ich oft: »Und wer sind Sie?« Sie zeigten nie einen Ausweis, nannten nie ihre Namen. Es hätte jeder kommen können, aber weil du weißt, dass es immer die Revolutionsgarde oder Basij-Milizen in Zivil sein können, hast du keine Chance. Von dem für uns zuständigen Ershad-Ministerium wurde ich schon länger gewarnt: Wenn dich die Revolutionsgarde erwischt, wenn du in ihre Fänge gerätst, können wir nichts mehr für dich tun. Der alte Machtapparat der Islamischen Republik wurde de facto übernommen von der Organisation, die für den Erhalt der Islamischen Republik gegründet wurde. Noch sagt dies aber offiziell niemand.

Mitglieder der Revolutionsgarde für ein Hintergrundgespräch zu treffen, ist unmöglich. Unzählige Male fragte ich vor der Ermordung an, ob ich mit Qassem Soleimani ein Interview führen könnte. Oder mit einem anderen der Generale. Nicht einmal auf der administrativen Ebene kam es zu einem Treffen. Ebenso aussichtlos war es, mit der Kamera bei Militärmanövern dabei zu sein. Den einzigen Kontakt, den die internationale westliche Presse bekam, war immer wieder nur Mohsen Rezai. Er leitete 16 Jahre lang als Kommandeur die Revolutionsgarde, baute deren Geheimdienst auf und ist Mitbegründer der Hisbollah im Libanon. Heute sitzt er im Schlichtungsrat. Doch aus ihm war nichts herauszubekommen. Alle Fragen bezüglich der Ziele der Revolutionsgarde – ob sie beispielsweise planten, die Macht durch einen Putsch zu übernehmen – schmetterte er mit propagandistischen Worthülsen ab. Er wusste zu gut, was wir wissen wollten und was er nicht sagen wollte. Mir war klar, dass er mir nichts sagen würde, aber die Kamera fängt auch kleine Gesichtsregungen auf, die viel aussagen. Um die ging es mir. Aber die Mimik war wie versteinert.

Ich hatte jahrelang versucht, einen Insider bei der Garde zu finden. Es war unmöglich. Während der Klerus sich gern vor der Kamera zeigte und es kein Problem war, einen Mullah vor die Linse zu bekommen, gab es diese Eitelkeit in all den Jahren, in denen ich im Iran arbeitete, bei der Revolutionsgarde nicht. Sie hielt sich strikt an die Abmachung: kein Kontakt zu Westlern. Umgekehrt musste ich als Journalistin auf der Hut sein, wenn mir überraschenderweise ein Interview angeboten wurde. Ich musste davon ausgehen, dass ich als Sprachrohr instrumentalisiert werden sollte, um gezielt Informationen zu verbreiten. Das ist unser anhaltendes Dilemma: Wir Journalisten müssen immer darauf achten, wer uns instrumentalisieren könnte. Niemand gibt Informationen weiter, nur weil er ein guter Mensch ist. Entweder der Informant will, dass diese Informationen an die Öffentlichkeit kommen, oder er gibt sie dir, weil er mit dem inneren Machtapparat eine Rechnung offen hat. Als Journalistin im Iran habe ich selbst durch intensive investigative Recherche kaum eine Chance, wirklich etwas herauszufinden. Als Frau und als ausländische Korrespondentin stehe ich auf der Feindesliste.

An Schlüsselpersonen der Garde heranzukommen, war daher so gut wie unmöglich. Aber an direktem Kontakt zur Garde fehlte es dennoch nicht. Immer dann, wenn wir an Orten drehten, die ihnen nicht genehm waren. Auch wenn wir oft wussten, wie gefährlich oder verboten es war, dieses eine Mal war es uns nicht bewusst. Kurz nach dem Atomabkommen 2015 wollten wir in einem Beitrag die schrittweise Öffnung des Landes darstellen. In Teheran gab es zum ersten Mal Hop-on-Hop-off-Touristenbusse, schließlich wartete man auf den Ansturm von Touristen. Wir organisierten also einen Dreh mit den Veranstaltern. Und während der Stadtführer übers leicht knarzende Mikrofon die Sehenswürdigkeiten Teherans erklärte und mein Kameramann, halb aus dem Bus hängend, sich mit den schönsten Bildern der Stadtfahrt verkünstelte, sprangen plötzlich vier bewaffnete Männer der Revolutionsgarde vor den Bus und stoppten ihn. Wir wurden rausgezogen, unsere Kamera heruntergerissen. Der Bus fuhr weiter, und wir wurden in einen kleinen Raum geschubst. Er war voll mit Überwachungskameras. In solchen Momenten konnte ich mich noch nie besonders zurückhalten, Unterwürfigkeit liegt mir nicht. Deshalb fing ich wieder mal an, wild zu diskutieren, warum sie unseren Dreh zunichtemachten. Wir drehten doch endlich mal eine richtig positive Geschichte. Und würden es den Menschen im Ausland dadurch schmackhaft machen, als Tourist in den Iran zu kommen. Und überhaupt, bald könnten sie sich vor Touristen nicht mehr retten. Ich redete mich in Rage, bis mir meine Producerin zuraunte: »Sei jetzt still, das sind doch genau die, die keine Touristen im Land haben wollen!« Sie hatte so recht. Eine Öffnung hin zum Westen würde den Garden unter anderem auch die Positionen und Möglichkeiten nehmen, die sie durch die Sanktionen eingenommen und bekommen haben. Durch eine Annäherung an den Westen würde auch die Revolutionsgarde damit konfrontiert werden, dass internationale Gesetze und Richtlinien sie kontrollieren, und das ist nicht in ihrem Sinne.

Warum der Bus übrigens gestoppt wurde und wir nicht mehr weiterdrehen durften, bekamen wir nach zwei Stunden in dieser Kammer stehend heraus: Als wir um die Kurve bogen, war wohl im Weitwinkel der Kamera das Gelände, auf dem Revolutionsführer Ali Khamenei residiert, im Bild zu sehen. Ein kilometerlanger Hochsicherheitstrakt mit dem schlichten Namen »Beit-e Rahbari«, »Haus des Führers«. Ein riesiger Komplex, der mit der Begründung, hier gehe es um die nationale Sicherheit, nicht gefilmt werden darf. Zu gern hätte ich mir ein Bild darüber verschafft, wie der Revolutionsführer und seine Familie leben. Es gibt viele Gerüchte über seine Vorlieben. Er soll die traditionelle iranische Musik bewundern und Besitzer einer riesigen Pfeifensammlung mit exklusiven Pfeifen aus der ganzen Welt sein. Die Liebe zu schnellen Pferden soll die für Menschen weit übertreffen. Es heißt sogar, dass er in jeder iranischen Provinz Dutzende der besten und schnellsten Pferde stehen hat.

Den Wunsch, mir einmal alles anzusehen, äußerte ich lieber nicht in dem Augenblick. Seit es die sozialen Medien gibt, weiß die iranische Bevölkerung sowieso besser Bescheid als die Machtelite, die vortäuscht, in bescheidenen Verhältnissen zu leben, in Wahrheit das Geld aus dem Fenster wirft und im Luxus lebt. Während die Menschen im Iran immer ärmer werden und die Mittelschicht unter die Armutsgrenze rutscht, entstehen außerhalb Teherans wie in Lavazan, einem Gebiet in den Bergen, mehr und mehr Luxusvillen. In den sozialen Medien kritisieren Iraner inzwischen empört: Der Schah habe zwei Paläste gehabt, die Mullahs und die Revolutionsgarde Tausende. Und das nicht nur im Iran. Mit Geldern, die die Revolutionsgarde außer Landes gebracht hat, veruntreut, sollen sie in den teuersten Straßen der internationalen Metropolen Luxusappartements bewohnen, in den Schränken sollen Säcke mit Bargeld liegen.

Den Einfluss der Revolutionsgarde und ihrer Basij-Milizen wieder zu reduzieren, ihre Macht einzudämmen, wird kaum möglich sein. Ihre Kinder haben inzwischen viele Positionen übernommen. Sie wurden auf Eliteuniversitäten im In- und Ausland geschickt. Sie kommen jetzt zurück, haben keine grüne Uniform mehr an, wie sie ihre Väter trugen, sondern sehen aus wie Hipster aus Berlin. Doch ihre Intention ist klar: Machtsicherung. Das gilt vor allem für den Fall, wenn der inzwischen 81-jährige Revolutionsführer stirbt. Dafür hat die Garde alles vorbereitet und steht in den Startlöchern.

Die Beziehungen zwischen Iran und Israel

Es ist heute schwer vorstellbar, dass Israel und der Iran einmal Verbündete waren. Nach der Islamischen Revolution von 1979 hat Teheran seine Haltung zu Israel fundamental verändert. Seither gehört die Zerstörung des jüdischen Staates zur iranischen Staatsdoktrin. Den Satz von Ahmadinedschad, »Israel muss von der Landkarte getilgt werden«, kennt jeder in Israel. Auch sorgte die Organisation einer »Holocaust-Konferenz« 2006 in Teheran für weltweites Entsetzen und Protest. Holocaust-Leugnern der ganzen Welt wurde auf dieser zweitägigen Konferenz eine Plattform gegeben. Immer wieder leugnete auch Ahmadinedschad den Holocaust. Und nicht nur er.

Seit langem wird ein Schattenkrieg zwischen Iran und Israel geführt. Austragungsort ist der gesamte Nahe Osten. Und nicht nur auf dem Schlachtfeld, sondern auch im Netz. Der Cyberkrieg erreichte den Höhepunkt mit dem Einsatz von Stuxnet, einem Computerwurm, der Irans Atomprogramm bremsen sollte. Die Schadsoftware sollte die Nuklearanlagen in Natanz befallen und Zentrifugen sabotieren. Mit der Tötung des iranischen Atomforschers Mohsen Fakhrizadeh Ende November 2020 in Teheran, der als Vater des iranischen Atomprogramms gilt und vor allem für das Raketenprogramm des Landes verantwortlich war, ist ein neuer Höhepunkt der Spannungen erreicht. Einen Tag nach dem Attentat heißt es laut einem Bericht der *New York Times*, offenbar haben ein US-Beamter und zwei weitere Geheimdienstmitarbeiter bestätigt, dass Israel hinter dem Angriff stehe. Iran macht Israel dafür verantwortlich.

Und doch sind selbst heute, da längst die Angst vor einem Krieg umgeht, der zu einem Flächenbrand in der Region führen könnte, viele der Auffassung, dass beide Länder nicht zwangsläufig Feinde sein müssten. Sie teilen keine gemeinsame Grenze und haben keine territorialen Streitigkeiten. Auch ich teile diese Meinung. Und gehe sogar davon aus, dass sie eines Tages auch wieder Verbündete in der Region sein könnten. Sie waren es schon einmal. Als ich in Tel Aviv den Menschen in einem Club in die Augen schaute, mit ihnen tanzte, merkte ich, dass sie den gleichen Gesichtsausdruck haben wie die jungen Leute, die ich in Teheran auf Partys sah. Für Minuten vergaß ich, dass ich in Israel war und nicht im Iran. Sie alle wollen nur Spaß haben und in Frieden und Freiheit ihr Leben genießen. Das Gleiche auf der ultrakonservativen Seite. Wenn ich durch die Straßen in der religiösen Hochburg Qom gehe, in der die Geistlichen das Straßenbild prägen, dann schaue ich dort in die gleichen fanatischen weltfremden Gesichter, die ihren Blick von mir abwenden, weil ich eine Frau bin, wie ich es im ultraorthodoxen Viertel Mea She'arim in Jerusalem erlebt habe.

Die im Herbst 2020 auf einem Streaming-Dienst erschienene und in Israel produzierte Serie »Tehran« erzählt die Geschichte von Tamar Rabinyan, einer jungen Mossad-Agentin, die die Aufgabe hat, einen iranischen Atomreaktor zu hacken und zu deaktivieren, damit das israelische Militär einen Luftangriff durchführen kann. Die achtteilige Serie erzählt, wie die Mission schiefläuft und die Agentin sich in Teheran in einen politischen Aktivisten verliebt und dabei wieder ihre iranischen Wurzeln entdeckt. Rund 250 000 Israelis sind iranischer Abstammung. Sie leben mit iranischer Musik, Kultur und iranischem Essen in Israel, sie haben ihre Wurzeln nie vergessen.

Niv Sultan, die Hauptdarstellerin der Serie, floh mit ihrer Familie, als sie 13 Jahre alt war, aus dem Iran. Sie sagt in einem Interview über das Land, in dem ihre Familie geboren ist: »Diese Rolle war schwer für mich zu spielen, weil es mich zu meinen Erinnerungen aus dem Iran zurückbrachte. Es war sehr bewegend für mich und auch sehr schmerzhaft. Ich vermisse den Iran. Ich vermisse die ganze Schönheit, alle Menschen. Es ist ein großartiges Land, aber jetzt denke ich, dass sie leiden.«

Iran war 1950, nach der Türkei, das zweite muslimische Land, das Israel anerkannte. Man sah in dem jungen Staat einen potenziellen Verbündeten. Auf die sunnitischen arabischen Nachbarn wollte Iran sich als schiitischer Außenseiter nicht verlassen. Geprägt von den zahlreichen Konflikten und Kriegen mit den arabischen Nachbarn. Auch Teheran wurde unter dem Aspekt der außenpolitischen Westorientierung des Pahlavi-Regimes als ein natürlicher Verbündeter Israels betrachtet. Und als strategischer Partner. Israel bekam vom Iran Öl, und Iran bekam von Israel alles, was es brauchte.

In den 1970er Jahren hatten Israel und der Iran besonders enge Beziehungen. Tausende Israelis lebten damals mit ihren Familien im Iran. Israelische Botschaftsangehörige, Geheimdienstmitarbeiter und Geschäftsleute schätzten die reiche Kultur, die landschaftlichen Schönheiten und genossen einen luxuriösen Lebensstil. »Unsere Gehälter waren so hoch, dass wir, als wir zurück nach Israel gingen, uns ein Haus leisten konnten, ohne einen Kredit aufzunehmen«, erzählt eine

Protagonistin in dem Dokumentarfilm *Before the Revolution* von Dan Shadur, die 2013 erschien.

Shadur ist ein israelischer Filmemacher. Er verbrachte seine frühe Kindheit im Iran. Seine Eltern waren damals in Teheran stationiert. Bis sie im November 1978 fluchtartig mit einer El Al-Maschine nach Tel Aviv das Land verließen und nie wieder zurückkamen. Das schmerzt ihn bis heute, erzählte er mir in einem Telefonat. Viele Jahre später traf Dan Freunde und Kollegen seiner Eltern, die mit ihnen zusammen in Teheran waren, und fragte nach ihren Filmen, damals mit einer Achtmillimeter-Kamera gedreht. Sie gaben sie ihm und erzählten ihm viele Geschichten über die Vergangenheit. Daraus entstand 2013 seine Dokumentation. Während er im Film Israelis zeigte, die gemeinsam mit Iranern auf Partys in Teheran tanzten, sagt er: »Es ist schwer zu glauben, dass sich im Land unseres Erzfeindes so viele Israelis zuhause fühlten.« Und später im Film sagt er: »Wenn wir in unserer Familiengeschichte zurückblicken, dann war unsere glücklichste Zeit die in Teheran.«

Israel baute den größten Damm für den Iran, sie brachten den Iranern bei, ihre Wasserressourcen zu managen. Sie erstellten Pläne für die iranische Landwirtschaft. Die israelische Fluggesellschaft El Al flog täglich zwischen Teheran und Tel Aviv. Das Gebäude der iranischen Fluggesellschaft Iran Air, entworfen von israelischen Ingenieuren, sorgte 2012 für Aufsehen. Denn auf dem Dach des Hauptquartiers war über Google Earth ein Davidstern entdeckt worden. Offizielle forderten die sofortige Entfernung. Israel und der Iran arbeiteten noch zwei Jahre vor dem Sturz des Schahs mit dem »Projekt Blume« an einem gemeinsamen Plan einer Atomsprengkopfrakete.

»Wir halfen beim Aufbau und Training des iranischen Geheimdienstes, während unser Militär ihre Offiziere ausbildete. In vielen Bereichen wurde Teheran durch uns auf den neuesten Stand gebracht«, so ein ehemaliger General des israelischen Militärs. Der ehemalige Mossad-Chef in Teheran, Nachik Navot, sagte: »Wir steuerten den iranischen Geheimdienst SAVAK. Es gab eine totale Kooperation mit ihnen.« Der damalige israelische Botschafter, der sich von 1973 bis 1978 in Teheran aufhielt, meinte über den iranischen Geheimdienst: »Wir wussten, dass der SAVAK sehr mächtig war. Wir hörten viele Geschichten von Menschen, die plötzlich verschwanden. Die Bevölkerung hatte große Angst vor diesem Geheimdienst, der sie permanent einschüchterte.«

Ein Professor erzählt in der Dokumentation über die Zeit, als die Revolution begann: »Es gab nie Fotokopierer auf dem Campus, denn man wollte nicht, dass die Studenten heimlich Anti-Schah-Flugblätter druckten. Wir wussten nicht, wer unter den Studenten ein Spitzel des Schahs war, und so gingen wir jedes Mal in den Park, wenn wir uns über die aktuelle Situation im Iran unterhalten wollten.« Die Unruhen wurden heftiger. Ein Sicherheitsmann der israelischen Botschaft erinnert sich: »Wir bekamen das alles nicht mit, wir lebten in unserer Blase, aber eines Tages registrierte ich, dass Teheran zweigeteilt war. Im Süden lebten sie ein Leben wie im 12. Jahrhundert, im Norden lebten sie im 20. Jahrhundert.« Die Kluft zwischen Arm und Reich war unübersehbar geworden. Genauso wie der Ruf nach sozialer und politischer Gleichheit. Doch selbst die Israelis sahen die Revolution im Land nicht kommen. Selbst bei der Ankunft von Ayatollah Khomeini erzählte ein ehemaliger israelischer General, dass er nach einem Gespräch mit dem damaligen Premierminister Schapur Bachtiar davon ausging, dass sie Khomeini töten würden. Bachtiar hätte sogar um israelische Unterstützung gebeten. Khomeini wurde nicht getötet, die letzten Israelis wurden von den Amerikanern aus dem Land geflogen. Bachtiar blieb nur für einen Monat in seiner Position. Khomeini ließ kurz nach seiner Ankunft die Regierung für illegal erklären, und Bachtiar musste fliehen. 1991 wurde er von Geheimdienstagenten der Iranischen Republik ermordet.

Als Dan Shadur mit seiner Mutter in Tel Aviv gelandet war, mussten sie nur wenige Tage später im israelischen Fernsehen zusehen, wie iranische Revolutionäre die israelische Botschaft in Teheran Yassir Arafat übergaben. Der Platz, an dem die Botschaft stand, heißt heute Palästina Platz. Seit 2017 befindet sich auf diesem Platz eine »Israel-Restzeituhr«. Eine Leinwand, auf dem ein digitaler Countdown eingeblendet ist, zeigt an, wie die Restlaufzeit der Existenz Israels im Tagesrhythmus heruntergezählt wird.

Juden gehören seit 2700 Jahren zur iranischen Geschichte. Der Kulturhistoriker Richard Foltz datiert die Ankunft der ersten Israeliten in Iran auf das Jahr 722 vor unserer Zeit. Die meisten Synagogen außerhalb Israels in der Region gibt es im Iran. Allein mehr als 20 aktive Synagogen existieren nur in Teheran und mehr als fünf koschere Metzgereien. Anders als in Deutschland müssen sie nicht beschützt und bewacht werden. Heute leben laut der Webseite der iranischen jüdischen Gemeinde 15 000 Juden in Teheran, 10 000 bis 12 000 in Shiraz und weitere Tausende in anderen iranischen Städten. Eine exakte Statistik über die genaue Anzahl gibt es nicht, heißt es auf der Webseite. Ebenso nicht über die Anzahl von Synagogen im Iran. Von ehemals über 200 000 im Iran lebenden Juden haben viele das Land verlassen. Besonders zahlreich zu Beginn der Revolution. Viele iranische Juden sind damals nach Los Angeles ausgewandert. Ich selbst verbrachte dort fünf Monate in meiner Schulzeit bei einer mit meiner Familie befreundeten jüdischen Familie. Mein Onkel hatte ihnen damals geholfen, Iran zu verlassen. Er half ihnen auch dabei, ihre Grundstücke zu verkaufen. Denn bei ihrer Flucht mussten sie alles zurücklassen. Jeden Freitag traf sich die gesamte Familie zu Kabbalat Schabbat. Und immer gab es Gondi, ein speziell jüdisch-iranisches Essen: kleine Knödel, in Hühnerbrühe gegart. Eigentlich wollte ich in Los Angeles mein Englisch verbessern. Doch in jedem Geschäft, an jeder Ecke wurde Farsi gesprochen. Selbst meine Englischlehrerin war eine Iranerin. In Los Angeles leben mehr als eine halbe Million Iraner. Deshalb wird die Stadt auch unter Iranern Tehrangeles genannt.

Obwohl Tausende iranische Juden seit Beginn der Islamischen Republik den Iran verlassen haben, befindet sich immer noch die größte jüdische Gemeinde in der muslimischen Welt im Iran. Juden sind dort eine anerkannte religiöse Minderheit. Sie dürfen trotz strengen Alkoholverbots im Iran Alkohol in ihren Gemeinden trinken und ihre Religion ausüben. Laut Verfassung gibt es einen festen Sitz für einen jüdischen Abgeordneten im Parlament. Iranische Politiker betonen immer wieder, dass sie kein Problem mit Juden haben, sondern mit dem israelischen Staat. Doch ganz so liberal, wie es dargestellt wird, ist es nicht. So bekommen Iraner jüdischen Glaubens keine führenden Positionen in staatlichen Institutionen wie der Armee, dem Geheimdienst oder bei der Polizei. Israel hingegen bietet weltweit Juden die Möglichkeit, nach Israel zu immigrieren mit der Aussicht, dort jede Position zu besetzen. Tausende haben das Angebot angenommen. Manchmal denke ich, dass viele das Land verlassen haben, nicht weil sie jüdisch waren, sondern weil sie einfach ein freies Leben führen wollten. Juden im Iran können über internationale Organisationen das Land verlassen. Der nichtjüdische Rest nicht.

Einmal haben wir in Isfahan gedreht. Dort zählt die jüdische Gemeinde ungefähr 1 000 Mitglieder. Schon 500 vor Christus existierten in Isfahan jüdische Siedlungen. Und immer noch gibt es jüdische Geschäfte, eine Mikwe (jüdisches Ritualbad), einen Friedhof, Synagogen. Viele Erinnerungen an ein ehemals lebendiges jüdisches Leben. Doch ganz so lebendig ist es nicht mehr. Deshalb kommt es zeitweise zu Engpässen bei den Gottesdiensten. Denn erst mit einer vollständigen Gemeinde hat der Gottesdienst Gültigkeit. Diese ist laut jüdischem Glauben bei einem Minjan erreicht. Das bedeutet, es müssen zehn mündige Juden anwesend sein. Doch manchmal fehlte genau dieser zehnte, und diesen wichtigen »Springer« begleiteten wir. Er fuhr mit dem Fahrrad, so schnell er konnte, von einer Gemeinde zur nächsten und ermöglichte mit seiner Anwesenheit, dass der Gottesdienst stattfinden konnte.

Israel und Iran verbindet sowohl eine kurze strategische Partnerschaft (1959 bis 1979) sowie eine gefährliche explosive Feindschaft (1979 bis heute), die jeder Zeit in eine offene Konfrontation und damit in einer Eskalation in der Region enden könnte. Eine Eskalation, die viele Menschen in den beiden Ländern nicht wollen, doch die Politiker haben andere Interessen.

Israelis aus der Zivilgesellschaft starteten 2012 eine Facebook-Kampagne, um einen damals bevorstehenden Krieg zu verhindern. »Israel loves Iran«, lautete der Slogan. Der israelische Grafikdesigner Ronny Edry begann die Friedenskampagne, als die Debatte über einen angeblich geplanten israelischen Angriff auf den Iran kursierte. Damals rief Edry die Internetseite ins Leben und lud ein Foto von sich mit seiner Tochter auf dem Arm hoch. Darüber stand: »Iraner, wir werden niemals euer Land bombardieren. Wir lieben euch.« Er wollte damit die festgefahrenen Gedanken der Politik über diesen Konflikt verändern. Iraner und Israelis der Zivilgesellschaft waren begeistert. Die Seite bekam innerhalb kürzester Zeit zehntausende Likes. Doch die Likes veränderten nicht den politischen Konflikt. Wie auch? Die Islamische Republik tut nicht viel, um Vertrauen aufzubauen. Ganz im Gegenteil. Tägliche Propaganda gegen Israel gehört zum Programm. Ein Kollege aus Teheran erzählte mir, dass er ein Kinderbuch besaß, in dem die Geschichte eines palästinensischen Mädchens erzählt wird. Die Israelis, so steht es in dem Buch, legten eine Puppe gefüllt mit Sprengstoff auf die Straße. Das palästinensische Mädchen sah die Puppe, hob sie auf. Dann explodierte sie. Er war damals sechs, als er das las. »Ist das richtig? Solche Geschichten sollten Kinder nicht in ihren Köpfen haben«, sagte er mir. Und fügte hinzu, dass er, nachdem er das Buch gelesen hatte, jedes Mal im Zimmer seiner Schwester skeptisch ihre Puppen beobachtete, weil er Angst hatte, sie könnten explodieren. Propaganda ist mit das wichtigste politische Instrument in einem Staat, in dem die Feindschaft, in diesem Fall zu Israel, in der Ideologie fest verankert ist. Schon die Kinder sollen das wissen. Nicht nur in Kindergärten, Schulen und Universitäten wird versucht, die Menschen mit ihrer israelfeindlichen Ideologie zu indoktrinieren. Es sind nicht nur Worte, die Israel bedrohen. Das iranische Regime ist seit langem durch einen seiner Stellvertreter in der Region direkt an der israelischen Grenze präsent: Die Hisbollah, eine Streitkraft, die als permanent bedrohendes Bollwerk außerhalb des eigenen Landes fungieren soll. Deshalb ist für den Iran Syrien als Transitweg so wichtig. Über Syrien werden seit Beginn der Zusammenarbeit mit der Hisbollah vor allem Soldaten und Waffen transportiert. Zwischen 140 000 bis 150 000 Raketen der libanesischen Hisbollah sind laut israelischer Geheimdienstangaben auf Israel gerichtet. Sie haben eine Reichweite, die das gesamte Land zerstören kann. Die Hardliner im Iran, die die Hisbollah 1982 mit aufbauten und bis heute mitfinanzieren, scheuen sich nicht davor, Israel permanent damit zu drohen, das Land auszulöschen. Die schiitische Hisbollah gehört zweifelsohne zu den wichtigsten politischen und militärischen Akteuren im Nahen Osten, die gegen Israel agiert. Sie ist die mächtigste schiitische Gruppierung im Libanon. Sie hat sich seit ihrer Gründung 1982 von einer rein gewalttätigen iranisch-inspirierten islamistischen Gruppe zu einer Mainstream-Partei der libanesischen Gesellschaft und Politik entwickelt. Die Hisbollah ist immer noch keine von Teheran unabhängige Organisation, aber sie hat inzwischen eine gewisse Autonomie gegenüber Iran erreicht. Konkret verfügt ihr militärischer Flügel mittlerweile über eine lange Kampferfahrung in verschiedenen Kriegen, was bedeutet, dass sie nicht mehr nur auf die Unterstützung der Revolutionsgarde angewiesen ist, jedoch auf bestimmte Waffen, insbesondere ballistische Raketen. Lange hoffte man auf die Entmilitarisierung der Hisbollah. Doch aufgrund eines schwachen libanesischen Heers und in Anbetracht dessen, dass die Organisation 2012 im syrischen Krieg auf Seiten von Bashar al-Assad militärisch kämpfte und sich heute auf der Siegerseite in diesem Krieg sieht, ist es unwahrscheinlich, dass die Hisbollah sich in absehbarer Zeit entwaffnet und nur als Teil des politischen libanesischen Systems fungiert. Ist die Hisbollah ein Staat im Staat? Es ist ihr in den von ihr beherrschten Gegenden gelungen, ein effizientes Sozial- und Wohlfahrtssystem aufzubauen. Kliniken, Schulen, Moscheen, Kredite für Existenzgründer – die Hisbollah ist Teil des Alltags der verarmten Bevölkerung. Die Organisation, die in den USA, Kanada, den Niederlanden, Großbritannien und Japan in ihrer Gesamtheit verboten ist, wurde auch im April 2020 von Deutschland verboten.

Schaut man sich die Finanzierung der Hisbollah durch die Islamische Republik an, dreht sich die Frage schon lange nicht mehr darum, ob die Hisbollah vom Iran finanziert wird, sondern nur noch, in welcher Höhe. Hassan Nasrallah, Generalsekretär der Hisbollah, betonte immer wieder in seinen Reden, dass alle Waffen, Kleidung und Lebensmittel für die Hisbollah aus dem Iran stammten. Worüber nicht konkret gesprochen wird, ist die Höhe der Mittel, die der Iran der Hisbollah zur Verfügung stellt. US-Schätzungen zufolge mehr als 700 Millionen US-Dollar pro Jahr.

»Eine übliche Kommunikationstaktik von Nasrallah«, sagte mir Lokman Slim, ein libanesischer Verleger und ausgewiesener Kenner der Hisbollah am Telefon. »Nasrallah sagt die Wahrheit, lässt aber die Details weg. Wenn wir seine Reden der letzten Jahre analysieren, sehen wir immer wieder Hinweise darauf, dass die Hisbollah mit finanziellen Problemen konfrontiert ist. Auf dem Höhepunkt des Syrienkrieges spielte zum Beispiel Nasrallah auf zu geringe Mittel an, indem er die Analogie eines Hemdes verwendete, das zu klein für einen Körper wird, wenn dieser wächst. Es ist offensichtlich, dass der Iran, der selbst viele finanzielle Probleme hat, tatsächlich einen Teil der Mittel für die Hisbollah reduziert hat. Doch Iran ist nicht die einzige Finanzierungsquelle der Hisbollah«, so der Verleger. »Sie bezieht auch einen Großteil ihrer Mittel aus dem libanesischen Staat, durch legale und illegale Methoden. Illegal hat sie durch Schmuggel an den Grenzen und am Hafen profitiert. Beides kontrolliert sie. Sie hatte auch den libanesischen Staat infiltriert, um von der Verwaltung der Gemeinden zu profitieren und sich an Korruption zu beteiligen.« Das wachsende Finanzierungsproblem der Hisbollah besteht also zum einen darin, dass dem Iran aufgrund der härtesten Sanktionen aller Zeiten durch die Amerikaner und einer massiven Korruption im Land das Geld ausgeht, und zum anderen, dass im bankrotten libanesischen Staat die Quellen der Geldbeschaffung versiegen. Iran setzt weiter auf die Hisbollah, er braucht sie als unterstützende Komponente in seiner schiitischen Verteidigungsachse, die Organisation ist als wichtiges Drohpotenzial gegen Israel einkalkuliert.

Aufgrund dieser existenziellen Bedrohung Israels von iranischer Seite könnte man es als naiv bezeichnen, wenn ich hoffe, dass diese zwei Länder wieder mögliche Partner sein könnten. Ich weiß, dass ich mich damit sogar angreifbar mache, von vielen, die einer Freundschaft der beiden Länder keine Chance geben. Die einfachere Haltung läge darin, beide Länder als Todfeinde zu akzeptieren, so wie es die jeweiligen Machteliten tun. Seit über 40 Jahren. Doch die Gemeinsamkeiten zu vergessen, die diese beiden Länder verbindet, wäre verheerend. Denn im Moment gibt es leider auf beiden Seiten nur Politiker, die eher eine Konfrontation anstreben und brauchen, um von innenpolitischen Problemen abzulenken, als dass kluge Diplomaten einen Weg für eine Annäherung finden. Eine Annäherung, die die arabischen Staaten inzwischen begonnen und teilweise umgesetzt haben. Dazu gehören neue Kooperationen zwischen Israel und Saudi-Arabien und der im Sommer 2020 gefeierte historische Friedensvertrag zwischen den Vereinigten Arabischen Emiraten und Israel, in dem die VAE ihren Boykott gegen Israel beenden. Iran hat seine Chance auf eine Annäherung verpasst. Israel und einige arabische Länder haben sich auf das Motto geeinigt, dass der Feind meines Feindes mein Freund ist.

Ich fragte Dan Shadur, den israelischen Filmemacher, was er über die Beziehung zwischen Iran und Israel denkt: »Kulturell haben Iraner und Israelis viel mehr gemeinsam als andere Nationen im Nahen Osten. Aber es gibt auch eine tiefe Feindseligkeit zwischen dem Zionismus und der Islamischen Republik, die für beide Seiten definierend ist. Aber das kann sich eines Tages ändern.«

Oft habe ich iranische Politiker in Interviews gefragt, warum sie so sehr auf die Feindschaft zu Israel bestehen. Die Antwort lautete immer gleich. Sie stünden auf der Seite der Unterdrückten. Die Palästinenser seien die Opfer, ihnen müsse man zur Seite stehen. Sie würden das akzeptieren, was für die Palästinenser akzeptabel sei. Darauf fragte ich sie, wenn ihnen die Palästinenser so am Herzen lägen, warum ich noch keinen einzigen palästinensischen Flüchtling im Iran gesehen hätte. Wenn der Islamischen Republik so viel an ihnen läge, könnte man ja auch ein paar aufnehmen. Darauf hatten sie keine Antwort.

Freiheit

2011 kehrte ich nach Deutschland zurück. Über dem Iran lag eine graue Wolke der Depression. Die Menschen hatten verstanden, dass sie dieses System nun ertragen, sich unterordnen müssen, um zu überleben. Die Islamische Republik hatte erneut gewonnen. Mir ist durchaus bewusst, dass man sich als Journalistin nicht zu stark identifizieren sollte mit den Menschen, über die man berichtet. Doch im Iran 2009 fiel mir das sehr schwer. Der unerschrockene Kampf der Zivilgesellschaft für mehr Freiheit, der Ausdruck in den Augen der Menschen, vor allem der Mädchen und jungen Frauen, ihr Mut und ihre Kraft, die sie antrieben, mit dem Wissen, dass sie dabei sind, alles zu riskieren. Ich kann das alles nicht vergessen. Ich habe den Wunsch nach Freiheit so hautnah miterlebt. Die Menschen dachten, sie seien ihrem Ziel nähergekommen. Und wurden bitter enttäuscht.

Im März 2012 wurde ich in den Bayerischen Landtag eingeladen. Joachim Gauck stellte sich als Kandidat für das Amt des Bundespräsidenten den dort vertretenen Fraktionen vor. Ich war gedanklich weit weg von der deutschen und europäischen Politik. Doch plötzlich drangen Gaucks Worte zu mir durch. Er sprach vom Gut der Freiheit. Die Freiheit, die wir jeden Morgen, an dem wir unsere Augen öffnen, schätzen sollten. Seit ich wieder zurück war aus dem Iran, hatte Freiheit für mich eine neue Bedeutung bekommen. Ist der Wert von Freiheit hier inmitten unserer freiheitlichen Gesellschaft zu einem abgedroschenen Begriff verkümmert? Ich habe das Gefühl, dass das Gut der Freiheit an Wertschätzung verloren hat. Ich sah mich im Plenarsaal um, die Menschen hörten nicht sehr aufmerksam zu. Vielleicht lag es daran, dass vermutlich die meisten von ihnen mit dieser selbstverständlichen Freiheit in der Bundesrepublik aufgewachsen sind. Wir, meine Generation, mussten dafür nicht kämpfen, sie ist ein selbstverständlicher Bestandteil unseres Lebens.

Ich habe im Büro von Bundespräsident a. D. Joachim Gauck angefragt, ob es die Rede von damals verschriftlicht gibt. Nein, wurde mir mitgeteilt, Joachim Gauck habe keine Notizen benutzt, er sprach frei. Klar, denn er sprach über das, was er selbst in der DDR erfahren hatte. Er kann sicher nachempfinden, was Freiheitsentzug, egal an welchem Ort auf der Welt, bedeutet.

Als ich für dieses Kapitel verschiedene Menschen aus dem Iran fragte, was für sie Freiheit bedeute, schnürte es mir jedes Mal die Kehle zu. Weil ich wusste, was dieser Begriff für sie verkörpert, und weil ich sie so lange bei ihrem Kampf für die Freiheit beobachtet und begleitet hatte. Eine der Personen, die ich fragte, antwortete: »Ich dachte, das sei eine einfache Frage, aber jetzt, da ich darüber nachdenke, habe ich keine schnelle Antwort darauf.« Weitere Antworten möchte ich hier in Auszügen wiedergeben:

»Ich muss zugeben, dass ich erst, seitdem ich in Deutschland lebe, begriffen habe, dass es Dinge gibt, die zu einem Verständnis von Freiheit gehören, von denen wir überhaupt keine Ahnung im Iran hatten. Wenn du in einem Land lebst, in dem dich ständig alle zu etwas zwingen, denkst du nicht mehr darüber nach, ob du ein Recht auf deine eigene Wahl und Entscheidung hast. Im Iran ist es nicht nur die Regierung, die dich zu etwas zwingt und dir das Recht und die Freiheit auf die eigene Entscheidung nimmt. Im Iran wird dir auch ständig von anderen deine Freiheit beschnitten. Arbeitest du in einer Firma, wirst du behandelt, als gäbe es kein Arbeitsrecht. Die Eltern zwingen ihre Kinder dazu, ihren Vorstellungen entsprechend zu leben, sie entziehen ihnen permanent das Recht auf eine eigene Entscheidung. Selbst in einem Geschäft, in dem du einkaufen gehst, hast du keine Rechte. Du darfst oft nicht die Kleidung anprobieren, die du kaufen willst. Ein Recht auf Rückgabe hast du auch nicht. Ich hätte mir nie vorstellen können, welche maximale Freiheit man im Leben überhaupt erhalten kann. Ich bin in einer sehr konservativen Familie aufgewachsen. Mein sehnlichster Wunsch war es, Dinge, die mein Privatleben betreffen und keinen anderen stören oder negative Auswirkungen haben, selbst zu entscheiden. Hier in Deutschland kann ich das endlich.«

»Ich habe mir von meinem eigenen Geld, das ich verdient habe, eine Wohnung in Teheran gekauft. Meine Eltern hatten mir verboten, dort einzuziehen. Ich hatte nicht einmal einen Freund, mit dem ich mich dort hätte aufhalten können. Ich musste sie vermieten. Ich bin 30. Ich will damit sagen, dass du nicht einmal bei Dingen, die nur dich betreffen, frei bist, sie selbst zu entscheiden. Dass Frauen, egal wie selbstständig sie sind, alleine wohnen, ist von der Gesellschaft nicht akzeptiert. Nicht einmal in der Hauptstadt.«

»Es ist wirklich ärgerlich, wenn dir ständig befohlen wird, wie du dich kleiden sollst. Wir haben nicht die Freiheit, uns so zu kleiden, wie wir wollen. Ok, wir ziehen ja schon ein

Kopftuch an, wir ziehen ja schon einen Mantel an. Aber dann kritisieren sie immer noch die Länge meines Mantels, die Farbe meines Kopftuches. Und das geschieht nicht nur durch den Staat. Ok, sagen wir, wir leben in einer Diktatur. Wir haben überhaupt keine Freiheit. Aber die Unterdrückung spielt sich ja nicht nur auf dieser staatlichen Ebene ab. Dein Vater hackt darauf herum, was du anziehst. Dann kommst du auf die Arbeit, und sie sagen dir schon an der Tür, zieh dir das Kopftuch ins Gesicht. Dann gehst du auf die Straße, und die Sittenpolizei nimmt dich im schlimmsten Fall auch noch mit, weil du nicht islamisch genug angezogen bist. Alle sagen dir permanent, was du machen sollst.«

»Das Wichtigste, was ich unter Freiheit verstehe, ist das Gefühl von Sicherheit. Sobald ich mich außerhalb Irans bewege, habe ich keine Angst mehr, fühle ich mich sicher. Keiner kontrolliert, was ich mache, wie ich mich bewege, wie ich mich verhalte, was ich anhabe. Diese Angst fällt wie eine große Last von meinen Schultern. Sobald ich am Flughafen in Teheran lande, beginnt der innere Stress wieder, die Angst, dass irgendetwas passiert. Das Gefühl von fehlender Sicherheit belastet mich permanent, dass du im Iran nie das Gefühl hast, frei zu sein. Freiheit ist für mich, wenn ich als Frau eigene Entscheidungen treffen darf. Freiheit bedeutet für mich, wenn ich das Sorgerecht als Mutter für mein Kind bekomme.«

»Freiheit bedeutet für mich die absolute Ruhe. Freiheit ist, wenn du politisch und privat deine eigene Meinung haben darfst. Dass der Mensch, so wie er es sich wünscht, lebt und seine Meinung äußert. Ohne dabei Angst haben zu müssen.«

»Wir haben im Iran nur sehr wenig Freiheiten. Eigentlich fast keine. Was uns vor allem fehlt, ist die wirtschaftliche Freiheit. 99 Prozent der Menschen im Iran haben ein Einkommen, das ihnen lediglich ermöglicht, das Nötigste zu kaufen. Rücklagen haben wir nicht. Egal, wie intelligent du bist oder wie fleißig, es gibt keinen Raum für Erfolg. Zum einen aufgrund der Misswirtschaft im Land, zum anderen aber auch aufgrund der Sanktionen, die gegen den Iran erhoben wurden. Jetzt sind unsere Wege nach außen verschlossen und nach innen, aufgrund der politischen Weichenstellung zu Beginn der Revolution, als die linken Gruppen im Land fast alles verstaatlicht haben. Jetzt liegt alles in den Händen der Mullahs. Sie erlauben der Privatwirtschaft nicht zu atmen.«

»Wenn du die Möglichkeit hast, viele verschiedene Zeitungen mit unterschiedlichen Inhalten zu lesen, dann nenne ich das Freiheit. Wenn du nur Zeitungen lesen kannst, die der Staat dir zur Verfügung stellt, dann habe ich nicht die Freiheit, mich selbst zu entscheiden, welche Inhalte ich für wahr erachte.«

»Freiheit ist nicht der Freibrief dafür, alles tun zu dürfen. Die liberale Freiheit im Westen ist auch nicht zu 100 Prozent realisierbar, nur teilweise. Man sagt, in den USA gibt es die totale Freiheit, aber die Menschen dort sind nicht wirklich frei, sie arbeiten meist zwölf Stunden lang an sechs Tagen die Woche. In Japan genauso. Freiheit bedeutet für mich aber auch, dass ich so leben kann, dass Arbeit und Freizeit in einem ausgewogenen Verhältnis zueinander stehen.«

Ich selbst bin unglaublich dankbar für die Freiheit in meinem Leben. Jedes Mal, wenn ich aus dem Iran ausreiste und zurück nach Deutschland kam, wurde mir das mehr und mehr bewusst. Im Iran bestimmt der Staat über dein Leben. In Deutschland nicht. Hier bedeutet Freiheit auch Sicherheit. Hier darfst du die sein, die du sein willst. Wir haben diese Freiheit weitestgehend erreicht in Europa, bis auf wenige Staaten. Den erbitterten Kampf um Freiheit, der 2020 in Belarus begann, haben wir hautnah über die Medien mitbekommen. Ja, auch hier, in Deutschland, entstehen immer wieder Abhängigkeiten, die uns unser Leben erschweren. Aber wir haben immer die Freiheit zu entscheiden, ob wir unser Leben ändern wollen. Als Journalistin kann ich die Politik kaum verändern, aber ich kann zumindest darüber berichten, was andere nicht haben, damit uns die Freiheit, die wir haben, bewusst wird. Und wir wieder lernen sie zu schätzen.

Der Teppich

Im Sommer 2020 sitze ich bei meinem Vater in München im Garten. Er ist 1965 nach Deutschland gekommen. Wir sitzen vor dem Haus, in dem ich zur Welt kam, draußen auf der Terrasse. Mein Blick fällt auf einen Teppich, der an der Wand im Wohnzimmer hängt. Ich bitte ihn, eine meiner Lieblingsgeschichten zu erzählen. Die Geschichte dieses Teppichs. Ich stelle mein Diktiergerät an, und er beginnt: »Also gut, liebe Tochter, und du willst das wirklich alles aufzeichnen, na gut, die Geschichte geht so: Mein Bruder war Anfang der 1980er Jahre in London bei einem Geschäftsfreund. Sie unterhielten sich so intensiv, dass mein Bruder seinen Flug nach München verpasste. Der nächste Flug ging erst am Nachmittag, deshalb entschieden sie sich, noch einen Stadtbummel durch London zu machen. Sie blieben vor einem Teppichgeschäft stehen.«

Einschub: Ein Großteil meiner Familie sind Teppichhändler. Wir bestätigen also das Klischee, Iraner sind entweder Ärzte oder Teppichhändler. Wir gehören zur zweiten Gruppe. Und deshalb bleiben wir, soweit ich denken kann, immer vor Teppichgeschäften stehen. Es gehört sozusagen zur Familientradition. Ich muss zugeben, dass einer meiner liebsten Gerüche der Geruch von Naftalin ist. Es ist ein bizyklischer aromatischer Kohlenwasserstoff mit charakteristischem Geruch nach Mottenpulver/Teer, heißt es auf Wikipedia, und Naphthalin sei gesundheitsschädlich und umweltgefährlich. Ich liebe den Geruch, er erinnert mich an die Teppichberge, auf denen ich als kleines Kind mit meiner Schwester herumtobte.

Zurück zu meinem Vater: »Mein Bruder stand also mit seinem Freund vor dem Schaufenster. Und hörte nicht auf zu schauen. Dann sagte er zu seinem Freund, ich gehe rein, Teppiche kaufen. Sein Freund schaute ihn an und sagte, bist du verrückt, so kurz vor dem Abflug? Mein Bruder antwortete ihm nur: Sag nichts, verhalte dich unauffällig, ich brauche diesen einen Teppich aus dem Schaufenster unbedingt. Komm, wir gehen rein! Sie gingen rein, mein Bruder kaufte zwei alte Kashans. Dann deutete er scheinbar desinteressiert Richtung Schaufenster und fragte: Kann ich auch noch diesen Teppich haben, der ist ja nicht besonders wertvoll. Der Geschäftsmann im Teppichladen kannte meinen Bruder. Er sagte zu ihm, Sie kennen sich doch aus, Sie sehen, dass das ein sehr antiker Teppich ist. Mein Bruder meinte daraufhin, das sei lediglich ein einfacher Teppich aus einem Dorf in der Nähe seines Geburtsortes, nichts Besonderes. Er wollte den Preis drücken, der Teppich kostete damals 4 000 Pfund. Umgerechnet 16 000 DM. Ein typischer Schachzug eines Teppichhändlers: Erst einmal die Ware, die er kaufen will, schlecht machen. Ich mochte das noch nie. Mein Bruder versuchte also den Preis mit allen Mitteln zu drücken, bis sein Begleiter seine Hand fest zudrückte. Er wollte ihm damit signalisieren, es reicht, weiter runter kannst du nicht handeln. Sonst bekommst du den Teppich nicht. Gleichzeitig konnte es aber auch bedeuten, höre auf, sonst merkt der Händler, dass du diesen Teppich unbedingt willst. Mein Bruder handelte den Teppich um 1 000 Pfund runter. Und bekam ihn.«

Eigentlich ist mein Onkel ein sehr ernster Mann gewesen, der nur selten lächelte, später, als er krank war und schwach. Doch damals war er ein erfolgreicher Geschäftsmann, der im großen Teheraner Bazar einen sehr guten Ruf hatte, und das, obwohl er kein Anhänger der Revolution war, noch nie, selbst nicht, als die Revolution 1979 begann und alle im Bazar berauscht in die Anti-Schah-Slogans einstiegen. Damals sagte er nur einmal zu meinem Vater: »Die Mullahs werden großen Schaden über uns bringen.«

Mein Vater fuhr fort: »Als er aus dem Londoner Teppichgeschäft kam, tanzte mein Bruder. Er lachte und ihm liefen Tränen über das Gesicht. Sein langjähriger Londoner Freund dachte einen kurzen Augenblick, er sei verrückt geworden. Doch mein Bruder sah ihn freudestrahlend an und sagte: ›Es ist der Teppich meiner Mutter. Sie hat ihn geknüpft, vor über 60 Jahren. Sie brachte ihn als Teil ihrer Aussteuer mit. Und musste ihn verkaufen.‹ Als er in München ankam, tanzte er in unser Haus. Er war außer sich vor Freude. Ich sagte nur zu ihm: Bist du verrückt geworden, hast du getrunken? Mein Bruder sagte: Es ist der beste Tag meines Lebens. Ich dachte mir in dem Moment: Der Mann hat bestimmt etwas getrunken, normalerweise ist er doch immer so muffig. Und wieder sagte mein Bruder, es ist der beste Tag meines Lebens, ich habe das Geschäft meines Lebens gemacht. Er breitete den zusammengerollten Teppich aus und erzählte mir dabei die Geschichte des Teppichs: Unsere gemeinsame Mutter brachte ihn als Aussteuer mit in die Ehe.«

Mein Vater ist 15 Jahre jünger als mein Onkel, er kannte die Geschichte nicht und hatte sie damals nicht mitbekommen. Er nahm den Faden wieder auf: »Mein Bruder erklärte mir hinterher seine Euphorie: Weißt du, lieber Bruder, damals in den 1940er Jahren, zu Zeiten des Zweiten Weltkriegs, führte Reza Schah plötzlich hohe Steuern ein, die es vorher im Iran für uns nicht gab. Das Land brauchte Geld, es hatte kaum Infrastruktur, Straßen und Bahnverkehr fehlten. Deshalb forderte der Staat von seinen Bürgern nun Steuern ein, und unsere Eltern mussten ihr Hab und Gut verkaufen, damit sie diese zahlen konnten. Die Steuereintreiber sind ohne Vorwarnung in die Häuser gekommen und nahmen, was sie bekamen. Deshalb verkaufte unsere Mutter den Teppich, den sie selbst geknüpft hatte und den ich gestern, 40 Jahre später in London, im Schaufenster hängen sah. Damals, als wir den Teppich verkaufen mussten, hatten wir drei Wochen nach dem Verkauf wieder ein wenig Geld, Einkommen von Getreide und Schafen, deren Fell und Milch wir verkauften. Wir hätten also den kostbaren Teppich meiner Mutter zurückkaufen können. Wir erfuhren, dass der Teppich in eine Stadt weiter, nach Rafsanjan, verkauft worden sei. Ich fuhr damals nach Rafsanjan, um den Teppich zurück nach Hause zu holen, doch er wurde in der Zwischenzeit schon weiterverkauft – nach Teheran. Ich war todtraurig und empfand es als Armutszeugnis, dass wir die Aussteuer meiner Mutter verkaufen mussten. Ich hatte mir mein Leben lang gewünscht, diese gefühlte Schmach wiedergutzumachen, indem ich den Teppich zurückbringe.«

Nach mehr als 40 Jahren hatte er es geschafft. Der Teppich hängt immer noch bei uns im Wohnzimmer in München. Und jedes Mal, wenn meine Oma zu uns kam, streichelte und küsste sie ihren Teppich. Sie hatte ihn mit ihren eigenen Händen über ein Jahr lang geknüpft. Mein Vater erzählte mir, dass sein Bruder mindestens noch drei Tage lang gute Laune hatte. Als ich das Diktiergerät ausstelle, bemerkt mein Vater: »Und jetzt hast du alles aufgenommen?« »Ja, Papa.« »So machen das auch Spione«, beendet er trocken seine Geschichte.

Das Abkommen der Hoffnung

Ich bin wieder zurück im Iran. Nach vier Jahren Abstinenz. Mir wurde das Teheran-Büro der ARD als Leiterin angeboten, und ich habe angenommen. Seit 2011 hatte ich bewusst den Iran gemieden. Ich wollte aus anderen, mir noch unbekannten Ländern der Welt berichten, meinen Kopf Iran-frei bekommen. Ich wollte vermitteln, wie andere Kulturen mit Freiheit, Krieg und Verlust umgehen. Dazu hatte ich viel Gelegenheit. Millionen Menschen waren durch Kriege und Unterdrückung in den letzten Jahren gezwungen, ihre Heimat zu verlassen. Ich begleitete ihre Flucht, bewegte mich an ihrer Seite in ihren tragischen Welten. Als ich dann von meinem Sender gefragt wurde, ob ich das Büro in Teheran übernehmen möchte, war ich überglücklich. Iran war für mich gewohntes Umfeld. Trotz all der Einschüchterung fühlte ich mich dort auf eine Weise sicher.

Es ist der 1. Juni 2015. Iran ist täglich in den Schlagzeilen. Ich bin in Teheran angekommen und soll über die Erwartungen der Iraner in Bezug auf das Atomabkommen berichten. Das wahre Geschehen spielt aber nicht in Teheran, sondern in Wien. Dort befindet sich der Sitz der Internationalen Atomenergiebehörde (IAEA). Die Verhandlungen über das Atomabkommen mit dem Iran liegen in den letzten Zügen. Delegierte aus den USA, Russland, China, Frankreich,

Großbritannien, Deutschland und der Islamischen Republik tagen hinter verschlossenen Türen. Im Palais Coburg, in dem Hotel, in dem seit Wochen die Gespräche stattfinden, soll Geschichte geschrieben werden. Mehrere Dutzend iranischer und internationaler Journalisten, allen voran Korrespondenten von US-Sendern, harren tagelang auf den Fluren des Fünf-Sterne-Hotels aus. John Kerry, der damalige US-Außenminister von Präsident Barack Obama, will für die US-Regierung Geschichte schreiben. Ich stehe in Kontakt mit Hanna Kaviani, einer befreundeten Kollegin aus meiner Generation, die seit Wochen für einen iranischen Oppositionssender in Wien arbeitet. Ihrem Vater, der sie ständig anruft, so sind die meisten iranischen Väter, sagt sie jedes Mal, dass sie immer noch im Hotel in Wien sei. Schließlich fragt er sie, halb ungläubig, halb ironisch, ob sie jetzt im Hotel arbeite, er habe gedacht, sie sei Journalistin.

In den letzten Tagen vor dem Abschluss des Abkommens wird das Palais Coburg zur No-go-Area deklariert. Die Journalisten ziehen in das gegenüberliegende Marriott Hotel. Ein riesiges Zelt wird für sie aufgebaut, die Verhandlungen ziehen sich. Länger als 20 Tage diskutieren, verhandeln und streiten sich die Vertragspartner. Es scheint äußerst kompliziert, zu einer Einigung zu kommen. Besonders das iranische Raketenprogramm steht dabei immer wieder im Weg. »Nicht verhandelbar«, meinen die Iraner, »da keine nukleare Technologie«, und setzten sich damit letztlich durch. Sie akzeptierten weder, ihr Raketenprogramm von außen kontrollieren zu lassen, geschweige denn einzustellen.

Es waren nicht allein diese letzten 20 Tage in Wien, in denen um eine Einigung mit den Iranern über das Atomprogramm gerungen wurde. Immer wieder betonen sie, dass ihr Nuklearprogramm friedlich sei, schließlich zählten sie zu den ersten Signatarstaaten des Atomwaffensperrvertrages von 1968. Dem vorausgegangen waren fast zwölf Jahre zähe und immer wieder unterbrochene Verhandlungen. Die Skepsis auf Seiten der drei EU-Staaten, die vor allem die letzte Gesprächsrunde maßgeblich initiiert hatten, und den drei ständigen Mitgliedern des UN-Sicherheitsrates, ob man der iranischen Gegenseite wirklich vertrauen könne, konnte nie ganz beseitigt werden. Grund hierfür war der Umstand, dass westliche Geheimdienste erst 2009 den 60 Meter unter der iranischen Erde gelegenen Anreicherungskomplex Fordo entdeckt hatten. Schon 2002 veröffentlichte eine iranische Exil-Oppositionsgruppe Informationen über die Existenz geheimer Nuklearanlagen, die die Glaubwürdigkeit der iranischen Regierung in Frage stellten. Vor allem Länder wie Israel und Saudi-Arabien schlugen Alarm, da ein nuklear bewaffneter Iran das sensible Machtgefüge in der Region gravierend zu seinen Gunsten verschieben würde. Und auch sie trauten den jetzigen Verhandlungen nicht. Sie befürchteten, dass ein solches Abkommen dem Iran – insbesondere im Falle der zu erwartenden Aufhebung von Wirtschaftssanktionen – finanzielle und technologische Vorteile verschaffen würde, die dieser zu einem regionalen Machtzuwachs nutzen würde.

Als Hanna am 14. Juli 2015 hinter der Absperrung den Chef der iranischen Atomenergiebehörde Ali Akbar Salehi in Wien aus dem Hotel herauskommen sah, wusste sie, sie hatten eine Einigung erreicht. »Es war seine Körperhaltung, die mir signalisierte, er ist erleichtert. Kurz darauf kam der russische Delegierte zu uns auf die Straße«, erzählte mir Hanna, »und teilte den Korrespondenten aus Moskau mit, sie könnten jetzt schlafen gehen und sollten morgen früh pünktlich um 8 Uhr zum Hotel kommen.« In der Nacht auf den 14. Juli war es also tatsächlich zu einer Einigung gekommen. Hanna freute sich über dieses Ergebnis. Später sagte sie mir: »Schließlich waren wir dabei, als etwas wirklich Historisches geschah.«

Der Deal war geschlossen. Nach fast zwölf Jahren Verhandlungen. Das Ziel, das iranische Nuklearprogramm auf ein weniger bedrohliches Maß herunterzufahren, war mit Zustimmung der Iraner vereinbart worden. Im Joint Comprehensive Plan of Action (JCPOA) wurde festgelegt, dass die Anzahl der Zentrifugen, die zur Urananreicherung verwendet werden, drastisch reduziert wird. Ebenso sagten die Iraner zu, die Bestände an hochangereichertem Uran außer Landes zu bringen sowie auf eine eigenständige Wiederaufarbeitung von Brennstäben zu verzichten. Sie stimmten außerdem einer umfassenden und permanenten Kontrolle dieser Maßnahmen durch die Internationale Atomenergiebehörde zu. Eine unter dem Nichtverbreitungsvertrag weltweit bisher einzigartige Kontrolldichte. Im Gegenzug versprach die andere Seite, dass alle auf das Atomprogramm bezogenen Sanktionen aufgehoben werden, Iran würde zudem die lange geforderte technologische Unterstützung für die friedliche Nutzung der Kernenergie erhalten, eingefrorene Konten würden freigegeben und einiges mehr. Iran versprach sich dadurch nach Jahren der Rezession vor allem einen enormen Wirtschaftsaufschwung. Zudem bedeutete diese Vereinbarung auf Augenhöhe mit den Supermächten und den führenden europäischen Nationen ein symbolisches Ende der politischen Isolation des Landes und eine Rückkehr in die internationale Gemeinschaft. Innenpolitisch war der Beweis erbracht, dass die pragmatischen Kräfte in der politischen Führung des Iran einen Erfolg vorweisen konnten, den die Vertreter der radikalen, kompromisslosen und isolationistischen Linie nicht nach Hause gebracht hatten.

Hanna arbeitet für einen iranischen Oppositionskanal. Sie ist alles andere als eine Befürworterin des iranischen Regimes. Sie kann, solange das politische System der Islamischen Republik besteht, nicht mehr in ihr Heimatland, um ihre Familie zu besuchen. Doch an diesem Morgen, als die Außenminister der Vertragspartner verkündeten, dass dieses Abkommen der Beginn von etwas Neuem sein würde, freute sie sich für ihr Land und das iranische Volk über diesen Erfolg der Diplomatie und über den friedlichen Ausweg nach Jahren permanenter Kriegsgefahr.

Ganz Teheran feierte. Nicht nur die Politiker. Vor allem die Menschen. Wieder hatte die Euphorie eine Farbe. Dieses Mal war es Lila. Lila konnte nie die Stärke der sogenannten Grünen Welle von 2009 erreichen. Lila war die Farbe für Präsident Hassan Rohani. Bei seiner Wahl 2013 hofften die Iraner darauf, dass er sie von der Schmach erlöste, die der Hardliner, Präsident Ahmadinedschad, dem Iran gebracht hatte, der in seiner Amtszeit von 2005 bis 2013 das Land mehrfach international blamiert und isoliert hatte. Auch 2013 trugen sie als Zeichen der Unterstützung für den Präsidentschaftskandidaten Rohani lilafarbene Bänder um Armgelenke und Stirn. Als Hassan Rohani, der Kandidat einer pragmatischeren Politik, zur Wahl antrat, versprach er den Menschen eine Liberalisierung der Märkte und Wirtschaftsreformen, mehr Wachstum, weniger Zensur, mehr Freiheiten. Er hielt dabei einen Schlüssel in die Höhe und kündigte an, dieser Schlüssel werde alle Türen für den Iran öffnen. Das war 2013. Es sah so aus, als würde er sein Versprechen mit dem Atomabkommen 2015 einlösen können. Teheran jubelte an diesem Tag, und ich berichtete wieder einmal über die Menschen im Iran, die voller Hoffnung waren. Sie tanzten auf den Straßen. Entlang der Valiasr-Straße, der längsten Straße Teherans, sah man glückliche, freudestrahlende junge Frauen und Männer. Und selbst die Sittenwächter hielten sich an diesem Abend zurück. Zu groß war die Erleichterung, die die Bevölkerung erfasst hatte, dass nun eine Zeit des Friedens und der Entspannung eintreten würde.

In den nächsten Wochen und Monaten gaben sich die Delegationen aus aller Welt in Teheran die Klinke in die Hand. Es herrschte Euphorie auf beiden Seiten. Die Iraner, und vor allem die hochkommunikative, internetaffine, junge Bevölkerung, sah in der versprochenen Öffnung die große Chance, dass ihr Land wieder Teil der Weltgemeinschaft werden würde – verbunden mit den Europäern und den USA – und nicht nur Spielball der Interessen Chinas und Russlands. Sie hofften, wieder mit Stolz sagen zu können, sie seien Iraner, ohne dass ihr Gegenüber sofort an Mullahs, Todesstrafe, Atombombe und Ahmadinedschad dachte. Sie hofften, dass durch die ausländischen Investitionen neue und moderne Jobs entstehen würden, dass sie ihre hoch qualifizierten Universitätsabschlüsse auch im eigenen Land würden einsetzen können und nicht ins Ausland abwandern müssten. Zahlreiche Iraner, die im Ausland studiert hatten, kamen 2015 zurück in den Iran, allesamt junge, intelligente und gut ausgebildete Menschen, deren Know-how in ihrer Heimat dringend benötigt wurde. Die Aussicht auf Technologie- und Finanzierungshilfen hatten den Iran überhaupt dazu bewogen, sich an den Verhandlungstisch zu setzen und dem Atomkompromiss schließlich zuzustimmen. Investitionsmöglichkeiten in Höhe von 45 bis 60 Milliarden US-Dollar jährlich versprach die Islamische Republik global agierenden Wirtschaftsunternehmen. Ein verlockender und bisher weitestgehend abgeschotteter Markt von 82 Millionen Konsumenten, von dem viele profitieren wollten. Zunächst sah es auch gut aus. Iran erzielte bereits im Jahr 2016 ein Wirtschaftswachstum von 12,52 Prozent gegenüber dem Vorjahr.

Ich drehte bei Abschluss des Atomabkommens 2015 eine Reportage mit drei jungen Iranerinnen für den *Weltspiegel*, einer 35-jährigen Schauspielerin, einer gleichaltrigen Designerin und einer 31-jährigen Unternehmerin. Die Unternehmerin hatte gerade ein sehr erfolgreiches Start-up gegründet, war aus dem Westen zurückgekehrt, denn sie hatte große Hoffnungen, dass ihrem Land endlich wieder der Anschluss an die Welt gelinge. Stolz waren sie, das fiel mir damals bei allen Frauen auf. Kein überheblicher Stolz, keine Arroganz. Ich sah Menschen vor mir, die jahrelang fast schon physisch darunter gelitten hatten, wenn ihr Land als Schurkenstaat abgestempelt wurde. Dass sie von einem Präsidenten regiert wurden, der in den internationalen Medien als »der Irre von Teheran« bezeichnet wurde. Nicht, dass sie Ahmadinedschad nicht selbst für einen solchen hielten, doch es war ihr Stolz als Iranerinnen, als Angehörige einer uralten Zivilisation, die Wiege der Menschheit, einer blühenden Kultur und Wissenschaft, der durch all die politischen Eskalationen, die Isolation, das Ausgesperrtsein zutiefst verletzt worden war. Durch das Atomabkommen, so erzählten sie mir, hätten sie ihre Würde zurückbekommen. Zumindest für eine kurze Zeit.

Das sogenannte Atomabkommen, das JCPOA, trat zwar am 16. Januar 2016 offiziell in Kraft. Doch schon Mitte 2016, als die Aufhebung der UN- und EU-Sanktionen verkündet wurden, zeigte sich Unsicherheit auf Seiten der Banken und der Investoren. Viele wollten zunächst noch abwarten, wer die US-Wahl gewinnen würde. Als sie auf Donald Trump fiel, der im Wahlkampf heftig gegen den Deal gewettert hatte, zeigten sich erste Lähmungserscheinungen der Wirtschaft, und viele wandten sich vorsorglich vom Iran ab.

Dadurch wurde der gerade erst begonnene Aufschwung im Keim erstickt. Wer auf einen sprunghaften Anstieg im Handel gehofft hatte, dem wurde schon bald eines der größten Hindernisse im Geschäft mit der Islamischen Republik klar: Die Geldtransfers in den Iran blieben weiterhin fast unmöglich. Der Grund lag unter anderem in den sogenannten *primary* und *secondary sanctions*. Die *primary sanctions* verboten US-Amerikanern Geschäfte mit iranischen Firmen – diese wurden übrigens bis heute nicht aufgehoben. Die *secondary sanctions* betrafen Geschäfte zwischen Iranern und Nicht-Amerikanern. Diese wurden zwar aufgehoben, doch konnte bereits ein deutsches Unternehmen mit einer amerikanischen Tochtergesellschaft rechtlich als »US-Amerikaner« gelten und somit unter die Bezeichnung der *primary sanctions* fallen.

Überweisungen an iranische Banken waren nur durch kleinere europäische Banken, die über kein eigenständiges USA-Geschäft verfügten, möglich. Es zeigt deutlich, wie handlungsunfähig die EU auf diesem Gebiet war und ist – sie ist schlicht nicht autark. Der Geldtransfer europäischer Banken wird größtenteils in Dollar abgewickelt und jede globale Dollartransaktion läuft technisch über die USA. Denn der Dollar ist die globale Leitwährung. Auch EU-Banken und -Unternehmen sind davon abhängig. Selbst Transaktionen in anderen Währungen waren problematisch, da die kleineren Banken, die sich trauten, Zahlungen für den Iran abzuwickeln, in ihrer finanziellen Stärke naturgemäß beschränkt waren. Vor diesem unklaren Hintergrund wagten sich nur wenige Unternehmen, ihre Absätze auf dem weitaus größeren Markt in den USA zu riskieren.

Als schließlich Donald Trump 2016 zum US-Präsidenten gewählt wurde, war das Atomabkommen gänzlich in Gefahr. Alle Abkommen, die Barack Obama in seiner Amtszeit abgeschlossen hatte, und das iranische Atomabkommen war eines der aufsehenerregendsten, wollte Trump, das kündigte er bereits im Wahlkampf an, gleich nach Amtsantritt auflösen. Das Atomabkommen war für Donald Trump das »schlechteste Abkommen aller Zeiten«, da es dem Iran viel Geld verschaffe, es aber nicht endgültig von der Atombombe fernhalte. Er betonte mehrmals vor laufender Kamera, man müsse das Abkommen »in der Luft zerreißen«. Als er im Januar 2017 ins Weiße Haus einzog, verlangte er unverzüglich Neu- und Nachverhandlungen und versuchte, die anderen Vertragsparteien dafür zu gewinnen. Als er erkennen musste, dass er damit auf verschlossene Türen stieß, kündigte er den einseitigen Austritt der USA aus dem Abkommen an. Knapp zwei Jahre nach seiner Wahl setzte er die Drohung um und verkündete am 8. Mai 2018 in einer Pressekonferenz den sofortigen Ausstieg aus dem Atomabkommen. Zugleich kündigte er eine Politik des »maximalen Drucks« gegen Iran an. Die USA drohten nach ihrem Ausstieg aus dem Atomabkommen allen Unternehmen, die mit dem Iran Geschäfte machten, mit Sanktionen. Gleichzeitig erhoben sie Sanktionen gegen sämtliche Güter aus dem Iran, Firmen, Personen, staatliche Institutionen. Selbst Unternehmen ohne US-Geschäft mussten Sanktionen befürchten. Es wurde allen Beteiligten ziemlich schnell klar, dass die USA mit allen Mitteln Handel mit dem Iran verhindern wollten. Zum einen, weil Trump den Deal nicht mochte und den Iranern vorwarf, gegen den Spirit in der Präambel verstoßen zu haben, zum anderen, weil sie aufgrund der erwähnten primary sanctions von Anfang an wenig Erwartung hatten, vom Iran-Kuchen ein gutes Stück abzubekommen. Stattdessen hat das erneute Inkrafttreten der US-Iran-Sanktionen infolge der Aufkündigung des JCPOA hauptsächlich Auswirkungen auf Nicht-US-Unternehmen.

Präsident Trump hat in der Woche nach dem Ausstieg der USA aus dem Atomabkommen deutsche Firmen einzeln in Teheran anrufen lassen, um ihnen mitzuteilen, dass sie ihr US-Geschäft vergessen könnten, würden sie nicht unverzüglich den Iran verlassen. Auch der damalige US-Botschafter in Deutschland, Richard Grenell, nahm bei Antritt seines Amts kein Blatt vor den Mund. Jeder, der mit dem Iran in Zukunft Geschäfte macht, »werde dafür bezahlen müssen«. Ein ungewöhnlicher Affront gegenüber Deutschland und ein Bruch mit allen Normen der Diplomatie.

Genau vier Jahre nachdem ich über die drei Frauen berichtet hatte, traf ich sie 2019 wieder in Teheran. Die Schauspielerin und Sängerin Ghazal Shakeri besuchte ich in ihrer Wohnung. Sie schaute sich die Aufnahmen von damals an, die ich ihr auf dem Laptop zeigte. Zu Beginn des Films ist sie zu sehen, sie spricht über die große Hoffnung, die sie bezüglich der Zukunft in ihrem Land hat. Ghazal hat eine der schönsten Stimmen, die ich kenne. Für mich ist sie eine der besten Sängerinnen des Iran. In der Öffentlichkeit darf sie nicht singen. Dabei hatte sie damals die Hoffnung, dass sich auch das letztlich zum Guten wenden würde. Dass das Leben freier wird. Sie seufzte, während sie den Film sah, und sagte: »Vier Jahre sind vergangen. Ergebnislos vergangen.«

Damals saß sie mit ihrer Mutter, einer Filmproduzentin, und drei weiteren Schauspielerinnen zusammen. Sie hofften, durch die Öffnung Richtung Westen würde sich die Situation für Künstlerinnen und Künstler im Iran verbessern. Ghazal sagte: »Es wurden immer weniger Bücher geschrieben, weniger Filme produziert, viele internationale Kooperationen stehen still. Jetzt sind wir sehr glücklich, denn unsere Politiker haben die internationale Sprache gelernt und sprechen transparent miteinander.«

Heute ist sie nur noch traurig: »Die aktuelle Politik baut jedes Mal, wenn sich eine Tür der Freundschaft öffnet, dahinter eine Wand auf. Manchmal frage ich mich, ob diese Feindschaften, dieser Druck auf die Bevölkerung wirklich mit Frieden endet oder ob es wieder zu einem Fehler kommt, der sich ständig in der Geschichte wiederholt.« Ghazal hat Angst vor einem Krieg, der fast täglich aus Versehen passieren kann. Es ist 2019. Die Nachrichten werden dominiert von Meldungen über Tankerangriffe am Persischen Golf, US- und iranische Drohnen, die sich gegenseitig abschießen. Ständig werden neue US-Sanktionen gegen den Iran und Drittstaaten verhängt, seit die USA das Atomabkommen verlassen haben. Die USA praktizieren die maximale exterritoriale Anwendung von US-Recht auf Nicht-Amerikaner in der Geschichte. Das Vertrauen in völkerrechtliche Abkommen geht verloren. Die Europäer stemmen sich gegen diesen Trend. China und Russland sehen zu, wie die westlichen Mächte auseinanderdriften, die im Sommer 2015 demonstrierte internationale Geschlossenheit löst sich in Luft auf. US-Präsident Trump droht dem Iran, die Revolutionsgarden drohen zurück, der Region droht eine dramatische Eskalation. Ghazal schüttelt den Kopf und sagt: »Dabei waren die jungen Menschen im Iran 2015 so sehr bereit für eine Annäherung an den Westen, hofften auf Wirtschaftsaufschwung, sehnten sich nach Normalität.«

Ich sprach im Sommer 2019 auch erneut mit der Unternehmerin Nazanin Daneshvar. Sie war im 8. Monat schwanger. Sie erzählte mir, dass sie 2015 überzeugt gewesen sei, dass es ihre Kinder im Iran besser haben würden. Sie investierte nach Abschluss des Atomabkommens ihre gesamten Ersparnisse in ein Start-Up-Unternehmen, hoffte auf ausländische Unterstützung. Damals sagte sie mir: »Dass sich der

Iran an die internationalen Märkte anschließt, hilft uns, damit sich die Türen für ausländische Firmen im Iran öffnen. Und dadurch kommen unsere Unternehmen hier aus der Regionalität heraus und können professionalisiert werden.«

2019 hingegen ist Nazanin nur noch wütend: »Die jetzige Lage, in der wir uns durch den internationalen Konflikt befinden, ist weder fair noch vernünftig. Meiner Meinung nach hat der Iran laut den internationalen Berichten alle seine Verpflichtungen aus dem Atomabkommen erfüllt. Und Trump ist, ohne einen Plan zu haben, nur wegen einiger Wahlkampfversprechen aus dem Atomdeal ausgestiegen. Heute sehen wir, wie er jeden Tag dem Iran einen Schritt näher auf die Pelle rückt. Zuerst kommt er mit Vorschlägen, dann sanktioniert er uns wieder. Er überträgt so seine eigene Verwirrung auf die internationalen Beziehungen. Die Kritik an ihm hat seine Berechtigung. Keiner weiß, welchen Zweck Trumps Politik dem Iran und auch anderen Ländern gegenüber erfüllen soll.« Am Ende des Interviews sagt sie noch: »Jetzt hab ich es dem Typen gegeben, ich habe mir endlich all meine Wut vom Herzen geredet, danke euch für diese Möglichkeit!«

Die Wut und Unzufriedenheit der Bevölkerung wuchsen von Tag zu Tag. Dieses Mal nicht nur auf die eigene Regierung. Es sind die Hoffnungslosigkeit und die Ohnmacht, die die Menschen zornig macht. Die Sanktionen haben innerhalb kürzester Zeit zu galoppierender Inflation, massivem Währungsverfall und einer so dramatischen Wirtschaftskrise geführt, dass es der Bevölkerung schier die Luft zum Atmen nimmt. Als das Atomabkommen gerade frisch verhandelt wurde, hatte Nagmeh Kiumarsi, die dritte Frau, mit der ich ein Interview führte, eine bekannte Modedesignerin aus Teheran, die große Hoffnung, dass durch das Atomabkommen auch die Kaufkraft der Bevölkerung im Land wachsen würde:

»Wir alle sind wie Zahnräder in der Wirtschaft. Wir bedingen uns gegenseitig. Wenn es dem einen gut geht, dann geht es dem nächsten auch besser. Darauf hoffen wir jetzt.«

2019 erzählte sie mir frustriert: »Klar hatten wir alle Hoffnung in die Zukunft und wir wollten – und das wäre unser Recht gewesen – weiterkommen. Aber was wir jetzt erleben, ist einfach ungerecht. Diese Situation hat den Druck auf uns erhöht, und das wirtschaftliche Elend spüren wir überall im Land. Leider ist das die Wahrheit, und ich weiß nicht, ob wir selber wirklich noch etwas tun können.«

Alle drei Frauen wurden zutiefst enttäuscht. Trotzdem sind sie im Land geblieben, wollen es nicht aufgeben, wie sie mir erzählten. Sie sind die Ausnahme. Monat für Monat verlassen Tausende junge Menschen den Iran, das Land erlebt einen nie dagewesenen Braindrain. Sie haben ihre Hoffnung auf eine sichere und positive Zukunft in ihrer Heimat aufgegeben. Wer irgendwie kann, der geht in den Westen. Da die Iraner sehr viel auf Bildung setzen und über eine vergleichsweise gute Primärausbildung verfügen, bereiten sie sich intensiv auf die Auswanderung vor. Die Sprachinstitute in den großen iranischen Städten sind für Monate ausgebucht. Deutsch, Englisch, Französisch. Sie wollen in den Westen, um dort ein Leben in Freiheit und mit wirtschaftlicher Sicherheit zu leben, ein Leben, das ihnen im eigenen Land verwehrt bleibt. Zu oft hatten sie darauf vertraut und darauf gesetzt, dass sich etwas ändern würde. Wenn sie es sich wünschen könnten, würden die meisten bleiben, hätten sie nur den Funken Hoffnung für eine Zukunft im eigenen Land.

Die Welt der Geschäftsmänner

Ich sitze in Istanbul auf der Hotelterrasse. Es ist Sommer 2020. Hinter mir höre ich einen Mann auf Farsi telefonieren. Ein Geschäftsmann. In der Türkei hört man häufiger Farsi als Türkisch, zumindest kommt es mir so vor. Es ist eines der wenigen Länder, für die Iraner kein Visum brauchen. Ein Glück für die Iraner, aber auch für die Türkei. Ein nicht unwesentlicher Prozentsatz der Umsätze in den türkischen Boutiquen wurde durch die Kaufkraft und -lust von Iranern generiert. In den Schaufenstern der Istighlal Straße in Istanbul, einer der Haupteinkaufsstraßen der Stadt, wird auf Farsi mit Sonderangeboten gelockt. 2015 kamen knapp eine Million Iraner nach Istanbul. Auch die türkischen Strände, an denen man als iranische Frau im Bikini liegen, frei ohne Schleier im Meer schwimmen und alkoholische Cocktails trinken kann, alles gleichzeitig oder hintereinander, lockte jährlich zehntausende iranische Urlauber an. Kurz vergäßen sie, so erzählten es mir viele, wie traurig es für sie ist, dass sie dafür ins Ausland reisen müssten. Dass sie die häufig in die USA emigrierten iranischen Popstars nicht in ihrem eigenen Land auf der Bühne genießen könnten, sondern dass diese extra nach Antalya und Bodrum angereist kämen, um vor tausenden ihrer Fans aufzutreten. Die Türkei ist in diesem Fall neutraler Boden. Es gibt jedes Jahr

Dutzende Konzerte von Iranern für Iraner in der Türkei oder auch in Dubai.

Die Türkei war aber für viele Iraner nicht nur ein Ort des Vergnügens, sondern auch ein Zufluchtsort und ein Transitland. Das Land beherbergte jahrzehntelang auch Flüchtlinge aus dem Iran, aus politischen oder wirtschaftlichen Gründen, als Dauergäste oder Durchreisende mit dem Ziel Europa. Die ersten Flüchtlinge kamen schon zur Zeit der Islamischen Revolution 1979 in die Türkei. Damals waren es nicht die Studenten, die heute zu Tausenden aus dem Land fliehen. Nein, die Studenten demonstrierten damals gegen den Schah und wollten eine moderne, viele eine sozialistische Republik aufbauen. Damals waren es Offiziere und Ärzte des Schah, die auf Eseln zusammengekauert oder in Fluchtfahrzeugen versteckt versuchten, das Land zu verlassen, um der sicheren Todesstrafe im Iran zu entkommen. Sie kamen über die Berge Kurdistans. Diese Flüchtlinge von damals zogen jedoch schnell weiter nach London, Paris oder Los Angeles. Damals war die Türkei nicht das Land von heute. Sie war nicht schick genug für die iranische Oberschicht, die den Iran und den Luxus der 1970er Boomjahre Hals über Kopf verlassen musste. Damals war die Türkei politisch instabil, es gab nicht überall Elektrizität, die Infrastruktur war veraltet, dafür war das Land säkular. Im Laufe der letzten vierzig Jahre, seit der Islamischen Revolution, näherten sich die beiden Länder immer mehr an. Religiös und wirtschaftlich. Die Türkei wurde zu einem wichtigen Handelspartner für den Iran. Vor allem für die vielen iranischen Mittelständler, die in der Nähe der Länder eine Chance darin sahen, Handel zu betreiben und Geld zu verdienen, und die ihre Waren auf dem Landweg durch die Türkei nach Europa lieferten.

So wie der Mann hinter mir. Vermutlich geht er nicht davon aus, dass ich ihn verstehen kann. Er spricht ziemlich deutlich. Wir sitzen Rücken an Rücken. Natürlich kann er nicht ahnen, dass die Frau hinter ihm, die hellbraune Haare hat und durchaus als Deutsche durchgehen könnte, Farsi versteht. Ich höre ihm zu, ich gebe es zu. Denn er spricht über Geschäfte. Am anderen Ende der Leitung ist Teheran. Ich löffle langsam meinen Joghurt, versuche unauffällig auf dem viereckigen Papierset unter meinem Joghurt mitzuschreiben.

Geschäfte macht jeder im Iran. Immer, ständig. Es liegt ihnen im Blut. Wie oft schon habe ich mitgehört, wenn auf der Straße in Teheran ins Handy gebrüllt wird, warum der Scheck nicht gedeckt sei, wann die Geldübergabe stattfinde, wo die Ware abzuholen sei. Es dauert für gewöhnlich nur wenige Minuten, bis fast jedes Gespräch auf eine mögliche Handelskooperation, einen Deal hinausläuft, bei dem eine Hand die andere wäscht. Selbst wenn es auf dem Land auch nur darum geht, ein Schaf gegen zwei Ziegen einzutauschen.

Der Mann hinter mir hat in den letzten 27 Minuten acht Gespräche geführt, mit Dubai, Teheran und in der Türkei. Die üblichen Sanktionsumgehungsgespräche. Er jongliert dabei mit Hunderttausenden von US-Dollar. Er sieht nicht aus wie einer, von dem man vermutet, dass er aus der Islamischen Republik kommt. Italienische Slipper, kurze Hose (im Iran verboten), ein weißes Leinenhemd, er könnte auch an der Côte d'Azur sitzen. Aber ich höre es an seinem Ton, dass er ein Kind des postrevolutionären Iran ist. Seine Wortwahl und sein Tonfall ändern sich bei jedem seiner Gesprächspartner. Sein Käufer im Iran hört den unterwürfigen Ton des Slipper-Trägers. »Nokaretam«, sagt er am Ende des Gesprächs, was soviel heißt wie »Ich bin dein Diener«. Seinen Partner im Iran weist er dagegen bossy-barsch an, nicht zu offensichtlich nach dem Marktpreis zu fragen, denn sonst würde dieser in die Höhe schnellen. Allein wenn aus zwei verschiedenen Kanälen ein Preis angefragt wird, würde das einen Preisanstieg in bestimmten Branchen auf dem iranischen Markt bedeuten. So fragil ist das Preisgeflecht.

In der Türkei wartet er auf einen Termin in der Botschaft. Vielleicht in der iranischen Botschaft, vielleicht einer anderen. Was er dort vorhat, geht aus dem Gespräch nicht hervor. Er spricht daraufhin mit Sekretärinnen, die er anweist, schon einmal die Pro-forma-Rechnungen auszustellen. Dann erhält er aus Teheran einen Anruf, bekommt einen Preisvorschlag für seine Ware. Er ruft seine Schwester an, die soll eine E-Mail nach Dubai schicken, nicht übers Handy anfragen. »WhatsApp funktioniert dort nicht«, sagt er ihr. Es müssen andere Kanäle und andere Identitäten oder Mittelsmänner genutzt werden. Ein permanenter Eiertanz, der viel Zeit, Energie und vor allem Geld kostet. Alles zulasten der Produktivität und Wirtschaftlichkeit. In der Summe selbst für den reichen Ölstaat Iran ein volkswirtschaftliches Desaster. Ich esse meinen vierten Joghurt und trinke den sechsten Tee. Er hat noch nicht bemerkt, dass mein papierenes Tischset schon fast vollgeschrieben ist. Ich werde auch noch eine Weile zuhören müssen, denn noch habe ich seine Geschäfte bei weitem nicht erfasst, im Kern bleibt alles unklar. Er weiß aus dem Iran zu genau, dass man sich nie offen ausdrückt, dass man Ross und Reiter niemals ausdrücklich nennt, um sich eine Hintertür offenzuhalten. So sind die Geschäfte im Iran. Sie sind oft intransparent, basieren nicht immer auf Fairness. Jeder versucht, den maximalen Vorteil rauszuholen, und sei es unter Aufgabe der Standards seriöser Geschäftspraktiken. Wer weiß, was morgen ist. Die Händler müssen permanent Schlupflöcher im Sanktionsnetz suchen, das über die Jahre immer dichter wurde. Ständig müssen sie auf Störungen in der Geschäftsabwicklung gefasst sein und täglich aufs Neue einen Plan B, C oder D entwickeln, um weiter liefern, produzieren, Ware empfangen und bezahlen zu können beziehungsweise bezahlt zu werden. Bezahlt haben aber bisher vor allem die Iraner.

Routinierte Geschäftsabläufe kamen nach Trumps Ausstiegserklärung im Mai 2018 nahezu vollständig zum Erliegen. Zumindest für die normal sterblichen Handeltreibenden. Ihnen wurden die Schlupflöcher größtenteils geschlossen. Iranische Tochterfirmen wurden ausfindig gemacht und direkt sanktioniert. Nahezu alle Waren aus dem Iran kamen auf die Sanktionsliste. Manchmal scherzten Iraner in meiner Gegenwart mit bitterem Unterton, dass nur noch Kamele und Safran auf der Liste der sanktionierten Waren fehlten.

Um international Handel zu betreiben, braucht man vor allem einen sicheren Geldtransfer, Lieferwege und stabile Währungen, damit Preise verlässlich vereinbart werden können. Ein hausgemachtes Problem, denn der iranische Rial ist notorisch instabil und hat über die Jahre massiv an Wert verloren. Allein von 2019 auf 2020 gab es zeitweise einen Währungsverfall von 300 Prozent. Als ich noch im Iran lebte (2005–2011), fuhr ich einmal pro Woche auf den Obst- und Gemüsebazar. Mein Kofferraum war danach bis oben hin gefüllt. Ich zahlte damals für alles 12 000 Toman. Heute kostet nur ein Kilo Tomaten 15 000 Toman.

In der Regel erfolgt die Überweisung durch einen Letter of Credit (LC) vom Besteller an den Begünstigten. Da alle iranischen Banken unter direkten oder sekundären Sanktionen des US-Finanzministeriums stehen, können Iraner also nur Geld überweisen, ohne das Bankensystem zu nutzen. Dazu zählt das Bezahlen mit Bargeld und das Vermeiden grenzüberschreitender Transfers, bekannt aus dem Mittelalter als das »Hawala-System«, von dem Hindi-Wort für »Vertrauen«. Das ist natürlich hochriskant, wird von keiner Bankenaufsicht kontrolliert und ist daher in Deutschland strafbar. Neben dem Risiko des Totalverlusts des Geldes, beispielsweise bei Insolvenz, Todesfällen oder Diebstahl von Bargeld, besteht die Gefahr, wegen Geldwäsche angezeigt zu werden. Diese illegale monetäre Welt lebt eigentlich von Kriminellen, die sich im Waffen- und Drogenschmuggel und anderen illegalen Dingen betätigen.

Der sicherste Weg für den Geschäftsmann, Geld aus und in den Iran zu überweisen, ist die Nutzung von Geldwechselstuben, um kleinere Beträge in separaten Teilzahlungen zu überweisen. Das ist teuer und zeitaufwändig, dafür weniger riskant. Dieses Verfahren funktioniert nicht immer und erfordert viel Geschick und finanzielles und tolerantes Entgegenkommen auf Seiten der Partner. Denn die Absender und Empfänger jeder einzelnen dieser Transaktionen sind ja nicht die eigentlichen Geschäftspartner. Viele europäische Unternehmen verzichten deshalb selbst auf völlig legale Geschäftsbeziehungen mit Iran-Bezug aufgrund dieser Intransparenz und der nicht absehbaren Strafen, die bis in den Millionenbereich gehen können. Auch aufgrund der schärferen FATF-Bestimmungen (Geldwäschegesetze) kann man das Geld für die Ware nicht mehr, wie früher üblich, in bar übergeben. Wenn Iraner also Handel betreiben wollen, müssen sie über ein Drittland die Ware bestellen, das Geld zuerst in das Drittland, meist die Türkei oder die VAE, aber auch ganz andere Kontinente, über einen Geldwechsler oder eine Privatperson überweisen. Der Job des Geldwechslers hat inzwischen eine wichtige Rolle eingenommen. Ohne ihn gäbe es keinen Geldtransfer. Der Händler im Iran gibt dem Geldwechsler Rial/Toman. Dieser sucht eine vertrauenswürdige

Person zum Beispiel in Dubai, die dort in Dirham (Währung in den Vereinigten Arabischen Emiraten) die Ware, die der Händler in Teheran kaufen möchte, irgendwo auf der Welt bezahlt. Dafür bekommt der Geldwechsler eine Provision. Das nächste Mal, wenn der Geldwechsler Geld für einen anderen Händler, zum Beispiel aus Deutschland, entgegennimmt, bekommt der Mann in Dubai sein Geld zurück, wobei die Zahlung aus Deutschland nie bis in den Iran überwiesen wird. Dieser Geldwechsel ist illegal und umgeht die Sanktionen, keiner soll darauf kommen, dass der finale Empfänger oder Absender des Geldes im Iran sitzt.

Geld wird auf diese Weise kontinuierlich, ohne die Landesgrenzen zu übertreten, ausgetauscht. Aber das Geld, das aus dem Umtausch kommt, hat keine verlässlichen Nachweise, da die unmittelbaren Transaktionspartner nicht die eigentlichen Geschäftspartner sind. In Teheran erzählte mir ein Unternehmer, dass er auf diesem komplizierten Weg CNC-Maschinen aus Deutschland gekauft habe. Ab einer bestimmten Größe sind sie für das Iran-Geschäft sanktioniert, weil sie auf der Liste der Dual-Use Goods (Güter, die zu zivilen und militärischen Zwecken genutzt werden können) stehen. Zusätzlich also eine Erschwernis zum nicht vorhandenen Bankenverkehr. Deutschland erlaubt also den Verkauf nicht. Deshalb fand der Unternehmer eine Firma in Abu Dhabi, die für ihn diese Maschinen kaufte. In Abu Dhabi angekommen, wurden sie so hoch verzollt, dass der Unternehmer aus Teheran mitteilen ließ, dass er die Maschinen nicht mehr möchte. Nach einer Zeit gab man die Maschinen zur Versteigerung frei. Der Unternehmer schickte einen Händler, der die Maschinen ersteigerte. Er ließ sie auf einem LKW verstecken und brachte sie in den Iran. Dort angekommen, bauten sie die Maschinen auf. Oft ist in Maschinen ein

Motion-Detektor (Bewegungserfassung) eingebaut. Dieser braucht einen Konfigurationscode. Als die Maschinen in Teheran ankamen und aufgebaut wurden, leuchtete eine Meldung auf, in der nach dem Konfigurationscode gefragt wurde. Die deutsche Firma rückte ihn nicht heraus, eben aus dem Grund, dass sie nicht eines Sanktionsverstoßes bezichtigt werden wollte. Die Maschinen waren folglich nicht einsetzbar. Mit der zunehmenden Digitalisierung wird es heute immer schwerer für die Unternehmen. Denn die Maschinen sind zunehmend auf digitale Vernetzung mit anderen Maschinen und dem Hersteller angewiesen. Sie brauchen kontinuierlich neue Software-Updates sowie Protokollerneuerungen. Bekommt die Maschine diese nicht, funktioniert sie vielleicht eine Zeit lang, aber nicht auf Dauer.

Der Mann in meinem Rücken klingt jetzt verzweifelt: »Wir sind ruiniert. Die Geschäfte laufen so schlecht. Selbst die Schifffahrtsgesellschaften machen uns jetzt Probleme. Dabei war alles nur für die Türkei etikettiert.« Er spricht vermutlich wieder mit einem Abnehmer in Teheran: Die Auslieferung ihrer Ware verzögere sich um zehn Tage, entschuldigt er sich, mindestens. Dann der nächste Anruf aus Dubai: Dirham, Toman, Dollar. Alles wird wild durcheinandergerechnet und berechnet für den besten Wechselkurs, der sich im Moment täglich, manchmal stündlich zum Nachteil für die Iraner verändert. »Wir müssen uns beeilen«, sagt er zu seinem nächsten Telefonpartner. Die Lage verschlechtert sich dramatisch. Er geht davon aus, dass es in den nächsten Monaten ein Erdbeben geben wird. Er meinte das vermutlich symbolisch. Ja, die wirtschaftliche Lage im Iran ist ein tägliches Erdbeben. Und jedes Mal, wenn sich die Iraner sagen, schlimmer geht es nicht, kommt es noch schlimmer.

Arbeitsbedingungen

Hundertdreiundsiebzig. An dieser Stelle befindet sich Iran auf der Liste für Pressefreiheit, die Reporter ohne Grenzen 2020 veröffentlichte. Von insgesamt 180 Ländern. Hunderte von Journalisten wurden seit Gründung der Islamischen Republik strafverfolgt, inhaftiert oder hingerichtet.

In der Abteilung 209 des berüchtigten Evin-Gefängnisses in Teheran werden sogenannte Staatsfeinde inhaftiert. Jeder Journalist, der dort einmal saß, überlegt sich gut, ob er danach weiterhin im Iran tätig sein will – und überhaupt kann. Tausende haben das Land verlassen. Das erste Mal in den Jahren nach 1979, als klar wurde, dass das Ziel der Revolution, die Freiheit, nicht erreicht werden konnte. Das zweite Mal nach den Studentenprotesten 1999. Der größte Exodus fand 2009 nach der Niederschlagung der Grünen Bewegung statt. Ab diesem Zeitpunkt gab es kaum noch Menschenrechtsaktivisten, NGOs, keine wirkliche Opposition in der Politik, Frauenrechtlerinnen oder kritische Journalisten. Sie waren alle weg: Im Gefängnis, im Exil oder mundtot gemacht. Nur sehr wenige blieben übrig, die sich trauten zu kritisieren, denn sie wussten, wer ab jetzt noch Kritik äußerte, war in der Minderheit und schnell aufzufinden. Nur ein Beispiel: Im Juni 2019 schrieben 14 zivilgesellschaftliche Aktivisten einen offenen Brief, in dem sie Revolutionsführer Khamenei zum Rücktritt aufforderten. Alle Verfasser endeten im Gefängnis – ohne Anwalt, ohne offenes Verfahren –, der Vorwurf lautete wie immer: Gefährdung der nationalen Sicherheit und Spionage! Beide Vorwürfe hängen wie ein Damoklesschwert auch über uns Journalisten aus dem Westen. Permanent.

Als Journalistin, die nicht die politische Linie der Islamischen Republik vertritt, bin ich in den Augen der Machthaber keine objektive Berichterstatterin, die es zu schützen gilt. Wir sind der Feind. Auf jeder Pressekonferenz, jeder Demonstration oder bei einem Dreh auf der Straße hat man uns das spüren lassen. Für das Regime sind Journalisten aus dem Westen Teil einer Verschwörung gegen die Islamische Republik. Für sie sind wir Spione, die Unruhen schüren und Demonstranten auf der Straße anstacheln, sich gegen das Regime aufzulehnen. Im Iran ist es wahrscheinlicher, dass du von Sicherheitskräften angegriffen wirst, als dass sie dich beschützen. Wir flohen bei Demonstrationen jedes Mal vor den Sicherheitskräften. Die Zivilbevölkerung schützte uns.

Ziel der Islamischen Republik ist es, eine transparente und unabhängige Berichterstattung zu unterbinden, um das eigene Image des mächtigen, starken Iran zu demonstrieren und aufrechtzuerhalten. Unterstützt wird die Republik dabei von der erzkonservativen Justiz und dem Sicherheitsapparat im Land, die Journalisten drangsalieren und verfolgen. Ohne jegliche juristische Grundlage. Wir sind Freiwild.

In der Islamischen Republik wurde Desinformation schon immer als ein Mittel zur Manipulation der Bevölkerung eingesetzt. Seit Beginn der Islamischen Republik gehören Intransparenz und Fakenews zum Alltag. Da die ursprüngliche Quelle oft nicht verlässlich ist, sehen die vor Ort ansässigen internationalen Agenturen deshalb oft davon ab, Nachrichten überhaupt zu übernehmen. Deshalb ist der Nachrichtenfluss aus dem Iran auch sehr reduziert. Im Grunde genommen müsste man zu jeder veröffentlichten Nachricht aus dem Iran eine Analyse parallel dazu erstellen, was die Intention hinter der Nachricht ist, was die Islamische Republik damit also bezweckt. Das Regime arbeitet seit langem an der Idee eines Pressezentrums, in dem sie ihre eigenen Nachrichtenbilder Journalisten zur Verfügung stellen. Zensur im idealen Sinne.

2017 gab es ein schweres Erdbeben in der Provinz Kermanshah. Wären wir einfach losgefahren, hätten uns Sicherheitskräfte an der Provinzgrenze aufgehalten und in Gewahrsam genommen. Im Idealfall hätten sie uns einfach nur zurück in die Hauptstadt geschickt. Wir mussten warten, bis wir eine Genehmigung bekamen, außerhalb Teherans zu drehen. Über 24 Stunden lang. Stunden, die wir uns in der heutigen aktuellen Berichterstattung eigentlich nicht leisten können.

Das Ziel der Behörden ist es dabei, uns so lange aufzuhalten, bis sie ihr Bild am Unglücksort hergestellt haben. Bilder über ein funktionierendes staatliches Hilfsprogramm sollen erst über die Staatsmedien ausgestrahlt werden, es soll das allgemeine Gefühl vermittelt werden, man hätte alles im Griff. Wenn das Staatsfernsehen kommt, beginnt die Inszenierung. Wasserflaschen werden dann in die Menge geworfen, um zu zeigen: Wir versorgen unsere Bürger. Bilder von Menschen, die sich darüber beschweren, dass der Staat sie nicht unterstützt, sollen nicht gezeigt werden. Wenn die Sicherheitskräfte uns gerade nicht beobachteten, wurden wir an den Unglücksorten von Betroffenen angefleht, auch das auszustrahlen, was sie uns erzählen.

Es waren verschiedene Gruppen, die auf uns angesetzt wurden, um uns an der Arbeit zu hindern. Bei jedem Dreh wurden wir schon nach wenigen Minuten angesprochen. Oft waren sie mit einem Funkgerät ausgestattet, über das sie hin und wieder Anweisungen durchgaben, die uns wiederum einschüchtern sollten. Unsere Nachfrage, ob sich die jeweilige Person ausweisen kann, wurde einfach ignoriert. Die Männer, die uns ansprachen, gehörten nicht nur zu den verschiedenen Geheimdiensten. Es waren Basijmilizen, Sicherheitskräfte, Polizeibeamte und andere. In einem Staat, der auf Willkür basiert, kann sich dir jeder in den Weg stellen, dazu muss er nicht zum Sicherheitsapparat gehören.

Einmal drehten wir die Geschichte einer Boxerin in der Provinz Ilam. Sie stammte aus einer kurdischen Familie, die ihr ursprünglich verboten hatte zu boxen. Sie tat es trotzdem und eröffnete eine Boxschule für Mädchen in einer kleinen konservativen religiös geprägten Stadt. Eine tolle Geschichte. Leider gab es in dieser Stadt einen Filmemacher vom iranischen Staatsfernsehen, dem es nicht passte, dass wir auch, genauso wie er, einen Beitrag über die Boxerin drehen wollten. Also informierte er den Geheimdienst und erzählte ihnen, dass wir feindliche Propaganda gegen das System produzieren würden. Er tat das aus persönlichem Interesse und hatte damit Erfolg.

Wenn es zu Demonstrationen gegen das Regime auf der Straße kam, erhielten wir Journalisten von den internationalen Medien vom Ershad-Ministerium per SMS und E-Mail die Mitteilung, dass für den Zeitraum der Unruhen unsere Pressekarten ungültig seien. Ich saß also in Teheran in meinem Büro, eingeschlossen, während ich eigentlich auf der Straße hätte sein müssen, um mit eigenen Augen zu sehen, was sich abspielt, und darüber zu berichten. Wie frustrierend war es dann, Bilder im Fernsehen zu sehen, die die Demonstranten selbst über die sozialen Medien veröffentlichten. Sie sehen sich in einer Diktatur, die Journalisten daran hindert, ihr Handwerk auszuüben, dazu gezwungen, über die sozialen Medien die Wahrheit selbst abzubilden, die sich vor ihren Augen abspielt. Das Einzige, was mir übrigblieb, war, die Videos zu überprüfen und zu verifizieren. Meine Aufgabe als Journalistin nicht ungehindert ausführen zu können, zermürbte mich. Ich habe mich deshalb oft der Vorschrift widersetzt, nicht auf die Straße zu gehen. Das war nicht ungefährlich. Ich durfte mich unter keinen Umständen erwischen lassen. Bei gewaltsamen Demonstrationen, bei denen man voll und ganz damit beschäftigt ist, die Situation zu erfassen, schnell zu sein und Bilder einzufangen, muss man im Iran auch noch diese Gefahr im Hinterkopf behalten.

Das Verhalten der Behörden uns Journalisten gegenüber veränderte sich ständig. Es hatte viel damit zu tun, wie paranoid der Staat gerade war. Für uns stellte das einen permanenten Drahtseilakt dar. Wir mussten von Fall zu Fall entscheiden, wie weit wir gehen durften, wann die rote Linie überschritten war. Nach dem Abschluss des Atomabkommens 2015 waren wir auf einmal sehr willkommen. Wir bekamen Drehgenehmigungen für Provinzen ausgestellt, in denen man uns sonst nicht gern sah, und durften an UNESCO-Weltkulturerbe-Stätten filmen. Natürlich hatte das Regime dabei den Hintergedanken, dass wir durch solche Beiträge Touristen anlocken würden, die jetzt in Scharen im Iran erwartet wurden. Wir nahmen die Gelegenheit wahr, endlich einmal abseits der Politik den Iran zeigen zu können. Die Behörden waren uns gegenüber freundlich gestimmt und erlaubten uns großzügig zu drehen. Wir durften in dieser Zeit sogar auf eine Gasbohrinsel im Persischen Golf fliegen. Dort wurde uns erzählt, wie dringend alle Maschinen erneuert werden müssten und dass sie sich jetzt erhofften, dass viel Geld aus dem Ausland in ihre Branche investiert werden würde. Ein gestandener Mann, der Leiter der Gasbohrinsel, hatte Tränen in den Augen, als er mir erzählte, wie sehr er sich auf die neuen Geräte aus dem Ausland freue. Er meinte es ernst.

Als Donald Trump 2016 US-Präsident wurde und 2018 wie angedroht aus dem Atomabkommen ausstieg und infolgedessen die schwersten Sanktionen aller Zeiten gegen den Iran einsetzten, wurde es für uns Journalisten wieder zunehmend enger. Die Revolutionsgarde war omnipräsent auf der Straße. Ihr Geheimdienst war überall, und die Hardliner im Land, die der internationalen Presse nie positiv gegenüber eingestellt waren, hatten Aufwind bekommen. Sie trauten dem Westen nicht, wir Journalisten waren schon immer Feinde in ihren Augen. Plötzlich war es gefährlich, auch nur auf der Straße angehalten zu werden und die Presseausweise zeigen zu müssen. »Aha, deutsches Fernsehen? Na, ihr habt uns auch schön reingelegt mit dem Atomabkommen!« Bisher waren die USA und Israel auf der Feindesliste. Jetzt auch Deutschland und Frankreich, Vertragspartner im Atomabkommen. Doppelstaatler aus diesen Ländern wurden inhaftiert, ihre Botschaften warnten, vorerst nicht mehr in den Iran einzureisen.

Je angespannter die Beziehungen zum Ausland wurden, desto riskanter war es für uns, im Iran zu arbeiten. Gleichzeitig wuchs aber auch die Unzufriedenheit der Bevölkerung gegenüber der Regierung, die den Wirtschaftsaufschwung versprochen hatte. Je häufiger der Unmut auf der Straße ausgetragen wurde, desto lästiger wurden wir westliche Journalisten. Die Unzufriedenheit der Bevölkerung sollte nicht dokumentiert werden. Gegen Ende meiner Korrespondentenzeit gab es gerade mal eine Handvoll westlicher Journalisten im Iran. Seit Jahren war ich die einzige Frau, die von dort permanent für einen westlichen Fernsehsender berichtete. Oft wurde ich gefragt, wie es sei, als Journalistin im Iran zu arbeiten. Ich gab nie die Antwort, die man vielleicht erwartet hätte. Denn es spielte meistens keine Rolle: Ich war der Feind, weil ich Journalistin bin, nicht weil ich eine Frau bin.

Einmal spielte es jedoch eine entscheidende Rolle. Fußball war ein Thema, über das ich als Journalistin nur schwer berichten konnte. Denn Frauen dürfen im Iran nicht ins Fußballstadion gehen. Erst ein einziges Mal waren Zuschauerinnen bei einem Länderspiel im Stadion zugelassen: als die Fifa 2019 dem Iran drohte, dass das Land sonst aus der WM ausgeschlossen werden würde. Lange zuvor wollte ich über die Fußball-Euphorie im Iran berichten. Mein Kameramann hatte gute Beziehungen zum iranischen Fußballverband. Also bekamen wir eine Ausnahmegenehmigung für mich als deutsche Journalistin, um aus dem riesigen Azadi-Fußballstadion zu berichten. Das Stadion hat Platz für 100 000 Menschen, ergo 100 000 Männer. Wir mussten dafür Formulare mit unseren Angaben ausfüllen. Mein Vater ist Iraner. Und damit auch ich, nach iranischer Rechtsprechung. Eine iranische Frau hat aber absolut keine Chance, ins Stadion zu gelangen – auch nicht als Journalistin. Damals lautete mein Nachname noch »Durst«. Ich hatte ihn von meinem damaligen Ehemann übernommen. Damit wäre ich als Deutsche durchgegangen. Aber in den Formularen musste man auch – wie meist üblich im Iran – den Vornamen des eigenen Vaters eintragen. Mein Vater heißt Roohollah – was übersetzt bedeutet: Geist Gottes. Damit wäre ich wieder als Iranerin aufgeflogen. Ich überlegte kurz und trug als Vornamen »Geistgottes« ein, auf Deutsch. Spontanität und Einfallsreichtum ist im Iran unbezahlbar. Es war nicht gelogen, und ich schaffte es so, eine Genehmigung zu bekommen. Mein Kameramann beschwor mich, im Stadion nicht Farsi zu sprechen und mich unauffällig zu verhalten. Ich versprach es ihm. Doch als er unten am Spielfeldrand ankam, begannen die Männer, die um mich herumsaßen, dumme Sprüche zu reißen. Ich verlor meine Beherrschung und fuhr sie auf Farsi an: »Ihr seid der Grund, warum Frauen im Stadion nicht zugelassen sind. Würdet ihr die Frauen nicht so anmachen, dann hätten die Mullahs keine Argumentation, ihnen den Stadionbesuch zu verbieten!« Das war mein kürzester Aufenthalt in einem Fußballstadion.

Meine Aufgabe als Journalistin besteht darin, über die aktuelle Lage im Land zu informieren, sie öffentlich zu machen. Wenn wir einen guten Beitrag produzieren, dann freuen wir uns über eine möglichst große Reichweite. Wenn ich aus dem Iran berichte, befinde ich mich in dem Dilemma, dass ein Beitrag vor allem dann eine hohe Zuschauerquote erreicht, wenn er die Machenschaften des Regimes aufdeckt. Meine Berichte über die Verletzung der Menschenrechte, Korruption und Vetternwirtschaft fanden dementsprechend hohen Anklang. Genauso meine Porträts über mutige Menschen aus der Zivilgesellschaft. Genau die Themen, die die Machthaber der Islamischen Republik nicht wünschen.

Ich geriet so ins Visier der Zensurbehörde. Im Gegensatz zu Journalisten, die nur für einen – mehr oder weniger sensationellen – Beitrag in den Iran einreisen, ohne sich um die Folgen kümmern zu müssen, trug ich die Verantwortung, beständig aus diesem Land zu berichten. Jeder Bericht aus dem Iran landet jedes Mal kurz nach Ausstrahlung in persischer Übersetzung auf dem Tisch im Ershad-Ministerium, das für die Zensur verantwortlich ist. Internationale Korrespondenten und ihre Beiträge über den Iran zu kontrollieren, erledigen bestimmte Abteilungen in den iranischen Botschaften weltweit. Manchmal hatten sie meinen ausgestrahlten Bericht auf dem Tisch im Ministerium in Teheran liegen, bevor ihn meine eigenen Kollegen in Deutschland gesehen hatten.

Ich schüttelte jedes Mal innerlich den Kopf über die Vorwürfe, die mir von den Zensoren gemacht wurden. Sie waren gesteuert von der Paranoia, die der Staat im Laufe der Jahre entwickelt hatte. So musste ich mich zum Beispiel erklären, warum in meiner Arte-Dokumentation »Der verborgene Schatz« bei der Einblendung des Titels im Hintergrund Revolutionsführer Ayatollah Khamenei zu sehen war und eine Ampel davor rot blinkte. Ich würde damit seine Zeit als Revolutionsführer anzählen, das rote Blinken würde die Gefahr und somit das Ende des Systems signalisieren. In einem anderen Film zeigte ich eine junge Frau auf der Straße, der das Kopftuch halb heruntergefallen war und wie sie es wieder aufsetzte. Ich verwendete das Bild, um eine Straßenatmosphäre darzustellen, ohne Hintergedanken. Eine Passantin auf der Straße, weder sie noch ihr Kopftuch waren Thema unseres Filmes. Aber mir wurde vorgeworfen, dass wir damit andeuten wollten, alle Iranerinnen hätten den Wunsch, das Kopftuch abzunehmen. Die Aufpasser sind weder blind noch realitätsfern, sie achten auf jedes noch so kleine Detail, das auf die Missstände im Land oder die Unzufriedenheit der Bevölkerung hinweisen könnte. Immer wieder wurde ich ermahnt, mir wurde gedroht, und man versuchte mich einzuschüchtern. Warum war ein Poster des Revolutionsführers genau nach einem Bild mit Drogenabhängigen zu sehen? Warum dreht ihr den Hund, der aus dem Fenster schaut, so, dass er auf den Revolutionsführer beim Vorbeifahren blickt? What? Ich hatte das Poster des Revolutionsführers überhaupt nicht gesehen. Sie schon.

Die Farbe der Proteste war 2009 grün. Ich kann mich an die Zeit nach der Niederschlagung der Proteste sehr gut erinnern. Die Farbe grün war von der Straße eliminiert worden. Sie existierte nicht mehr. Hätte jemand grüne Strümpfe getragen, ich wäre mir nicht sicher gewesen, ob er dafür nicht verhaftet worden wäre. Grün war verboten. Eltern warfen grüne T-Shirts ihrer Kinder in die Mülltonne, damit sie auf der Straße nicht Gefahr liefen, verhaftet zu werden. Grüne Schriftzüge mit den Namen der Anführer der Bewegung wurden überstrichen, sämtliche Wahlplakate heruntergerissen. Ein »intaktes« Stadtbild war wieder hergestellt, ohne die Farbe grün. Als hätte es die Millionen Menschen auf der Straße nie gegeben.

Beim Jahreswechsel von 2017 auf 2018 gab es zum ersten Mal seit 2009 landesweite Proteste gegen das Regime. Ich trug ein Hemd, es war khakifarben, schlammgrün. Ich hatte einfach irgendetwas übergezogen, ohne mir darüber Gedanken zu machen. Als ich auf die Straße ging, wurde ich von Basijmilizen angeschrien und beschimpft, was mir einfalle, Grün zu tragen? Ob ich eine Revolution anzetteln wolle?

Wir hatten aber auch unsere Tricks, um am Ende dann doch an unsere Bilder zu kommen. Ich erinnere mich an eine Situation 2009. Uns war es verboten, die Demonstranten zu drehen, die wütend gegen Wahlbetrug auf die Straße gingen. Als bekannt gegeben wurde, dass eines Tages eine staatlich organisierte Gegendemonstration stattfinden sollte, sahen wir darin unsere Chance. Anhänger des Regimes auf der Straße – das waren die Bilder, die uns das System erlaubte zu drehen. Die Demonstranten der Grünen Bewegung zu zeigen, war uns wochenlang verboten worden. Wir nahmen die Gelegenheit wahr, weil wir wussten, dass auch viele Anhänger der Grünen Bewegung an diesem Tag auf die Straße kommen würden. Mein Kameramann und ich standen dort, wo sich die Regime-Anhänger aufhielten.

Die »grünen« Demonstranten beschimpften uns, weil sie dachten, wir wären vom iranischen Staatsfernsehen. Sie hatten berechtigterweise Angst, gefilmt zu werden. Die Bilder des Staatsfernsehens werden oft gar nicht ausgestrahlt und vielmehr dazu genutzt, die Demonstranten zu identifizieren und einzelne inhaftieren zu können – immer mit dem Ziel der Abschreckung. Die Anti-Regime-Demonstranten konnten ja nicht wissen, dass wir eigentlich nur anwesend waren, um über ihren Protest zu berichten. Als Journalistin steckte ich in der Zwickmühle: Ich wollte darüber berichten, dass es Tausende, Millionen Menschen im Iran gibt, die nicht hinter dem Regime stehen, doch wenn ich sie zeigte, brachte ich sie in Gefahr. Berichtete ich nicht über sie, würden die Zuschauer in Deutschland nichts über die Protestbewegung erfahren.

Manchmal war es auch schon fast amüsant, was mir widerfuhr. Einmal drehte ich am Kaspischen Meer einen Beitrag über Kaviarfang. Ich drehte damals nicht mit meinem eigenen Team, sondern mit einem, das mir vom Ershad-Ministerium zur Verfügung gestellt worden war. Wir drehten in einem Sumpfgebiet, und ich spürte, wie der Boden unter meinen Füßen nachgab und ich anfing zu versinken. Der Producer, der mir zur Seite gestellt wurde, war streng religiös und wollte mir seine Hand nicht geben, um mich rauszuziehen. Er stand auf trockenem Boden. Ich sank tiefer in den Sumpf. Dann fiel mein Blick auf das Mikrofon, das ich in der Hand hielt. Meine Rettung. Ich streckte es ihm entgegen, und er zog mich, seine Hand an der anderen Seite des Mikrofons, aus dem Schlamm. Bei dem ganzen Schlamassel musste ich auch noch darauf achten, dass mir mein Kopftuch nicht vom Kopf rutschte.

Durch all die Vorgaben und Zensurvorschriften kommt die Islamische Republik manchmal selbst in die Bredouille. Wie bei der Ausstrahlung im iranischen Staatsfernsehen eines Fußballspiels des FC Bayern gegen den FC Augsburg. Zu spät hatte man wohl mitbekommen, dass dieses Spiel eine Frau pfeift: Bibiana Steinhaus. In kurzen Hosen. Für die Islamische Republik unmöglich, so etwas im Staatsfernsehen zu zeigen. Also schnitt man Steinhaus immer wieder aus dem Bild. Und zwar so, dass, wenn das internationale Bild die Schiedsrichterin zeigte, die iranischen TV-Zuschauer nur die Fans im Stadion sahen, die anstelle der Schiedsrichterin reingeschnitten wurden. Der arme Kommentator wusste zum Schluss überhaupt nicht mehr, welches Bild er kommentieren sollte. Beim nächsten Spiel, das Steinhaus pfiff, wurde die Übertragung kurzfristig aus dem Programm genommen.

Ich bin seit vielen Jahren auch in der Türkei als Journalistin im Einsatz. Ich hatte dadurch immer einen Vergleich zwischen den Arbeitsbedingungen dort und im Iran. Die Rechte von Journalisten wurden auch in der Türkei im Laufe der letzten Jahre sukzessive eingeschränkt. Nach den Gezi-Protesten 2013, dem Putschversuch 2016 und den politischen Folgen haben wir alle erlebt, wie die Türkei zum größten Gefängnis für türkische und auch internationale Journalisten wurde. Dennoch befinden sich Welten zwischen den Möglichkeiten der Berichterstattung dort und denen im Iran. In der Türkei gibt es immer noch Aktivisten, immer noch Demonstrationen, die genehmigt werden, und bei denen nicht von Anfang an Sicherheitskräfte und Schläger die Demonstranten niederknüppeln. Es ist immer noch möglich, mit Anwälten zu sprechen, die Oppositionelle oder Journalisten vor Gericht verteidigen. Man kann sich mit ihnen vor dem Gefängnis verabreden und ein Interview führen. Für aktuelle Berichte über ein Erdbeben, Überschwemmungen, einen militärischen Konflikt können wir Journalisten in der Türkei meistens einfach losfahren und drehen, ohne auf eine Genehmigung zu warten. Im Iran geht das nicht. Wir würden verhaftet werden, wenn wir auch nur kürzer als eine Minute mit einer Kamera vor dem berüchtigten Evin-Gefängnis in Teheran stünden. Unsere Kamera würde konfisziert werden, das Material vernichtet. Erklärungen für dieses Verhalten bekamen wir nie. Die iranisch-kanadische Journalistin Zahra Kazemi fotografierte vor dem Evin-Gefängnis, wurde verhaftet und starb im Gefängnis an den Folgen der Folter. Es hieß, sie sei gestürzt.

Besonders jetzt, nach meinem Einsatz im Iran, wird mir bewusst, wie wertvoll es ist, dass in einer Demokratie die Rechte von Journalisten im Gesetz verankert sind: In Artikel 5 des deutschen Grundgesetzes ist festgehalten, dass »jeder das Recht hat, seine Meinung in Wort, Schrift und Bild frei zu äußern und zu verbreiten und sich aus allgemein zugänglichen Quellen ungehindert zu unterrichten. Die Pressefreiheit und die Freiheit der Berichterstattung durch Rundfunk und Film werden gewährleistet. Eine Zensur findet nicht statt«. Journalisten haben gegenüber allen Behörden einen Auskunftsanspruch. Öffentliche Stellen müssen Fragen von Journalisten beantworten und Informationen liefern. Nie habe ich im Iran eine Auskunft bekommen, keine Behörde hat Zahlen zugänglich gemacht, auf Mails und Anrufe gab es keine Antwort, oder ich wurde vertröstet.

Über die Wahrheit in diesem riesigen Desinformationsapparat zu berichten, ist keine leichte Aufgabe. Das beste Mittel dagegen ist immer noch die Kenntnis über das Land. Je besser man sich in einem Land, dessen Kultur, Geschichte und Struktur auskennt, desto weniger besteht die Gefahr, sich bei der Einschätzung einer Information, die man erhält, zu irren.

Soziale Medien

Im Westen sind Informationen über die Medien frei zugänglich, differenziert und detailliert. Soziale Medien sind hier oft eher toxisch, eine Gefahr für das Klima in der Gesellschaft. Gerade in Corona-Zeiten gab es unzählige Falschinformationen und Gerüchte, die wissenschaftliche Fakten in Frage stellen. Staaten wie Russland entwickelten ganze Bot-Armeen, um Wahlen im Westen zu beeinflussen. Solche sogenannten Social Bots sind Programme, die in sozialen Netzwerken menschliche Verhaltensmuster simulieren und mit gezielten Falschmeldungen versuchen, die öffentliche Meinung zu manipulieren, Angst zu schüren. Solche Bots werden meistens zur Meinungsmache und zur Verzerrung von Debatten instrumentalisiert.

Im Iran gibt es das natürlich auch. Die sozialen Medien werden auch vom Ausland gegen das Regime in Teheran eingesetzt. Journalisten des arabischen Nachrichtensenders Al Jazeera recherchierten, dass in Albanien eine Bot-Firma speziell Anti-Iran-Bots produziert. Mit dem Hashtag #RegimeChange. Das kann dazu führen, dass Journalisten, die aus dem Ausland über den Iran berichten, weil ihnen kein Visum gewährt wurde, auf diese Stimmungsmache reinfallen.

Hier im Westen haben wir ständig Zugriff auf Informationen über die Massenmedien und ein Auskunftsrecht. All das existiert für Iraner in ihrem Land nicht, in dem die Staatsmedien von Ultrakonservativen bestimmt werden. Deshalb haben dort die sozialen Medien in Bezug auf die Meinungsfreiheit eine viel größere Bedeutung als im Westen. Im Iran gelten diese Plattformen als die letzten Kommunikationsräume, die Freiheit ermöglichen. Sie geben der Zivilgesellschaft eine Stimme. Eine, die sie früher nicht hatten. 50 Millionen iranische Nutzer haben die Messenger-App Telegram. Über sie zirkulieren Informationen über korrupte iranische Politiker. Videos, die die Kinder der Machthaber zeigen, die in luxuriösen Hotelzimmern im Ausland Dollarscheine regnen lassen. Oder Bilder, auf denen sie in protzigen Autos in Paris, London und New York zu sehen sind. Das schürt Zorn bei den Menschen im Iran, die kaum noch wissen, wie sie die nächste Mahlzeit auf den Tisch bekommen sollen. Die sozialen Medien geben ihnen die Möglichkeit, die Wahrheit zu erfahren, die Lügen der Machthaber aufzudecken und diese neuen Informationen zu verbreiten. Die Zivilgesellschaft erhält auf diese Weise auch die Möglichkeit, sich über die Plattformen für Demonstrationen zu organisieren. Wenn wir ausländische Journalisten nicht drehen dürfen, filmen sie Proteste und deren Niederschlagung, sie filmen, wie Demonstranten verwundet oder erschossen werden, und laden diese Videos in den sozialen Netzwerken hoch. Das Regime versucht, dies immer wieder zu unterbinden, indem es soziale Netzwerke blockieren lässt. Doch die Iraner haben gelernt, diese Hürden erfinderisch zu umgehen, indem sie VPN-Channels auf ihren Handys installieren.

Aber auch die Machthaber haben die sozialen Medien für sich entdeckt. Twitter, Facebook, Telegram, alles Kanäle der sozialen Medien, die im Iran verboten wurden und dennoch von den Machthabern selbst benutzt werden. So twittern

Ayatollah Khamenei, Präsident Rohani und der iranische Außenminister ihre politischen Botschaften über genau die Kanäle, deren Nutzung sie der eigenen Bevölkerung untersagen. Die Ultrakonservativen und der Sicherheitsapparat arbeiten schon länger an einem nationalen Internet, in dem sie sämtliche Inhalte kontrollieren und die Geheimdienste die Nutzer überwachen können. Die Server dafür sollen im Iran stehen. Im November 2019 kam es für fünf Tage zu einem totalen Internet-Black-Out. Das System hatte das Internet heruntergefahren, als im ganzen Land regimekritische Proteste ausbrachen. Die Ausschreitungen verliefen blutig. Iran war durch den Shutdown abgeschirmt von der Welt. Keiner konnte sehen, was passierte. Laut der Nachrichtenagentur Reuters wurden 1 500 Demonstranten umgebracht.

Obwohl Twitter im Iran schon lange verboten ist, stellt es eine wichtige Quelle für Informationen dar. Doch jeder Tweet, der gepostet wird, ist auch eine Gefahr. Ich wägte immer sehr genau ab, ob es sich lohnt oder nicht. Ist die Aufmerksamkeit für dieses Thema im Ausland wirklich vorhanden, oder bekomme ich deshalb nur wieder Ärger und riskiere, dass mir die Pressekarte abgenommen wird? Für einen Tweet, der kaum beachtet wird, mache ich mich zur Zielscheibe derjenigen im Iran, die mich loswerden wollen.

Die Passkontrolle

Die Schlange vor mir wird immer kürzer. Ich komme Schritt für Schritt dem Grenzbeamten näher. Jedes Mal versuche ich, einen zu erwischen, der halbwegs freundlich aussieht. Wenn nötig, wechsle ich auch die Schlange. Als ob es einen Unterschied machen würde. Ob die anderen Menschen vor mir die gleichen Gedanken haben? Ich bin in Istanbul am Flughafen, nicht einmal in Teheran. Aber auch hier habe ich nicht nur Freunde in der Politik. Ich habe in meinen Kommentaren in den Tagesthemen, in meinen Tweets, in meinen Beiträgen die Politik von Präsident Erdogan immer wieder kritisiert. Ich lege meinen Pass auf die Ablage, bringe mich in Position, damit sie das obligatorische Bild von mir machen können. Der Grenzbeamte schaut mich an, blättert meinen Pass durch, Eritrea, Turkmenistan, Afghanistan, Libyen, Oman, USA – ein Zehnjahresvisum, unendlich viele Türkei-Stempel. Ich beobachte seine unbeteiligte Kopfhaltung. Mein Herz entkrampft sich. Ich interessiere ihn nicht. Er stempelt meinen Pass ab. Ich gehe an ihm vorbei, um einen Stempel reicher. Aber es ist nicht vorbei, hinter der Passkontrolle stehen Männer in Uniform. Ich beobachte jede Bewegung. Wollen sie mich nun in einen Raum bringen, mich befragen? Wer hat mit wem Blickkontakt? Gibt es im System einen Vermerk über mich?

Nein, ich glaube nicht, dass die anderen vor und hinter mir in der Schlange diese Gedankenspiele haben. Sie gehen einfach mit ihrem Pass durch die Kontrolle. Vielleicht überlegen sie sich, ob ihr Koffer unbeschädigt auf dem Gepäckband liegt und wo die Taxis stehen. Es ist wohl eher mein Schicksal. Meine Ein- und Ausreisen aus der Islamischen Republik haben einen paranoiden Abdruck in meinem Gehirn hinterlassen. Schon auf den Reisen in meiner Kindheit in den Iran kann ich mich daran erinnern, dass vor uns Iraner, die an der Reihe waren, plötzlich von bärtigen Männern rausgezogen wurden. Die meisten begannen zu schreien, zu schimpfen, eine Szenerie, die auf ein Kind natürlich beängstigend wirkt. Und zu Recht. Oft kamen diese Menschen ins Gefängnis, für ihre politische Vergangenheit im Iran oder offene nicht beglichene Rechnungen, oder sie kamen aus Versehen ins Gefängnis, weil man ihren Namen verwechselt hatte.

Das alles prägt. Besonders wenn man nach jedem Bericht und Kommentar die Warnungen von Freunden, Verwandten und Kollegen im Kopf hat. Ich sei wieder zu weit gegangen. Hätte die rote Linie überschritten mit meiner Kritik an der Islamischen Republik. Vor jeder Einreise stelle ich mir die Frage. Haben sie meinen letzten Bericht gesehen? Oder den letzten kritischen Tweet? Augen zu und durch. Wird schon.

Meine Paranoia kommt nicht von ungefähr. Ich kenne die Methoden der iranischen Geheimdienste nur zu gut. Sie hören dich ab, verstecken Wanzen in deiner Wohnung und in Hotelzimmern. Sie versuchen, Journalisten, Oppositionellen, Kritikern etwas anzuhängen und ihren Ruf zu ruinieren. Sie stellen Fallen oder inszenieren beispielsweise Affären, um ein Druckmittel gegen den Ehebetrüger in den Händen zu haben. Sie erpressen, wollen gefügig machen, schüchtern ein. 2010 bekam ich einen Anruf von einem Mann, den ich nicht kannte. Er sagte mir, ich solle ins Raamtin Hotel kommen, das im Stadtzentrum Teherans liegt. Dort wolle man mit mir sprechen. Ich erwiderte, dass ich mich nicht mit Personen treffe, die ich nicht kenne. Er sagte nur, es sei besser für mich, ich könne mich im Ershad Ministerium rückversichern. Das tat ich, und dort meinte man, ich müsse zu dem Termin erscheinen. Als ich im Hotel ankam, wurde mir in der Lobby mitgeteilt, ich solle in den 8. Stock fahren, an die Zimmernummer kann ich mich nicht mehr erinnern. Als ich in die Suite eintrat, saßen drei Männer um einen Tisch. Ich solle mich dazusetzen. Aus dem Nebenzimmer hörte ich Geräusche, anscheinend befanden sich dort noch weitere Personen. Es folgte ein stundenlanges Verhör, bei dem sie mir erst einmal erzählten, was sie über mich wussten. Alles. Selbst, mit wem ich in Bamberg studiert hatte und mit wem ich dort befreundet war. Zunächst waren sie freundlich, wollten von mir wissen, was ich mir wünschte, ob ich berühmt werden wolle. Sie loteten aus, was sie mir anbieten könnten. Für etwas, was sie von mir wollten: Zusammenarbeit. Ich sagte ihnen, dass ich die Falsche sei, ich sei nutzlos für sie, hätte keine Informationen. Das war die Wahrheit. Sprach ich mit Botschaftern verschiedener Länder, hatte ich meistens den größten Redeanteil. Ich erklärte, was sich politisch gerade im Iran tat. Analysierte die Lage. Selbst wenn die Diplomaten mehr gewusst hätten als ich, sie hätten es mir kaum gesagt. Die Männer im Zimmer wurden allmählich unfreundlicher. Ich verstünde schon, dass mir auch etwas passieren könne als Journalistin? Es komme durchaus vor, dass LKWs vom

Straßenrand abkommen. Ich sagte ihnen, dass ich ihnen nichts geben könne und dass ich außerdem mit gutem Gewissen jeden Tag in den Spiegel schauen möchte. Irgendwann, es war schon ziemlich dunkel, entließen sie mich. Nach drei Tagen bekam ich einen Anruf, ob ich jetzt einwilligen würde. Ich sagte nein. Der Mann am Hörer schrie mich hysterisch an, ich könne meine Sachen packen und noch heute Nacht aus dem Iran verschwinden, sonst Gnade mir Gott. Ich bin geblieben. Meine Pressekarte wurde mir für vier Monate entzogen. Nach vier Monaten bekam ich eine neue. Und einen weiteren Anruf: Zumindest sei nun mein Ruf ruiniert, denn jeder denke, dass ich nur eine neue Pressekarte bekommen habe, weil ich mit ihnen zusammenarbeiten würde.

Das war 2010, aber inzwischen war ich ja wieder unzählige Male eingereist. Ab 2015 sogar monatlich, manchmal mehrmals innerhalb eines Monats, wenn es die Berichterstattung erforderte. Einreisen konnte ich immer. Aufgrund meiner zwei Pässe brauchte ich kein Visum. Nur eine Pressekarte wurde mir oft verwehrt oder genommen.

Teheran 2019. Ich lande mitten in der Nacht. Es ist stockdunkel. Im Iran landen die internationalen Fluggesellschaften fast ausschließlich nachts. Es gibt kein Nachtflugverbot. In der Nacht zu landen, ist günstiger für die Fluggesellschaften. Ich stehe an. Nicht in der Schlange, an der vorne am Passkontrollen-Häuschen in Leuchtschrift »International« steht. Sondern ich reihe mich hinter die ein, die hinter »National« anstehen: Ich habe zwei Pässe, einen iranischen und einen deutschen. Der letztere zählt im Iran nicht. Für die Islamische Republik bin ich Iranerin. Sie akzeptieren es nicht, dass man seine Staatsbürgerschaft aufgibt. Im Iran bin ich ausschließlich Iranerin, das bedeutet, dass die deutsche Botschaft, sollte es Probleme geben, mir keinen konsularischen Beistand leisten könnte. Und das heißt auch, sie würden mich nicht einmal im Gefängnis besuchen dürfen.

Ich betrachte den jungen Mann an der Passkontrolle. Sieht er freundlich aus? Wenn er sich eine Nerd-Brille aufsetzen und ein cooles T-Shirt tragen würde, könnte er auch in einen Club in Berlin passen. Ich hole mich aus meinen Gedanken wieder zurück in die Realität, in der der junge Mann zumindest im Moment in der Islamischen Republik Grenzbeamter ist und gleich meinen Pass abstempeln soll. Ich denke jedes Mal, wenn ich ihn beeinflussen kann, wenn ich ihn nur nett begrüße und ihm ein Lächeln schenke, nicht zu offensiv, eher unterwürfig, dann läuft alles glatt. Diese Unterwürfigkeit liegt mir überhaupt nicht. Aber man lernt sie in einer Diktatur. So wie die Bevölkerung nach Jahrzehnten der Willkür lernte, dass sie mit gesenktem Blick eher ans Ziel kommt als mit Aufmüpfigkeit.

Bislang verlief meine Einreise am Flughafen in Teheran immer unproblematisch. Bis zu diesem Tag. Der Grenzbeamte blickt in meinen Pass, zieht ihn durch seinen Scanner, vergleicht die Daten mit denen im Computer. Ich versuche, in der Spiegelung seiner Brille zu lesen, was in seinem Rechner über mich steht. Natürlich wissen sie, dass ich Journalistin bin, für die ARD. Mir gelingt es nicht, die Schriftzeichen zu lesen. Farsi lesen kann ich zwar, aber spiegelverkehrt, mit Herzklopfen, in der Brille eines Grenzbeamten, damit bin ich überfordert. Mir bleibt leider nichts anderes übrig, als seine Reaktion abzuwarten. Hat er einen verdächtigen Eintrag gelesen? Er schiebt mir den Pass unter der Glasscheibe durch und nickt mir zu. Glück gehabt, gut gegangen.

»Frau Amiri«, ruft eine Stimme. Ich bin erst einige Schritte weitergekommen. Schlagartig fängt mein Herz an, rasend schnell zu schlagen. Bis zur Kehle spüre ich meinen Herzschlag. Ich weiß, jetzt habe ich nur noch Sekunden. Mein Handy befindet sich in meiner Hand. Immer. Genau für so einen Fall. Ich tippe: »Sie ziehen mich gerade raus.« Zumindest weiß es jetzt jemand. Ich habe es in die WhatsApp-Gruppe »ARD Teheran« geschrieben. Drei Leute werden jetzt diese Nachricht lesen. Der Mann hinter der Stimme kommt aus einem Zimmer, das sich gleich nach der Passkontrolle befindet. Er winkt mich rein. Mein Herz klopft noch schneller. Er weist mich an, Platz zu nehmen. »Pass!« Für einen Moment denke ich an Politthriller aus Hollywood. Aber mir fällt keine filmreife Szene für eine Flucht ein, die ich realistisch ausführen könnte. Wenn ich aus dem Zimmer renne, renne ich direkt in die Arme der Revolutionsgarde. Also gebe ich ihm meinen Pass. Er beginnt, meine Personalien auf einen Zettel abzuschreiben. Das dauert ein paar Minuten. Zeit, in der mein Verstand mein Herzklopfen langsam unter Kontrolle bringt. Mir schießt der Gedanke durch den Kopf: Dieses Mal war Weihnachten sowieso ein bisschen langweilig. Zumindest bringt das wieder Aufregung in mein Leben. Das sind diese Momente, in denen der Überlebenswille mit einer übergroßen Spritze Sarkasmus geimpft wird. Meine Kraft kommt allmählich wieder zurück. Ich beginne zu fragen. »Was haben Sie für ein Problem?« »Keines«, sagt der Mann hinter dem schlichten Schreibtisch im Staatsdesign: Braune billige Möbel, überzogen mit Plastik. Und Plastiküberzug über dem Tisch, der die Schreibtischoberfläche vor Spuren schützen soll. Hinter ihm zwei einfache braune Bilderrahmen, leicht vergilbt. Auf einem Revolutionsführer Khomeini, der Gründer der Islamischen Republik, auf dem anderen Ali Khamenei, der aktuelle Revolutionsführer. Ich habe eine Beziehung zu diesen zwei Bildern aufgebaut, die überall obligatorisch hängen müssen. Ich kann den beiden Männern in meinen Gedanken alles an den Kopf werfen und ihnen dann zuzwinkern. Sie müssen meine Gedanken schlucken und akzeptieren, sie können sich nicht wehren. Ein Gefühl der Erhabenheit. Ich blinzle ihnen also auch heute böse zu, über den Kopf des Mannes hinweg, von dem ich allmählich vermute, dass er zum Geheimdienst gehört. Ich frage erneut, welches Problem es gebe. »Ist vielleicht mein Name falsch im System geschrieben?«, frage ich ihn. Eine mögliche Problemlösung liefere ich ihm gleich mit, ich sei in den vergangenen Monaten jeden Monat ohne Probleme eingereist, das kann es also nicht sein. Langsam gewöhne ich mich an die Situation, mit einem Geheimdienstler in einem Zimmer zu sitzen. Ich werde forscher. Ich teile ihm mit, dass ich in vier Tagen zurückreisen müsse und auf dieses Datum mein Flugticket ausgestellt sei. Und ich dann auch in Deutschland moderieren müsste. »Sie müssen sich also schon beeilen, bei welchem Problem auch immer, das sie mit mir haben.« Er meint nur, ich werde schon informiert werden, wann wisse er allerdings nicht. Wenn jemand meine Zeitpläne durchkreuzt, werde ich wütend. Dann ist mir auch egal, ob dieser jemand vom iranischen Geheimdienst ist. Ich werde lauter, ich habe keine Lust auf diese Spielchen, ich möchte jetzt wissen, worum es geht. Der Mann hinter dem Tisch wird kleinlauter. Der Arme, wahrscheinlich ist er ein Soldat im Wehrdienst, und muss einfach diese Aufgabe ausführen. Antworten hat er jedenfalls keine. Das Telefon klingelt. Der Soldat geht ran. Er gibt mir den Hörer. Ich stehe auf: »Ja?« »Frau Amiri, bewahren sie Ruhe, alles in Ordnung, der Geheimdienst will Sie sehen.« Ach so, ja dann, wenn der iranische Geheimdienst mich sehen will, dann ist natürlich alles in Ordnung. »Wann, werden wir Ihnen mitteilen, wir werden Sie anrufen!« »Aha, darf ich wissen, welcher Geheimdienst? Der alte der Islamischen Republik oder der der Revolutionsgarde?« Der Mann am anderen Ende der Leitung sagt im beruhigenden Ton: »Nicht der der Revolutionsgarde.«

Der Geheimdienst der Revolutionsgarde, der seit einigen Jahren das Sagen auf der Straße und bei Fällen übernommen hat, bei denen es um die nationale Sicherheit geht, ist nicht die Art von Institution, mit der man es zu tun haben will. Alter Geheimdienst oder neuer Geheimdienst? Das ist wie eine Wahl zwischen Pest und Cholera. Trotzdem beruhigt es mich, dass ich den »alten« Geheimdienst am anderen Ende der Leitung habe. »Gut, was wollen Sie von mir, ich muss in vier Tagen abreisen. Was immer Sie vorhaben, ziehen Sie es bis dahin durch«, sage ich. Ich habe fast das Gefühl, wir haben eine gemeinsame Ebene. Er nicht. »Warten Sie einfach, bis wir uns melden!« Na toll, wenn ich eines nicht ertrage, dann Ungewissheit. Das interessiert aber in diesem Moment niemanden. Na ja, vielleicht mein Team aus der WhatsApp-Gruppe. Die haben nämlich in der Zwischenzeit Dutzende Nachrichten geschrieben. Sie seien auf dem Weg. Sie kämen zum Flughafen. Ich solle mir keine Sorgen machen. Das Ministerium, das uns unsere Pressekarten ausstellt, weiß Bescheid. Alles ok, alles wird gut. Ich sitze inzwischen wieder auf meiner Seite auf dem Zweiersofa dem Soldaten gegenüber. Das Sofa ist übrigens auch mit einer Plastikfolie überzogen. Auf Sauberkeit achten sie, die Iraner. Auch im Kämmerchen des Geheimdienstes. Ich könne jetzt gehen. Ach so, ja dann sei ja alles gut, meine ich. Ja, aber ich könne erst wieder ausreisen, wenn ich mich mit dem Geheimdienst getroffen hätte, bis dahin sei ich ausreisegesperrt. Ich hasse Grenzen, Einschränkungen, die Beraubung meiner Freiheit. Er gibt mir meinen Pass zurück, der im Moment für eine Ausreise nutzlos ist, und ich gehe zum Gepäckband. Meine beiden Koffer drehen vermutlich die vierzigste Ehrenrunde. Gut, dass ich die kleine Wodkaflasche im Duty Free nicht eingepackt habe. Ich wollte doch wirklich dieses Mal zum ersten Mal meinen Kameramann überraschen, mit einem kleinen Wodka. Denn Alkohol ist ja verboten, wer trinkt und Pech hat, wird ausgepeitscht. Wer Alkohol transportiert natürlich auch. Hätte ich den Alkohol im Koffer gehabt, wäre ich vermutlich vor Panik durchgedreht. In dieser Nacht bleibe ich nicht bei der Adresse, die ich dem Mitarbeiter des Geheimdienstes angegeben habe. Die Gefahr wäre zu groß, dass man mich dort noch nachts abholt.

Es ist zehn Uhr am nächsten Morgen. Ich sitze im Ershad-Ministerium. Das Ministerium, das uns internationalen Journalisten die Pressekarten ausstellt. Es sind gefühlt diejenigen, die uns in diesem Land am nächsten stehen. Ich sitze vor der Tür des Generaldirektors. Geschlafen habe ich letzte Nacht nicht. Ich werde mich im Ershad-Ministerium beschweren über diese Art, mit einer internationalen Korrespondentin umzugehen, noch dazu vom Deutschen Fernsehen. Die Deutschen seien doch die besten Freunde des Iran, beteuert man mir hierzulande immer.

Ich habe heute vermieden, meine zerrissene Jeans anzuziehen. Mein Kopftuch hat eine gedämpfte Pastellfarbe, nichts Knalliges, nichts, was auf einen rebellischen Charakter hinweisen könnte. Unterwürfige Pastelltöne. Strümpfe hingegen habe ich keine angezogen, nackt in Sneakers. Ich bin der Meinung, die Obrigkeiten müssen langsam ein bisschen mit der Zeit gehen. Diese Vollverschleierung ist im 21. Jahrhundert nicht mehr vertretbar. Viele im Iran, besonders die Frauen, sehen nach 40 Jahren Islamischer Republik dringend Handlungsbedarf. Die Ideologie des Gottesstaates leben größtenteils nur noch die, die dafür bezahlt werden. Und unter vorgehaltener Hand sagen mir die Mitarbeiter in diesem Ministerium entschuldigend, wir wüssten doch, wie es laufe, sie könnten es auch nicht ändern. Ich bin mir sicher, zuhause trinkt der eine oder andere auch Wodka mit seinen Freunden. Im Ministerium wird mir Wasser angeboten. Ein »Abdarji«, ein Teebringer, mit zwei Tassen Tee auf einem Tablett geht an mir vorbei. Er geht in das Zimmer des Generaldirektors. Ich finde, dass es in jeder Firma Teebringer geben sollte, auch in Deutschland. Im Iran ist das so: Jede halbe Stunde laufen die Teebringer mit dampfendem Tee durch alle Zimmer. Ich sollte das in der ARD einführen.

Der enge Spalt, durch den sich der Teebringer zwängt, geht wieder zu. Die Tür des Zimmers des Generaldirektors bleibt zu. Es vergehen zehn Minuten, 15 Minuten. Nach 20 Minuten kommt wieder Tee. Drei Tassen. Ich werde gebeten, einzutreten. Ich kenne das Zimmer. Ich bin dort regelmäßig. Wenn ich Drehgenehmigungen für die Provinzen brauche. Oder mir Standpauken anhören muss, warum ich wieder so kritisch berichtet habe. Im Zimmer: braune Möbel, zwei Ayatollahs an der Wand. Plastik auf dem Tisch. Nur heute sitzt niemand hinter dem Tisch des Generaldirektors. Dafür sitzen am Konferenztisch ein paar Meter weiter zwei bärtige Männer. Der Generaldirektor fehlt. Ah ja, das ging ja schneller, als ich dachte. Das ist also meine Unterhaltung mit dem Geheimdienst. Ich weiß es sofort. Ich kann es nicht genau erklären, sind es die Bartlänge, dieses unrasierte, ungepflegte Aussehen und dieser gräulich deprimierende Anzug, die mir sofort bewusst machen, dass diese zwei Herren vom Geheimdienst sind? Ok, auf in den Kampf! Was bleibt mir übrig, ich muss sowieso mit ihnen reden. Besser hier als in einem Verlies. Und je schneller, desto besser, weil ich ja in vier Tagen abreisen will.

Das Gespräch dauert. Fast drei Stunden. Sie wollen mir eine Gehirnwäsche verpassen: Wie ich zu berichten hätte. Was in meinen Beiträgen vorkommen solle. Der Iran sei autark, das solle ich immer wieder betonen. Iran würde sogar Satelliten ins All schießen, nächste Woche. Genau das solle ich so erzählen in meiner Dokumentation, die ich anlässlich des 40. Jahrestages zur Islamischen Republik plane. Werde ich nicht tun, denke ich mir und sage, natürlich werde ich die Selbstständigkeit, zu der es dieses Land gebracht hat trotz aller US-Sanktionen, in meiner Dokumentation darstellen. Und verlasse das Zimmer. Mein wahrer Plan: Ich porträtiere drei Frauen; Großmutter, Mutter, Tochter.

Den Film, in dem sich die Mutter bei ihrer Tochter entschuldigt für das, was sie ihr als Erbe hinterlassen hat. Die Islamische Republik. Ich habe den Film schon im Kopf, während ich vor den zwei Bärtigen im Zimmer des Generaldirektors sitze und ihnen versichere, dass ich die glorreichen Errungenschaften der Islamischen Republik auf jeden Fall dokumentieren werde. Habe ich ja auch, ist nur eine Sache der Interpretation. Ich empfinde den Mut und den Stolz der Frauen im Iran als bemerkenswerte Errungenschaft. Vielleicht ist es nicht der Verdienst der Islamischen Republik, aber sie sind unter diesen Umständen daraus hervorgegangen: weil Frauen Tag für Tag für ihre Rechte kämpfen müssen. Die zwei Bärtigen entlassen mich in dem Glauben, dass ich ihren Willen ausführe.

Ich führe meinen Willen aus, drehe Reihaneh, ihre Mutter, ihre Großmutter. Und bekomme einen Anruf aus der Deutschen Botschaft, die in der Zwischenzeit eingeschaltet wurde. Der stellvertretende Außenminister habe sich eingesetzt, ich könne ausreisen. Kurz darauf auch ein Anruf aus dem Ershad-Ministerium, ich könne ausreisen. Gut, es sind vier Tage vergangen. Mein Zeitplan steht. Ich fahre zum Flughafen.

Mein Herz klopft. Klappt die Ausreise wirklich? Ich habe jedes Mal bei jeder Ausreise eine vorbereitete SMS parat: »Sie haben mich!« Ich müsste im Notfall nur noch auf Senden drücken. Bisher musste ich das nicht. Dieses Mal war ich ausreisegesperrt, es lohnt sich also besonders, diese SMS vorzubereiten, wer weiß. Ich tippe den Text für die Alarm-Nachricht ein. Mein Finger muss jetzt nur noch die Sende-Taste betätigen. Ich gehe auf den Grenzbeamten zu, ich lächle wieder. Er zieht meinen Pass durch den Scanner. Was weiß ich, ob sie die Ausreisesperre wirklich aufgehoben haben, vielleicht haben sie mich beobachtet, wie ich trotz ihrer Anweisungen die Geschichte der drei Frauen gedreht habe statt des »Autarkseins« der Islamischen Republik, wie es mir der Geheimdienst aufgetragen hat. Der Passkontrolleur schaut hoch, nickt mir zu, knallt den Stempel auf eine leere Seite in meinem Pass. Ausgereist!

Im internationalen Flughafen in Teheran, dem Imam Khomeini Flughafen, kurz IKA, muss man nach der Passkontrolle, wie in jedem anderen Flughafen, erst sein Handgepäck checken lassen, bevor man zum Gate geht. Man befindet sich immer noch auf iranischem Boden, es kann also jederzeit jegliche Entscheidung einer Ausreisegenehmigung revidiert werden, zumindest denkt man über diese Möglichkeit nach, wenn man sich in meiner Situation befindet.

Erst wenn man im Flugzeug sitzt, aber auch nur in einem Flugzeug einer internationalen Fluggesellschaft, ist man in Sicherheit. Doch bevor man ins Flugzeug gelangt, muss man durch einen Schlauch gehen. An der Stelle, an der der Schlauch einen Knick zum Flugzeug hin macht, steht im Iran die Revolutionsgarde. Genau an dieser Stelle wurden Oppositionelle in der Vergangenheit rausgezogen. Und weggebracht. So waren sie laut ihrem Stempel im Pass ausgereist, aber nie im Flugzeug, geschweige denn im Ausland angekommen. Nur noch an diesem Mann der Revolutionsgarde muss ich vorbei, meine Finger liegen auf der Senden-Taste. Ich entscheide mich, lieber noch zusätzlich ein Gespräch am Handy zu beginnen, so könnte ich im Notfall gleich live mitteilen: »Sie ziehen mich raus!« Also rufe ich eine Kollegin aus meinem Teheran-Team an. Über was ich mit ihr spreche, weiß ich nicht mehr. Ich signalisiere ihr, dran zu bleiben, mein Herz klopft wieder. Ziemlich heftig sogar. Ich sehne mich schlagartig nach der besinnlichen, unaufgeregten Weihnachtszeit zurück. Dann springt der Mann der Revolutionsgarde aus seiner Ecke auf. Und mein Herz in meine Hosentasche. Wie viele Bilder können sich in drei Sekunden im Gehirn abspielen? Inklusive der Szenarien der eigenen Zukunft in einem iranischen Gefängnis. Ich höre mein Herz lauter klopfen. Um es zu übertönen, spreche ich lauter, auf Deutsch, um dem Mann in Grün zu signalisieren, ziehst du mich jetzt raus, bekommst du es mit dem deutschen Staat zu tun! Er schaut mich an. Dann setzt er sich wieder. Warum er aufgesprungen ist, werde ich wohl nie erfahren. Laut telefonierend gehe ich weiter. Und lasse mich auf meinem Sitz nieder, in Freiheit. Auf deutschem Boden. Meine Güte, mein Herz.

Iran und der Westen

»Kaar, kaare Inglisihast!« Übersetzt heißt das soviel wie: »Dahinter stecken die Engländer!« Ein Satz, den ich ständig und überall im Iran gehört habe, vor allem von der älteren Generation. Wenn ich den Gesprächen der Freunde meines Vaters bei ihrem »Perserstammtisch« zuhörte, schlossen sie mit diesem Satz meistens ihre politische Analyse des aktuellen Geschehens ab. Am Ende waren es immer die Engländer. Ich habe mich oft gewundert, wie so informierte Menschen sämtliche politischen Ereignisse eines gesamten Jahrhunderts letztlich mit ein und derselben Schlussfolgerung erklären. »Großbritannien hat im Moment genug mit seinen eigenen Problemen zu tun«, argumentierte ich dagegen. »Die Entscheidung für den Brexit hat das Land gespalten, sie sind schwach und schon lange nicht mehr als imperiale Macht unterwegs.« Ich sei zu jung und wüsste darüber zu wenig, bekam ich dann zu hören.

Die England-Phobie, verhaftet im kollektiven Gedächtnis der älteren Generation, entschuldigt und begründet vieles im Iran, oft auch sarkastisch pointiert: Verliert Iran zum Beispiel ein Fußballspiel, sagen wir, gegen Südkorea, kann es durchaus vorkommen, dass die Schuld dafür den Engländern zugeschoben wird. Der Satz »Kaar, kaare Inglisihast!« ist seit der Ausstrahlung einer Fernsehserie zu einem festen

Ausdruck in Unterhaltungen geworden. Diese iranische Serie wird zu den erfolgreichsten und bekanntesten gezählt, die je im iranischen Fernsehen ausgestrahlt wurden. 1973 saß die iranische Bevölkerung jeden Freitag gebannt vor dem Fernseher und sah »Dai Jan Napelon«, »Mein lieber Onkel Napoleon«. Auch heute wird sie noch in Anflügen von Nostalgie geschaut, aber auf Youtube. Das Staatsfernsehen zeigt sie nicht mehr. Sie erzählt die Geschichte eines Offiziers zur Zeit der Besetzung der Alliierten während des Zweiten Weltkrieges. Die Serie ist auch deshalb so bekannt geworden, weil sie eben diese weit verbreitete Überzeugung der Iraner parodiert, dass die Engländer für alle Ereignisse verantwortlich sind, unter denen Iran politisch zu leiden hat. Man könnte diese Einstellung als reine Verschwörungstheorie abtun. Doch ganz unbegründet ist dieses Misstrauen dem Westen gegenüber nicht. In der Serie finden sich Satire und Wahrheit wieder.

Für die Erklärung muss man historisch weit zurückgehen in die Zeit, als Iran noch das Großpersische Reich war. Ein Geschichtsprofessor aus Teheran, der darum bat anonym zu bleiben, versuchte, mir die traumatische Beziehung des Iran zum Westen wie folgt zu erklären:

»Wenn Sie eine Weltkarte vor sich liegen haben, holen Sie sie heraus! Breiten Sie sie so aus, dass man Iran im Zentrum hat, im Osten China und im Westen Spanien, alles auf einen Blick. So wird die besondere Lage Irans deutlich.

Der Mensch kam ursprünglich aus Afrika, erreichte die Sinai Wüste und Syrien und wanderte über das iranische Hochplateau weiter nach Osten. Iran bildete schon damals die Brücke zwischen Osten und Westen und behielt diese Funktion über die nächsten Jahrtausende. Das, was als Seidenstraße bekannt ist, hat seine Wurzeln in der Zeit der Parther, also vor 2300 Jahren. Seit dieser Zeit, schon lange bevor Marco Polo bis nach China gelangte, gab es einen Warenaustausch zwischen China und Europa. Bis zur Zeit Marco Polos hatte kein Chinese einen Europäer gesehen und kein Europäer einen Chinesen. Wer hatte bis dahin die Waren transportiert? Die Iraner. Ihre Rolle war nicht nur auf den Warenaustausch reduziert, sondern sie sorgten auch für den Austausch von Religion, Kunst, Sprache und Philosophie. Die geographische Lage und die Rolle des Iran bei der Verbindung zwischen dem Westen und dem Osten führten dazu, dass die iranische Kultur global ausgerichtet ist. Iraner stehen seitdem fast ununterbrochen mit den anderen großen Zivilisationen der Welt in Verbindung. Ferne Kulturen sind den Iranern seit jeher bekannt – von Spanien bis nach China.

Als die Mongolen den Iran eroberten und zerstörten, endete diese globale Ausrichtung des Iran als Schnittstelle zwischen Ost und West. Die Wege durch den Iran waren versperrt, Iran war von der Welt abgeschnitten. Gleichzeitig erschienen die Vorboten der Renaissance in Europa.« Der Professor fuhr fort: »Die Renaissance war für die Entwicklung Europas sehr wichtig. Ganz anders die kulturelle Entwicklung Irans zu dieser Zeit. Wir hatten keine Ahnung von nichts«, betonte er. »Wir wussten nicht, was sich in Europa abspielte. Wir bekamen nichts von der Renaissance und den politischen, gesellschaftlichen, religiösen und kulturellen Entwicklungen mit. Wir blieben absolut ahnungslos. Bis die Qadjaren im 18. Jahrhundert kamen. Die verlorenen Kriege gegen Russland zur Zeit Fath-Ali-Schahs waren wie eine schallende Ohrfeige, die den Iran aus einem jahrhundertelangen Dornröschenschlaf weckten.«

Durch die Kriege in dieser Zeit lernte Iran ein aggressives

und übermächtiges Europa kennen. Im Norden drängten die Russen ins Land, und im Süden machten sich die Briten breit. »Iran steckte zwischen den beiden Großmächten fest: Wie ein Sandwich. Und beide übten Druck aus. Iran war geschwächt, versank zunehmend in der Bedeutungslosigkeit.« Das Land wurde zerrieben zwischen den beiden kolonialisierenden Mächten. Zwar wurde der Iran nie zu einer Kolonie, hatte aber alle negativen Konsequenzen eines kolonialisierten Landes zu tragen. Die Rivalen Russland und Großbritannien versuchten, möglichst viele Konzessionen für lokale Ressourcen an sich zu reißen: »Und jedes Mal nahmen sie uns etwas mehr. Die Briten das Öl im Süden Irans, die Russen beuteten den Norden aus. Sie rissen die Konzession an sich für Zölle, für Tabak ... Sie nahmen sich, was sie wollten. Verstehen Sie? Dem Iran boten sie im Gegenzug – nichts. Sie saugten das Land aus. Vor diesem Hintergrund erscheint das Misstrauen der Iraner nachvollziehbar. Sie betrachteten das Ausland – insbesondere Russland und Großbritannien – mit Zweifel und Skepsis.«

Während des Ersten Weltkrieges hielt Großbritannien weite Teile des Iran besetzt. Als es zu Ernteausfällen kam, konfiszierten die Briten einen Großteil der Ernte für sich und untersagten gleichzeitig die Einfuhr von Lebensmitteln aus dem Ausland. Damit sorgten sie bewusst für eine der größten Hungerkatastrophen der neueren Geschichte. Zwischen 1914 und 1919 starben 40 Prozent der iranischen Bevölkerung – acht bis zehn Millionen Menschen. Mohammad Gholi Majd, Doktor der Agrarökonomie, beschreibt dies als Genozid an den Iranern in seinem Buch »The Great Famine and Genocide in Persia« (University Press of America, 2003). Diese Tragödie wurde kaum wissenschaftlich aufgearbeitet. Großbritannien weigert sich bis heute, die Dokumente darüber freizugeben. Sie gelten immer noch als streng geheim. Erst seit kurzem führen die neuesten Forschungen das Ausmaß dieser ganzen Katastrophe vor Augen. Auch den Iranern war diese dramatisch hohe Zahl der Todesopfer nicht bewusst. Doch die von den Briten verursachte Hungerkatastrophe hat sich dennoch in das nationale Gedächtnis eingebrannt.

Der Geschichtsprofessor sagte mir, das Paradoxe an der Beziehung des Iran zum Westen sei, dass dieser trotz alledem nicht nur negativ gesehen werde: »Es kam zu einer Strömung innerhalb der iranischen Elite – dem Modernismus. Iranische Modernisten wollten das westliche Gedankengut der Modernität im Iran einführen. Sie hatten angesichts der Stärke der europäischen Mächte kein Vertrauen mehr in ihre eigene Kultur. Ihr Mekka wurde der Westen. Die iranische Elite meinte, alles vom Westen übernehmen zu müssen, um die eigene Schwäche zu überwinden und den Fortschritt in das Land zu bringen.«

Qajarenherrscher Naser ad-Din Schah war begeistert vom Westen und brachte von drei Europareisen zahlreiche Ideen mit in den Iran. Gleichzeitig vergab er aber – um seine luxuriösen Reisen zu finanzieren – an die Briten und Russen eben jene Konzessionen für Rohstoffe und iranische Waren, die dem Land später zum Verhängnis werden sollten.

Der Professor schlussfolgerte daraus: »Der Westen hat den Iran in den letzten 200 Jahren nie auf Augenhöhe behandelt, sondern immer von oben herab. Iran war für ihn wie ein herrenloses Land, in dem sie ihre Pläne ungehindert durchsetzen konnten. Die Bedürfnisse der Iraner waren ihnen egal. Sie zogen den Iran in den Ersten und später auch Zweiten Weltkrieg hinein, obwohl sich das Land in beiden Kriegen neutral erklärt hatte.«

Unter dem Einfluss der sowjetischen Besatzung 1941 entstand die für den weiteren Verlauf der iranischen Geschichte einflussreiche kommunistische Tudeh-Partei. Sie entwickelte sich binnen eines Jahres zur größten Partei des Landes. Schätzungsweise 70 Prozent der Studenten an der Universität Teheran waren zum damaligen Zeitpunkt entweder tatsächlich Kommunisten oder zumindest Sympathisanten der Tudeh-Partei. Ebenso iranische Intellektuelle, bedeutende Schriftsteller, Theaterregisseure und Wissenschaftler. Begriffe wie Imperialismus, Klassenkampf oder Begriffspaare wie etwa Unterdrückte und Unterdrücker wurden Teil der politischen Sprache und beeinflussten maßgeblich das Selbstbild der iranischen Gesellschaft.

Während der Zeit zwischen 1941 und 1953 wurde die iranische Ölindustrie zum Zentrum der gewerkschaftlichen Aktivitäten der Tudeh-Partei. Ziel war die Nationalisierung des iranischen Öls. Die Lizenz für das Öl lag größtenteils immer noch in den Händen der Briten.

Schon zu Beginn des zwanzigsten Jahrhunderts hatte William Knox D'Arcy das Exklusivrecht für die Suche nach Erdöl im Iran und dessen Förderung ergattert. Der Vertrag wurde für eine Zeitspanne von 60 Jahren abgeschlossen und bildete die Grundlage für die spätere Gründung der »Anglo-Iranian Oil Company« im Jahr 1909. Iran erhielt im Gegenzug nur 16 Prozent der Profite aus dem Ölexport. Anfang der 1950er Jahre begannen landesweite Streiks gegen die Ölkonzession und die Fremddominanz im Land. Der damalige Ministerpräsident Mohammad Mossadegh, Symbolfigur des Kampfes für die Nationalisierung iranischen Öls, plädierte dafür, dass der Iran solange keine Wirtschaftsverträge mit fremden Ländern unterschreiben sollte, bis die alliierten Truppen den Iran verließen. Am 20. März 1951 unterschrieb der junge Schah Mohammad-Reza Pahlavi widerwillig das Gesetz zur Nationalisierung der iranischen Ölindustrie – eine Ohrfeige für Großbritannien.

Angesichts des bestehenden Ölstreits mahnte Churchill, die Beziehungen zwischen Großbritannien und den USA könnten Schaden nehmen, sollte die US-Regierung die Mossadegh-Regierung weiterhin unterstützen. Gleichzeitig versuchte die britische Regierung, den zunehmenden sozialen und politischen Einfluss der Tudeh-Partei im Iran als eine große Gefahr darzustellen. Und legte damit die Weichen für einen Putsch.

Der Putsch von 1953 wurde vom MI6 geplant und mithilfe der CIA finanziert und schließlich realisiert. Dokumente der CIA darüber belegen die Ziele des umgesetzten Projekts AJAX wie folgt: »Ziel der AJAX-Operation war es, den Sturz der Mossadeq-Regierung herbeizuführen, das Prestige und die Macht des Schahs wiederherzustellen und die Mossadeq-Regierung durch eine zu ersetzen, die den Iran konstruktiv lenken würde.« Konstruktiv im Sinne des Westens. Diese Dokumente veröffentlichte die CIA 2013, zum 60. Jahrestag des Putsches im Iran. Erst nach 60 Jahren gab die CIA damit ihre Beteiligung daran zu. Die meisten Iraner betrachten diesen Putsch als eine massive Verletzung der nationalen Unabhängigkeit. Bis heute ist Mossadegh in ihren Augen ein Nationalheld.

Die USA setzten nach dem Putsch Mohammad Reza Pahlavi wieder ein, nachdem er im August 1953 wenige Tage ins Exil floh, und zementierten damit ihren politischen und wirtschaftlichen Einfluss im Iran. Da die US-Regierung beim Putsch 1953 ihre Hände im Spiel hatte und den Schah unterstützte, gerieten die USA in Teilen der iranischen Gesellschaft massiv in Verruf. Wie konnte eine Regierung, die einerseits als Anwalt von Freiheit und Demokratie auftrat, andererseits den Putsch und das autokratische Regime des Schahs unterstützen?

Dschalal Al-e Ahmad, einer der einflussreichsten iranischen Intellektuellen zu jener Zeit, prägte den Begriff »Gharbzadegi« mit seinem gleichnamigen Buch. Darin beschrieb er das Verhältnis der iranischen Gesellschaft Mitte der 1960er Jahre zum Westen als eine »toxische Verwestlichung«, als kulturelle Krankheit, und bezichtigte alle westlich-orientierten iranischen Intellektuellen und die gesellschaftlichen Eliten, die sich seit der konstitutionellen Revolution etabliert haben, Träger dieser Krankheit zu sein. Er bezeichnete sie als »Gharbzadeh«, verseucht vom Westen. Die Lösung sah Al-e Ahmad in der Rückbesinnung auf die islamisch-schiitische Kultur.

Diese antielitären Ideen trieben auch die Revolution 1978/79 maßgeblich voran und wurden elementarer Bestandteil der ideologischen und kulturellen Vorstellungen der nachrevolutionären Regierung.

Die Beziehungen zum Westen verschlechterten sich nach der Revolution immens. Insbesondere zu den USA. 1979 wurden 444 Tage lang 52 amerikanische Diplomaten in Teheran von revolutionären Studenten als Geiseln genommen. Ein Befreiungsversuch scheiterte zunächst. Selbst wenn keine der Geiseln starb und sie alle nach der Operation Argo in die USA zurückkamen, hat sich dieses Trauma auch in der kollektiven Erinnerung der amerikanischen Gesellschaft festgesetzt. Seitdem liegen die Beziehungen auf Eis.

Der iranische Geschichtsprofessor beschreibt die Situation folgendermaßen: »Viele Iraner empfanden große Genugtuung, als die US-Botschaft während der Revolution besetzt wurde. Warum? Weil die Iraner den Putsch gegen Mossadegh als Erniedrigung empfanden. Nach dem Putsch war die Anwesenheit der Amerikaner stark spürbar. Es gab Berater in allen Bereichen, die immense Privilegien und Immunität genossen. Ihr Verhalten war oft sehr erniedrigend gegenüber den Einheimischen. Natürlich war die Besetzung der US-Botschaft in Teheran illegal. Aber nach all den Erniedrigungen empfanden viele Iraner sie als Genugtuung.«

Das Misstrauen der Iraner wuchs noch einmal im Iran-Irak-Krieg, als der Westen den Irak massenhaft mit Waffen belieferte.

»Die Armee und Waffenkraft des Irak war gegen Ende des Iran-Irak-Kriegs auf die doppelte Stärke angewachsen. Irak besaß doppelt so viele Kampfflugzeuge wie zu Beginn des Krieges, doppelt so viele Raketen und andere Waffen. Woher kam das alles? Hatte Irak selbst die dazu notwendige Rüstungsindustrie? Die Waffensysteme kamen überwiegend aus Russland, Europa und den USA.«

Am 3. Juli 1988 schoss die USS »Vincennes« einen iranischen Airbus ab. Der Jet wurde fälschlich als angreifender Jagdbomber identifiziert. Alle 290 Menschen an Bord, darunter 66 Kinder, kamen ums Leben. Die USA verliehen dem Kapitän einen Orden und zahlten erst 1996 Entschädigung. 61,8 Millionen Dollar flossen an die Hinterbliebenen der Opfer, weitere 70 Millionen gingen offenbar an Iran Air für den abgeschossenen Airbus. Ausdrücklich erkannten die USA keine Schuld an. Dann passierte lange Zeit nichts.

Das Atomabkommen von 2015 führte erstmals zur Beruhigung der iranisch-amerikanischen Beziehungen. Es war ein erster Versuch der Annäherung zwischen beiden Staaten. Präsident Obama telefonierte mit Präsident Rohani. Ein Novum. Nie gab es seit der Geiselnahme einen offiziellen direkten Kontakt zwischen den beiden Ländern. »Flitterwochen« nannten die Iraner diese erste Zeit der Aufbruchstimmung nach Abschluss des Atomabkommens 2015.

Der Professor sagte mir darüber: »Man kann sagen, dass das JCPOA im Laufe der letzten 200 Jahre die erste Verständigung/Vereinbarung war, die der Iran mit westlichen Ländern auf gleicher Augenhöhe getroffen hatte. Allein deshalb hat das JCPOA aus meiner Sicht eine enorme Bedeutung.«

Doch lange hielt die Romanze nicht an. Präsident Trump gab schon 2016 im Wahlkampf bekannt, er würde als Präsident diesen schlechtesten Deal aller Zeiten in der Luft zerreißen. Und setzte seine Drohung in die Tat um. Mehr als ein Dutzend Mal bestätigte die Internationale Atomenergiebehörde dem Iran, dass das Land das Atomabkommen nicht verletzt habe. Doch Präsident Trump begründete seinen Ausstieg damit, dass Iran den Geist in der Präambel des Vertrages verletzen würde. Die Führung der Islamischen Republik fühlte sich betrogen und in ihrer Haltung bestätigt, dem Westen sei nicht zu trauen.

Erstaunlicherweise haben diese Zerwürfnisse und Enttäuschungen die iranische Gesellschaft nicht dazu veranlasst, sich vom Westen abzuwenden. Die überwiegend junge Bevölkerung blickt immer noch hoffnungsfroh nach USA und Europa, während die politische Führung zunehmend den Schulterschluss mit Russland und besonders China sucht.

Fragt man einen Iraner, ob er sich mehr dem Westen oder Russland verbunden fühle, wird er sich mit ziemlicher Sicherheit für den Westen entscheiden. Obwohl Iran direkt an Russland grenzt. Genauso verhält es sich mit China oder anderen asiatischen Ländern: Der Westen ist den Iranern näher, obwohl sie selbst zum asiatischen Kontinent gehören.

Radieschen

Mein Vater kam 1965 mit dem Bus aus dem Iran. Seine Reise auf einen anderen Kontinent begann in Yazd, einer Wüstenstadt im Süden des Landes, seiner Heimat. In Teheran, das 600 Kilometer weit entfernt lag, musste er drei Tage warten, bis der Bus Richtung Istanbul losfuhr. Er war allein unterwegs. Seine Familie hatte ihn losgeschickt. Nur ein einziges Mal in seinem Leben hatte er die iranische Hauptstadt gesehen. Die Größe und Wucht dieser Stadt überwältigten ihn. Für ihn war hier schon alles fremd, laut, groß und anders. Viel Zeit hatte er nicht, sich damit auseinanderzusetzen. Denn sein Ziel war nicht Teheran, es war Stuttgart. Er erzählte mir erst vor kurzem, dass diese Reise für ihn die schönsten Wochen seines Lebens waren. Er fühlte sich frei, die Welt öffnete plötzlich ihre Pforten für ihn, er hatte die strenge traditionelle Stadt Yazd hinter sich gelassen. Auch wenn er seine Familie sehr liebte, er wusste, dass er ein anderes Leben führen wollte. Das enge traditionelle und auf dem Land sehr religiöse Korsett konnte er nicht mehr ertragen. Er wollte sich den schon damals korrupten Behörden nicht beugen. Er war zu rebellisch für die kleine Stadt. Seine Reise führte ihn über Istanbul, dann quer durch den Balkan bis nach Wien. Die Strecken waren damals frei von Kriegen und Konflikten. Die Menschen im Bus wurden für diese Zeit seine Familie, sie alle vereinte die Vorfreude auf das gemeinsame Ziel: Deutschland. Es saßen Studentinnen, Ingenieure, Ärzte und Intellektuelle mit ihm im Bus. Ich fragte meinen Vater, ob er sich damals als Flüchtling betrachtete, oder zumindest darüber nachdachte. Er sah mich entsetzt an und sagte: »Nein. Ich hatte einen Arbeitsvertrag in der Tasche, als Teppichexperte. Damals brauchten Iraner kein Visum für Europa, genauso wenig wie für die meisten Länder der Welt. Heute müssen sie monatelang warten und an den Botschaften westlicher Länder anstehen und Beweise vorbringen, dass sie wieder zurückgehen werden, um ein Zwei-Wochen-Visum zu bekommen.« Als mein Vater in Deutschland ankam, suchte er die Person auf, dessen Namen ihm sein Bruder auf einen Zettel notiert hatte. Es war ein bekannter erfolgreicher Teppichhändler, bei dem mein Vater gleich anfing zu arbeiten. Er konnte damals weder Deutsch noch Englisch. Er lebte im Studentenwohnheim, oder besser Studentinnenwohnheim. Der Anteil der Frauen lag bei 70 Prozent. Ein Umstand, der sich für meinen Vater zum Vorteil entwickelte, denn die Studentinnen liebten ihn. Vermutlich lag es daran, dass er täglich in der Küche des Wohnheimes persisches Essen kochte. Der Duft von Safran-Hähnchen ist nicht zu unterschätzen. Ebenso wie seine Fähigkeit, auf Menschen zuzugehen und sie für sich zu gewinnen. So hörte er den Studentinnen nächtelang zu, wenn sie Liebeskummer hatten, und heiterte sie durch seine Lebensfreude auf. Er integrierte sich ohne staatliche Programme, die es in dieser Zeit in der Bundesrepublik nicht gab. Er war einfach bereit dazu, dass Deutschland zu seinem Land wurde, und die Gesellschaft war damals offen dafür. Er erzählt mir, dass er nie rassistisch angefeindet worden sei. Ich glaube, selbst wenn er es wurde, hörte er einfach darüber weg. Er gewann die Menschen mit seinem

Charme. Als er Jahre nach seiner Ankunft in München seinen eigenen Teppichladen eröffnet hatte, schenkte er seinen Kunden schwarzen, nach Kardamom duftenden Tee ein und gab ihnen Datteln und Pistazien zu essen. Und die Kunden, die in seinen Laden kamen, ließen sich gern verwöhnen. Wenn die Sonne schien, stellte er in der Westenriederstraße, in der Nähe vom Isartor, wo sich sein Geschäft befand, einen kleinen Tisch mit persischen Süßigkeiten davor auf, setzte sich und trank Tee. Und er sprach die Menschen, die an ihm vorbeigingen, an und lud sie ein. Selten setzten sie sich nicht dazu. Und kauften am Ende einen Teppich. Integration erstmal gelungen. Verkauf auch.

Ich selbst habe als Kind eines Persers und einer deutschen Mutter nie das Gefühl gehabt, dass ich in der deutschen Gesellschaft weniger wert sei. Ganz im Gegenteil; dass ich neben der deutschen Kultur noch eine weitere innehabe, empfinde ich als bereichernd. Nie hatte ich das Gefühl, dadurch abgestempelt zu werden. Oder nur halb zu sein, vielmehr fühlte ich mich mehr als ganz. Die Türen standen in unserem Haus immer für alle offen, selten hatten wir keine Gäste. Aus den Töpfen dampfte es ständig, es gab genug Essen für alle. Wir waren quasi eine kulinarische Bereicherung für die deutsche Gesellschaft. Auch wenn inzwischen nur noch meine deutsche Mutter persisch kochte. Mein Vater hatte sich wohl im Studentinnenwohnheim verausgabt.

2011 kam ich nach sechs Jahren im Iran wieder nach Deutschland zurück. Innerhalb der Gesellschaft wurde inzwischen ein Begriff etabliert, der eine Person wie mich mit meinen Wurzeln beschrieb. Die Definition war reduziert auf ein Wort: »Migrationshintergrund«. Laut dem statistischen Bundesamt »hat eine Person einen Migrationshintergrund, wenn sie selbst oder mindestens ein Elternteil nicht mit deutscher Staatsangehörigkeit geboren wurde«. Mir gefällt das Wort nicht. Es birgt eine Kälte in sich, die meinen vorher für mich positiv behafteten und ein wenig exotischen Zustand negativ besetzt. Ich fühlte mich eigentlich immer eher ein bisschen wie eine persische Prinzessin als wie jemand, der den Staat ausnutzt, mit einem Bein im Gefängnis steht oder zu einer problematischen Gruppe gehört. Denn diese Verbindung schafft der Begriff. Er stellt eine negative Konnotation her. Er grenzt aus der Gesellschaft aus.

Die Mutter eines Opfers von Hanau sagte kurz nach dem schrecklichen Anschlag unter Tränen in einem Interview: »Mein Sohn war ein guter Mensch, er war auch nicht arbeitslos, er hatte seine Ausbildung gerade beendet.« Sie verteidigte ihren ermordeten Sohn. Hätte er eher erschossen werden dürfen, wenn er arbeitslos gewesen wäre? Wäre dann sein Leben weniger wert gewesen? Mutter und Sohn haben Migrationshintergrund. Menschen wie sie fühlen sich ständig gezwungen, Erklärungen zu liefern. 26 Prozent der Bevölkerung in Deutschland befinden sich in dieser geschaffenen Schublade, die dann ab und zu geöffnet wird. »Wir brauchen jetzt noch jemanden mit Migrationshintergrund«, »da fehlt noch der Aspekt der Menschen mit Migrationshintergrund«. Es ist, als wären diese 26 Prozent ein lästiger Zusatz, der aber im Sinne von »politisch korrekt« auf der Bildfläche erscheinen muss. Symbolisch vergleichbar mit kandierten Kirschen auf einer Torte, die das Bild nur vollkommener machen, aber nur den wenigsten schmecken. »Trotz Migrationshintergrund hat sie es geschafft.« »Obwohl Migrationshintergrund, Karriere!«

Auf mich bezogen: Genau deshalb! Weil ich zwei Kulturen und Länder in mir vereine, besitze ich die Fähigkeit, häufig offener und emphatischer die Welt wahrzunehmen.

Mein Vater fühlt sich durch diese Begriffe und Kategorisierungen keineswegs gestört in seinem Leben. Ich glaube, er denkt nicht einmal darüber nach. Was ihn aber überhaupt nicht loslässt, ist die unterschiedliche Auffassung von Gastfreundschaft. Im Iran gibt es Taarof. Eine Höflichkeitsform, sie wird auch als »zeremonielle Unaufrichtigkeit« beschrieben. Taarof ist eine Art, den eigenen Willen zu verleugnen, um dem Gegenüber zu gefallen. Das klingt negativ, ist es aber nicht ausschließlich. Gleichzeitig will man dem Gegenüber ein gutes Gefühl geben, Anerkennung zuteil werden lassen. Ein Beispiel für Taarof ist, dass es vorkommt, eine Einladung zum Abendessen auszusprechen, obwohl der Kühlschrank leer ist und man keine Zeit hat. Der Eingeladene würde dies dann, Taarof kennend, dankend ablehnen. Nicht so in Deutschland. Ich hatte oft mehrmals in der Woche während meiner Studienzeit Kommilitonen bei mir zuhause zum Essen. Eigentlich hatte ich nur Taarof gemacht, das hatte aber niemand verstanden. Nushe Joon! Guten Appetit.

Mein Vater versucht seit mehr als 50 Jahren, den Deutschen Taarof beizubringen. Eigentlich möchte er ihnen noch mehr beibringen, nämlich, dass sie sich revanchieren sollen für Einladungen. Oder, die ideale persische Version, das was sie haben, zu teilen. Wenn man zum Beispiel im Iran im Zug sitzt und ein unbekannter Fahrgast gegenüber seinen Proviant ausbreitet, dann wäre es sehr unwahrscheinlich, dass dieser Unbekannte zu essen beginnen würde, ohne vorher das Mitgebrachte den Menschen um sich herum anzubieten. Mein Vater denkt, er könnte das in Deutschland auch so umsetzen. Das hat ihn bisher einiges gekostet. So saß er einmal mit Freunden im Biergarten. Neben ihnen breitete eine deutsche Familie ihre Brotzeit auf einem schönen karierten Küchentuch aus. Mein Vater hatte, von der persischen Kultur geprägt, den Wunsch, dass diese Familie ihm etwas anbietet von ihrem Essen. Er ist in seiner Integration aber auch schon so weit fortgeschritten, dass er nicht direkt danach fragt. Seine Taktik, um ans Ziel zu kommen, war Charmeoffensive. Also lud er die Familie auf ein Bier ein, eine bayerische Maß. Sie nahmen die Einladung an, dankten ihm herzlich. Sie waren wirklich nett, aber sie machten keine Anstalten, ihm etwas von ihrer mitgebrachten Brotzeit anzubieten. Mein Vater liebt Radieschen, und die Familie neben ihm hatte auch Radieschen auf dem Tischtuch liegen. Frisch gewaschene rosarot leuchtende. Er lud die Familie auf eine zweite Maß ein. Sie freuten sich erneut über die Einladung. Nahmen sie an. Und schoben sich die Radieschen in den Mund. Nach der dritten Runde Bier, die mein Vater ausgab, waren die Radieschen weg, mein Vater hatte kein einziges abbekommen. Manchmal ist es für ihn schon schwer hier in Deutschland, auch noch nach 55 Jahren.

Das sinkende Schiff

Teheran. Oktober 2018. Ein warmer Herbst. Die Sonne knallt nicht mehr ganz so stark auf die Köpfe der hastig ihrem Job nachgehenden Millionen Iraner, die sich durch die staubige Hauptstadt durch verstopfte Straßen kämpfen. Mild streift die Sonne meiner Gesprächspartnerin übers Gesicht. Als würde sie sie entschädigen wollen für die letzten Jahrzehnte, die ich der Frau ansehe. Sara, sie ist 60 Jahre alt. Sie sitzt mir aufrecht gegenüber, schaut mich mit klaren Augen an, wir haben uns zum Tee verabredet. Ich schreibe einen Artikel für eine deutsche Tageszeitung anlässlich des 40. Jahrestages der Islamischen Republik. Ich möchte sie über die Revolution befragen, doch sie fängt an, über ihren Sohn zu sprechen. Er sei Anfang des Jahres auf die Straße gegangen, habe wie Zehntausende gegen das Regime protestiert. Er ist 17, möchte nichts mehr wissen von der Islamischen Republik, ihrer Ideologie. An die Proteste von 2009 kann er sich nicht erinnern. Dann wird er am 3. Januar 2018 verhaftet, Sara, seine Mutter, wusste tagelang nicht, wo sie ihn festhielten.

Ich war damals, als die Proteste begannen, um den Jahreswechsel 2017 auf 2018, gerade in München, hatte schon mit Freunden geplant, Silvester zu feiern, der Kühlschrank war voll. Als mich die ersten Nachrichten aus dem Iran erreichten und ich die Bilder sah, wusste ich, das wird größer. Landesweite Proteste. Geschürt wurden sie anfangs vom klerikalen Umfeld in Mashad. Mit angezettelt von Rohanis ultrakonservativem Herausforderer bei der letzten Präsidentschaftswahl: Ebrahim Raisi. Er unterlag Rohani. Die Proteste sollten gegen die Regierung Rohani Stimmung machen, die wirtschaftliche Situation war miserabel. Doch der Aufruhr entglitt den Konservativen und die säkularen Kräfte der Zivilgesellschaft übernahmen die Proteste, die sich nun gegen das Regime richteten, besonders gegen das religiöse Establishment des Landes. Die Demonstranten riefen: »Die Menschen betteln, die Kleriker verhalten sich wie Götter.« Sie prangerten damit die materiellen Privilegien der Kleriker an, ebenso wie den politischen und gesellschaftlichen Kurs, den sie der Bevölkerung aufzwangen. Ich war inzwischen in Teheran gelandet, berichtete in jeder Nachrichtensendung der ARD aus dem Iran. Uns war es verboten, in die Provinzen zu reisen, dorthin, wo die Proteste hauptsächlich stattfanden. Dieses Mal lag das Zentrum der Proteste nicht in Teheran, sondern in den Provinzstädten. Landesweit. Während 2009 vor allem die urbane Mittel- und Oberschicht demonstrierte, gingen dieses Mal Iraner aus ärmeren Schichten auf die Straße. Junge arbeitslose Männer, die nichts zu verlieren hatten, weil sie noch nie etwas von der Islamischen Republik bekommen hatten.

Während dieser Proteste bekam innerhalb weniger Stunden ein Kanal auf Telegram Millionen Follower. Der Administrator ist Reza Pahlavi, Sohn des letzten Schahs. Er sitzt tausende Kilometer weit entfernt in Washington, hat den Iran seit der Flucht seiner Familie 1979 nicht mehr gesehen. Trotzdem nimmt sein politisches Engagement jetzt Fahrt auf – zum Unmut der iranischen Machtelite. Unmut ist untertrieben. Angst ist es, die inzwischen die Herrscher in Teheran haben. Angst vor einem Umsturz.

Wer dem Schah-Sohn auf diesem Kanal folgt? Die Kinder der Kinder der Revolution, wie Saras Sohn. Sie interessieren sich nicht mehr für Märtyrer aus dem Iran-Irak-Krieg, sie erscheinen nicht beim Freitagsgebet in der Moschee, sie folgen nicht mehr blind den Propagandareden im Staatsfernsehen. Sie verurteilen vor allem die Milliardenausgaben, die die Islamische Republik für ihre »Sicherheitspolitik« in Syrien, dem Jemen, dem Libanon und im Gaza ausgibt und nicht für sie, für ihre Ausbildung, die Infrastruktur und ihre Zukunft. Bei Anti-Regime-Protesten rufen die Menschen auf der Straße: »Na Ghazzeh, na Lobnan, jaanam fadaye Iran!« »Nicht Gaza, nicht der Libanon, unser Leben opfern wir dem Iran«. Damit kritisieren sie die Millionen, die der Iran an die strategischen Partner Hamas und Hisbollah zahlt. Deren Generalsekretär Hassan Nasrallah hatte damit 2016 sogar noch in einer Rede geprahlt: »Solange Iran Geld hat, haben auch wir Geld.« 16 Milliarden Dollar zahlte der Iran an seine nichtstaatlichen Verbündeten ab 2012, so eine Einschätzung des US-Außenministeriums von 2018. Ende 2020 gab der ehemalige Außenminister der Hamas, Mahmoud al-Zahar, auf einer Pressekonferenz im Gazastreifen zu, dass 2006 eine Delegation der palästinensischen militanten Hamas bei einem Besuch in Teheran 22 Millionen US-Dollar vom Kommandeur der Revolutionsgarde Qassem Soleimani erhielt. In bar. Vor dieser öffentlichen Aussage wurde mir bereits vor Jahren von Piloten der iranischen Fluggesellschaft Mahan von dieser Art Geldtransporte berichtet. Die Fluggesellschaft gehört der Revolutionsgarde.

»Nicht einmal zu Kriegszeiten ging es uns so schlecht wie heute«, sagt Sara. Eine Packung Windeln kostet heute soviel wie eine Goldmünze vor 15 Jahren. Eine Goldmünze kostet heute das 45 einhalb-fache. Ich will von Sarah wissen, warum sie vor 40 Jahren als Studentin so eine glühende Anhängerin der Revolution war. Ihre Augen werden schlagartig müde und traurig, sie schaut mich an und beginnt zu erzählen. Natürlich war sie für die Revolution, für Veränderung, Freiheit, Wandel. Wie fast alle damals. Der einzige Ausweg aus der Diktatur des Schahs schien eine Revolution.

In dieser revolutionären Zeit wurden in der Teheraner Universität, an der sie damals studierte, Flugzettel verteilt, erzählt mir Sara. »10 Nächte in Teheran« stand darauf. Eine Lesung organisiert vom Goethe-Institut. Sara schaffte es nicht, am ersten Tag dabei zu sein. Am zweiten nahm sie ihren Kassettenrekorder mit. Sie wollte aufnehmen, was die iranischen Dichter im westdeutschen Kulturzentrum lasen. Die Intellektuellen nutzten die Gelegenheit. In den geschützten Räumen des Instituts konnten sie in ihren Gedichten seltene Kritik am Regime üben. Ihren Alltag bestimmte normalerweise die Zensur. Kaum etwas durfte veröffentlicht werden. Die Anzahl der Menschen, die damals zu den Lesungen kamen, war gewaltig. Rund 62 000 Intellektuelle, Studenten und Oppositionelle fanden in diesen zehn Nächten zusammen. Sie feierten euphorisch jede einzelne kritische Zeile, die vorgelesen wurde. Bald war klar, dass die Räume zu klein waren. Die Menschen waren überall, sie kletterten auf Laternenpfähle, hockten in den Bäumen und saßen auf der Mauer, und es störte sie nicht im Geringsten, dass es regnete und kalt war. Sara lässt mich an der Begeisterung, die sie damals verspürte, teilnehmen: »Wir waren so voller Hoffnung!« Die Revolution gewann – der Schah verließ das Land. Mit ihm sein engster Kreis. Dann folgten Ärzte, Intellektuelle. Professoren und Ingenieure, Journalisten.

40 Jahre später: Viele derjenigen, die damals auf die Straße gingen, bereuen es heute. Wie auch schon die Mutter aus dem Film, den ich über die drei Generationen gemacht habe. Sara verteidigt sich vor ihrem Sohn mit dem Argument, dass sie nicht wussten, wohin sie diese Revolution führen würde. Trug sie doch nicht gleich den Namen »Islamisch«.

Ein großer Teil der iranischen Gesellschaft kritisiert inzwischen, nach 40 Jahren, das System der Velayateh Faqhi, der Herrschaft der Rechtsgelehrten. Dabei geben nicht alle dem Islam die Schuld für ihre Misere, sondern den Machteliten, die sich unter dem Deckmantel des Islam bereichert haben. Und das über Jahrzehnte hinweg. Lange Zeit konnten sie durch Krieg und Feindbilder ihre Bereicherung vertuschen. Jetzt nicht mehr. Die sozialen Medien haben der Bevölkerung ein Machtinstrument an die Hand gegeben. Die Macht der Information.

Auch die Amerikaner haben diese Möglichkeit der Nutzung der sozialen Medien für ihre eigenen Zwecke erkannt und versuchen so, die Islamische Republik zu schwächen. Intensiv wird daran gearbeitet, die iranische Bevölkerung auf extra Farsi-Kanälen mit Informationen über ihre korrupten Politiker und Mitglieder der Revolutionsgarde zu füttern. Es wirkt. Die Informationen kommen an, sorgen für eine schier unermessliche Wut der Bürger.

Zum 40. Jahrestag der Islamischen Revolution wollten viele internationale Journalisten in den Iran reisen und hatten dafür schon seit langem ein Visum beantragt. Kaum einer hat eines erhalten. Die Mächtigen im Iran sind weder dumm noch weltfremd oder realitätsfern. Sie wissen: Egal, welche Frage ein Journalist den Menschen auf der Straße stellen wird, sie werden kaum eine positive Antwort bezüglich der Islamischen Republik hören.

Die Islamische Republik hat versagt. Sie hat eine gesunde Mittelschicht trotz der Milliarden durch Öleinnahmen, die das Land erhält, verarmen lassen. Die Machthaber haben kaum Alternativen geschaffen, sollte der Geldfluss durch Rohstoffeinnahmen eines Tages beendet sein. Haben keine Arbeitsplätze geschaffen, keine Reformen zugelassen, die Exil-Iranern den Anreiz gegeben hätten, zurückzukehren, in ihr Land zu investieren und wichtiges Know-How aus dem Ausland mitzubringen. Die politische und wirtschaftliche Elite hat sich zu sehr auf den eigenen Profit und zu wenig um die Bevölkerung gekümmert. All das kann man nicht nur den Amerikanern in die Schuhe schieben und der Politik des maximalen Drucks.

Die Iraner sind zum großen Teil enttäuscht von den Machthabern und wagen immer wieder den Aufstand. Auf dem Land, in den Städten, Ungebildete, Ausgebildete, LKW-Fahrer, Lehrerinnen, Studenten und Bauern. Fast täglich finden seit 2018 Proteste statt, manchmal leise, manchmal laut. Noch fehlt den Unzufriedenen ein Anführer, der einen Plan für die Umsetzung klar definierter Ziele aufzeigt. Dies wurde besonders bei den Protesten beim Jahreswechsel 2017/18 klar. Die Proteste wurden niedergeschlagen, Hunderte verhaftet. Die Demonstranten hatten nichts erreicht. Die Demonstranten auf der Straße warten seit Langem auf eine Führungsfigur, die ihnen eine Perspektive bietet, für die es sich lohnt, das eigene Leben zu riskieren. Doch die Opposition im Ausland ist gespalten, im Inland existiert schon lange keine mehr.

Während Sara ihren Kandiszucker im Tee verrührt, sagt sie: »Es ist, als würden wir ständig im Nebel fahren, nie wissen wir, was als Nächstes kommt. Wir fahren mit 200 km/h, und plötzlich knallen wir gegen eine Mauer, die wir nicht gesehen haben, die nicht da war.« Neulich hatte Sara einen

Tagtraum. Von einem sinkenden Schiff. Sie sah sich darauf. Die Revolution war für sie anfangs wie die Fahrt auf der Titanic. Alle wollten dabei sein. Feiern. Frohlocken. Das Ziel war die Freiheit. Doch während die Mächtigen nach 40 Jahren noch vereinzelt ganz oben in den Luxuskabinen tanzen, ist das Schiff schon längst dabei, in der Mitte auseinanderzubrechen. Einzelne Risse, durch die das Wasser gelangt, werden zwar gestopft. Doch man kommt nicht mehr nach mit dem Stopfen, denn die Löcher und Risse werden mehr und mehr. Sarah sagt, das Schiff wird sinken. Die Frage ist, wie lange es bis dahin noch dauert. Wenn man sie vor ein paar Jahren gefragt hätte, wann, sie hätte geantwortet: noch lange nicht. Heute ist sie verwundert, dass das Schiff immer noch nicht in der Mitte zerbrochen ist.

Wenn man sich die Aufnahmen, die Sara mit ihrem Kassettenrekorder damals gemacht hat, anhört, sind die Stimmen der Dichter nur schwach im Hintergrund zu hören. Im Vordergrund dominiert der Regen.

Das Spiel ist aus

Nach 42 Jahren sieht es weder außenpolitisch noch innenpolitisch rosig aus für die Islamische Republik. Anfang des Jahres 2020 gewann man den Eindruck, dass die Rückendeckung der Bevölkerung für das System wieder wächst. Das Blut des im Iran beliebten Generals Soleimani konsolidierte für einen Moment das System der Islamischen Republik. Sie wähnten sich noch fest in ihren Statuten, als sie Hunderttausende, die, nach der Tötung des Generals durch die Amerikaner, entsetzt und wütend, auf die Straße strömen sahen. Hunderttausende riefen: »Tod den USA!« Die Bilder liefen tagelang auf allen Kanälen des Staatsfernsehens. Nach innen und nach außen wollte man zeigen: Die Islamische Republik steht. Präsident Trump hatte mit der Tötung des Generals der Islamischen Republik zunächst indirekt ein Geschenk gemacht, sie gestärkt. Geschwächt hat sich die Islamische Republik selbst durch den Abschuss des ukrainischen Passagierflugzeuges. Am 8. Januar wurde eine Boing 737–800 kurz nach ihrem Start in Teheran von zwei iranischen Flugabwehrraketen abgeschossen. Es gab keine Überlebenden, aber 176 Tote. Nach anfänglichem Leugnen übernahm erst drei Tage später die Revolutionsgarde die Verantwortung. Der zuständige Luftwaffenkommandeur der Revolutionsgarde schilderte im Staatsfernsehen den Vorfall, der diensthabende Soldat habe das Flugzeug für einen Marschflugkörper gehalten und binnen zehn Sekunden entscheiden müssen. Amirali Hadschisadeh sagte: »Wenn einer einen Fehler gemacht hat, dann war es einer von uns. Wir sind also verantwortlich und müssen jegliche Konsequenzen tragen.«

Ein Novum, dass die Verantwortlichen im Iran einen Fehler eingestehen und dafür Verantwortung übernehmen. Ein Knoten war geplatzt. Dass das Regime lügt, das wissen große Teile der Bevölkerung schon lange. Doch dass die Lügen revidiert und eine Schuld zugegeben wird, ist neu. Die internationale Beweislage hat Teheran dazu gezwungen. Gleich nach dem Schuldeingeständnis waren Hunderte Iraner in der Hauptstadt zusammengekommen, um ihre Trauer und Wut über den Abschuss der Passagiermaschine durch die iranische Revolutionsgarde kundzutun. Entsetzt über die Entscheidung der Führung, die Menschen zu belügen und die Schuld am Abschuss zu vertuschen. Ihre Anwesenheit wurde mit Tränengas bestraft und mit Schlagstöcken der Milizen des Systems. Einen Tag später begann erneut Protest – wenn auch ein leiser. Studenten der Beheshti Universität liefen nicht wie sonst über die auf den Boden gemalten US- und Israel-Flaggen, sondern machten einen Bogen um sie herum. Bilder riesiger Flaggen der Länder, die als Feinde betrachtet werden, sind im Iran häufig großflächig auf dem Boden staatlicher Institutionen und Moscheen gemalt. Indem man darüberläuft, soll das ein Zeichen der Schmähung dieser Länder sein. Wer an diesem Tag in der Universität darüberlief, wurde von den Studenten ausgebuht. Sie riefen: »Habt keine Angst, habt keine Angst, wir sind alle zusammen!« Damit sprachen sie sich Mut zu.

Inzwischen wissen die Iraner nur zu gut, was sie bei jedem Protest gegen das Regime riskieren. Sie können ihren

Studienplatz verlieren, ihren Job, ihr Leben. Sie wissen, erst im November 2019 hat der Gottesstaat durch seine Sicherheitskräfte auf Demonstranten schießen lassen. Hunderte wurden so auf den Straßen getötet, hingerichtet, mit Genickschüssen durch Scharfschützen. 1 500 Tote meldete die Nachrichtenagentur Reuters. Die Verzweiflung brachte die Menschen auf die Straßen. Denn der Staat hatte beschlossen, die Benzinpreise über Nacht zu verdreifachen. Es waren die Armen, die Arbeiterschicht, die in den Städten auf die Straße kam. Sie riefen: »Tod dem Diktator!« Dabei fühlte sich das System lange Zeit der Loyalität gerade dieser armen Schicht sicher. Ein Schock. Doch im November fehlte etwas: die Mittelschicht.

»Karegar, Daneshju, motahed, motahed« – »Arbeiter, Studenten, wir sind eine Einheit«! Das rufen am 11. Januar 2020 Tausende in Teheran: Eine gefährliche Einheit für das System der Islamischen Republik. Denn die Mittelschicht, die lange den Protesten fernblieb, ist nun auf der Straße dazugekommen. Studenten, Lehrerinnen, Angehörige der Opfer des Flugzeugabschusses (über 130 der 176 Insassen waren iranischer Herkunft), kluge Köpfe der Gesellschaft, die das System der Islamischen Republik schon lange nicht mehr ertragen, doch keinen Weg finden, keine Lösung haben für ein Ende dieses Regimes.

Am nächsten Tag sind es viel mehr Demonstranten als am Tag zuvor, nicht nur in Teheran, auch in anderen iranischen Städten: Shiraz, Karaj, Amol, Kermanshah und Rasht. Sie haben sich über die sozialen Medien verabredet. Auf allen Azadi-Plätzen im Iran wollen sie sich treffen, Azadi bedeutet auf Farsi: Freiheit. Wieder rufen sie Parolen gegen das System der Islamischen Republik: »Tod dem Diktator« und »Wir wollen keine Herrschaft der Revolutionsgarde«.

Gegen Abend werden Metroausgänge geschlossen, die Demonstranten sollen daran gehindert werden, auf die Straße zu gehen. Der Metroverkehr wird teilweise eingestellt. Bereitschaftspolizei und Polizisten in Zivil, Milizen und Geheimdienstmitarbeiter bringen sich den ganzen Tag in Stellung, sowohl an Teheraner Universitäten als auch an anderen zentralen Plätzen in der Hauptstadt. Sie schießen Tränengas auf die Demonstranten, verprügeln sie. Es gibt Handyvideos, die junge Mädchen auf den Straßen Teherans zeigen, die von Milizen und Sicherheitskräften verletzt wurden. »Sie waren einfach nur gekommen, um friedlich zu demonstrieren«, schreiben Iraner auf Twitter. Keine Randalierer, nicht bewaffnet: einfach nur friedliche Demonstrantinnen. Auch auf Twitter schreibt einer: »Lasst uns doch nur 12 Stunden, ohne auf uns zu schießen, zeigen, wie viele wir wirklich sind.« Genau das will das Regime nicht. Es gibt immer noch keinen Anführer für diese Menschen, die das Regime nicht mehr wollen. Im Land hätte keiner die Chance dazu, Opposition wird im Keim erstickt. Im Ausland trauen sie der Opposition nicht zu, die extrem komplizierte politische, gesellschaftliche und ethnische Lage im Iran zu verstehen und zu leiten. Diejenigen, die im Moment alles wagen, sind noch zu wenige, die durch ihre Anwesenheit auf den Straßen das Regime stürzen können. Auch wenn sie sich der Hunderttausenden bewusst sind, die sie in Gedanken unterstützen, die aber noch nicht aus ihren Wohnungen gekommen sind.

Doch eines gibt den Menschen im Iran, die unzufrieden und tief unglücklich über ihr Schicksal sind, Mut: die Wellen der Proteste werden größer, in kürzeren Abständen. Der zivile Ungehorsam hat begonnen: Etliche iranische Künstler und Schauspieler haben aus Protest das wichtigste Kunst-Festival, das anlässlich der Feiern zur Gründung der Islamischen

Revolution im Februar stattfindet, boykottiert. Sportler haben ihre Teilnahme als Vertreter des Iran abgesagt, sind im Ausland geblieben. Rakhshan Banietemad, eine bekannte Regisseurin rief auf ihrem Instagram Account am Samstag zu Protesten auf. Ihr wird am Telefon gedroht, ihren Post zurückzunehmen. Anstatt ihn zu löschen, streicht sie ihn rot durch. Gut lesbar für alle. Protest! Ein Protest ohne Anführer. Ohne Plan.

50 bekannte iranische Oppositionelle im Ausland haben Ende 2019 mit Hilfe politischer Aktivisten im Iran einen »Rat zur Regulierung des Übergangs«, zur Abschaffung der Islamischen Republik gebildet. Ihr stellvertretender Generalsekretär ist Dr. Mehran Barati. Ein führender iranischer Oppositionspolitiker, der 1992 nur knapp dem Mykonos-Attentat entkam. Ein Mordanschlag, ausgeführt vom iranischen Geheimdienst. Dabei wurden in einem griechischen Berliner Lokal vier iranisch-kurdische Exilpolitiker getötet. Die Opposition im Ausland will den Zustand der Schwäche nutzen. Sie will die Gegner der Islamischen Republik im In- und Ausland verbinden, stark machen. Der Bundestagsabgeordnete Omid Nouripour, Sprecher für Außenpolitik von Bündnis 90/Die Grünen, hat den »Rat zur Regulierung des Übergangs« zu einem Treffen in den Deutschen Bundestag geladen. Alle Fraktionen bis auf die AFD sind anwesend. Ich bin auch dabei. Als Beobachterin. Der Plan des Rates: Sie wollen einen geordneten Übergang in eine Demokratie organisieren. Der einen Bürgerkrieg vermeiden soll.

Für das Vorstandsmitglied des Rates, Mehran Barati, kann ohne eine stabile Wirtschaft auch eine Diktatur nicht überleben. Er sagt, dass das System im Iran die wirtschaftliche Basis verloren habe. Es habe nicht einmal das Budget, um einen Staatsbeamten zu bezahlen. Die Lehrer, die Arbeiter, die Armeeangehörigen, die Revolutionswächter. Das System hätte kein Geld mehr, es könne nichts in das Land investieren. Das ist die Basis für das Kippen eines Systems. Der andere Punkt, den Barati betont, betrifft die Anhänger des Systems. Einige hätten inzwischen bemerkt, dass das Gerüst der Islamischen Republik dabei ist zusammenzufallen, schauten vorsichtig in Richtung Opposition. Um sich eine Zukunft zu sichern. Von mehr und mehr Menschen aus dem System werde der Übergangsrat laut ihrer eigenen Aussage angesprochen. Zu Kurden, Azeris, Arabern und anderen ethnischen Minderheiten hätten sie Kontakt, so Barati. Sie sind Befürworter von Trumps Iran-Politik und betonen, dass bisher kein US-Präsident in der Lage gewesen sei, die Islamische Republik so zu schwächen oder einzudämmen. Das stimmt. Trump kündigte eine Politik des maximalen Drucks an, und die hat er durchgesetzt.

Die Frage, die sich stellt: Ist es einer Opposition aus dem Ausland überhaupt möglich, das System der Islamischen Republik zu stürzen? Oder wird es nur funktionieren, kombiniert mit einer Politik des Drucks von außen, wie Trumps Politik des finanziellen Aushungerns? Wollen die Menschen im Iran überhaupt einen Regime-Wechsel? Oder ist die Angst vor einem Bürgerkrieg wie in Syrien oder den Folgen einer ausländischen Intervention wie im Irak oder Libyen größer? Nutzen oder schaden ihnen die Tweets von Präsident Trump? Viele Beobachter meinen, sie hätten den Demonstranten geschadet, denn so konnte ihnen das Regime vorwerfen, dass sie vom Ausland gesteuert sind, die deutliche Mehrheit aber, ihrer Darstellung nach, hinter dem System stehe.

Das Regime in Teheran wird in den nächsten Wochen und Monaten nicht stürzen. Doch eine Reform wird es auch nicht erleben. Denn das politische System der Velayate Faqih sei nicht reformierbar, sagen ehemalige Reformpolitiker, die inzwischen ins Exil geflohen sind. Tausende Kandidaten wurden für die Parlamentswahlen im Februar 2020 vom Wächterrat abgelehnt. Das Gremium, besetzt mit ultrakonservativen Geistlichen, unter Kontrolle des geistlichen Oberhaupts Khamenei, prüft die Kandidaten vor jeder Wahl auf ihre persönliche und religiöse Qualifikation. Auf Konformität mit der Islamischen Republik. Noch mehr sind es die politischen Gesinnungen, die ausschlaggebend sind, wer als Kandidat antreten darf. Dieses Mal wurden 7 269 Bewerber abgelehnt. Meist diejenigen, die zum gemäßigteren Lager gehören.

Die meisten Abgelehnten gehören zum Kreis der »Reformer« und Gemäßigten. Damit werde die Wahl zu einer internen Abstimmung unter Hardlinern, schrieb selbst eine iranische Tageszeitung. Viele Menschen im Iran sagten im Vorfeld der Wahl, dass sie das Spiel bei den iranischen Wahlen durchschaut und satthaben. Sie boykottierten die Wahl. Inzwischen ist großen Teilen der Bevölkerung bewusst, die Politiker der Islamischen Republik sind mehr oder weniger alle staatstreu, wirklich Andersdenkende werden im politischen System nicht zugelassen. Damit ist jetzt Schluss, erzählt mir Leila, eine Studentin aus Teheran: »Selbst wenn aus dem Lager der Reformer oder der Gemäßigteren, also von Ex-Präsident Khatami oder Präsident Rohani, Kandidaten zur Wahl aufgestellt worden wären, würde ich nicht wählen gehen. Sie haben uns jahrelang manipuliert. Jedes Mal sagen sie uns: ›Kommt zur Wahl‹, und sie tun nichts für uns.«

Es stört die Politiker der iranischen Republik nicht. Denn die Anhänger des Systems kommen zur Wahl. Diese treuesten Anhänger haben keinen anderen Platz auf der Welt als die Islamische Republik. Deshalb erhalten sie das bestehende

System mit allen Mitteln. Dafür werden sie auch weiterhin ihre eigenen Mitmenschen wegsperren, prügeln und erschießen lassen, um nicht selbst unterzugehen. Für einen friedlichen Übergang zu einer Demokratie sind das schlechte Voraussetzungen.

Ein junges Mädchen aus Yazd schreibt mir am Tag der Parlamentswahl im Februar 2020: »Ich bin nicht einmal traurig darüber gewesen, dass sie keinen Reformkandidaten zugelassen haben, denn die Wahlen haben sowieso keinen Sinn. Nichts wird durch die Wahlen besser, nichts machen sie für einen. Sie verdienen es nicht, dass wir zur Wahl gehen.«

Laut inoffiziellen Umfragen, es gibt wie gesagt keine offiziellen Meinungsumfragen im Iran, wollten 75 Prozent in Teheran nicht zur Parlamentswahl gehen. Knapp 58 Millionen Stimmberechtigte gibt es im Iran. Das Regime fürchtet eine geringe Wahlbeteiligung. Sieht es doch durch eine hohe eine Legitimation seiner politischen Entscheidungen. Doch diese Rechnung geht nicht mehr auf.

Zu groß ist die Wut über den Abschuss der ukrainischen Passagiermaschine, über die täglich steigenden Preise, die schlechte Luft, das Missmanagement der Regierung und die eigenen korrupten Politiker. Das politische System wird jedoch alles dafür tun, dass die Wahlbeteiligung extrem hoch erscheint. Im Staatsfernsehen sah man in den Tagen vor der Wahl Bilder von vergangenen Wahlen mit enthusiastischen Wählern, langen Schlangen vor den Wahlurnen. Unterstützt werden diese euphorischen Bilder von noch euphorischerer Musik, die den Patriotismus der Wähler anfeuern sollte. Revolutionsführer Khamenei schärfte im Vorfeld der Bevölkerung ein, dass wählen zu gehen »ihre religiöse Pflicht sei«. Wer diese Pflicht nicht erfüllt, muss die Folgen fürchten. Ein vom Staat Angestellter, der seinen Namen nicht veröffentlicht sehen will, sagte uns: »Selbst wenn viele zur Wahl gehen, dann nur, weil sie Staatsbedienstete sind und Angst haben, dass man ihre Geburtsurkunde kontrolliert, in der man sieht, ob man gewählt hat oder nicht.« Die Geburtsurkunde im Iran vorzuzeigen, ist üblich, bei einer Anstellung, wenn man heiraten möchte, bei Vertragsverlängerung. Ob man bei der Wahl war oder nicht, kann für die Verlängerung eines Staatsbediensteten ausschlaggebend sein. Weiter schreibt uns der Mann: »Selbst wenn wir dann kein Kreuz machen, sieht es so aus, als gäbe es eine hohe Wahlbeteiligung. Und so kann das System auch noch diese Wahlkarte für den Wahlbetrug nutzen.«

Und das ist leicht. Denn es gibt schon lange keine Opposition mehr, die den Eliten in der Politik auf die Finger schaut und protestieren könnte. Sie würde im Iran im Keim erstickt werden. Denn die Entscheidungsorgane wissen, dass im momentanen fragilen politischen und wirtschaftlichen Zustand der Islamischen Republik eine funktionierende Opposition das ganze System in Frage stellen könnte und vermutlich würde. Dass es dazu nicht kommt, dafür hat auch der Wächterrat gesorgt.

Bei einer Wahlkampfveranstaltung der wenig verbliebenen Reformer wurde ein bekanntes Lied, das symbolisch für die Reformer steht, über Lautsprecher in einer Sporthalle gespielt. Es wurde schon vor der Islamischen Revolution von der Opposition verwendet. Als man dort nur auf die Geräusche in der Halle hörte und dabei seine Augen schloss, wirkte es, als wäre die Halle leer. Es gibt keine begeisterten Menschenmassen mehr wie 2017, als die Hoffnung auf eine neue Politik der Öffnung von Präsident Rohani groß war, unterstützt durch das gerade erst frisch abgeschlossene Atomabkommen. Das Atomabkommen ist heute fast tot, inzwischen geht es den Menschen im Iran finanziell noch dramatisch schlechter als 2017. Die gemäßigten Politiker im Iran hatten ihre Chance von der Bevölkerung mehrmals erhalten, sie haben sie verspielt. Jetzt sind die Hardliner am Zug. Sie besetzen das Parlament, die Medien und die Justiz. Drei Grundpfeiler für eine funktionierende Demokratie, die im Iran in weiter Ferne liegt. Ein Großteil der Bevölkerung hat sowieso schon jegliche Hoffnung auf eine Verbesserung ihrer Situation im Land aufgegeben.

Machterhalt um jeden Preis

Es sind dreimal mehr Tote, als die Regierung bekannt gibt, zu diesem Ergebnis kommt die BBC Ende Juli 2020. Sie geht davon aus, dass bisher mindestens 42 000 Menschen im Iran an den Folgen von Covid19 gestorben sind, Iran spricht von 14 000 Toten. Die BBC beruft sich dabei auf Zahlen von iranischen Krankenhäusern und Aussagen von Ärzten, die mit dem Fernsehsender gesprochen haben. Sie beklagen sich, dass sie vom Gesundheitsministerium gezwungen werden, nicht über die Toten zu sprechen. Die Regierung steckt in der Klemme, einerseits bekommen sie die Pandemie nicht unter Kontrolle, andererseits wollen sie Proteste verhindern. Deshalb werden permanent die Zahlen geschönt, drastisch nach unten korrigiert. Denn vor einem eigentlich notwendigen Lockdown, den sie bei den andauernd steigenden Zahlen anordnen müssten, haben sie Angst. Das Land könnte ihn wirtschaftlich nicht verkraften. Die Regierung fürchtet den Zorn der Bevölkerung, dass es zu Protesten kommt, denn viele sind auf ihre Einnahmen angewiesen, haben keine soziale Absicherung. Gleichzeitig spricht Präsident Rohani von 25 Millionen, die sich mit Covid19 infiziert hätten. Man unterstellte dem Präsidenten, dass er von einer so hohen Zahl sprach, weil erste Proteste auf der Straße gegen das Regime im Sommer 2020 wieder begannen, und er die Bevölkerung einschüchtern wollte. Ein Insider sagte mir, dass die Zahl jedoch wirklich nicht so weit entfernt von der Realität liege. Die Regierung hat versagt, sie haben von Beginn an nicht die nötigen Maßnahmen getroffen und durchgesetzt. Die Bevölkerung ist maximal verunsichert. Aber zurück an den Anfang, wie die Pandemie im Iran begann.

Es ist das erste »Sizdah Bedar«, das die Menschen im Iran nicht draußen verbringen. Sizdah bedar ist der dreizehnte Tag im Monat Farwardin, der erste Monat im Jahr. 2021 wird dieser Tag auf den 2. April fallen. An diesem Tag ist es bei Iranern Brauch, dass man sich außerhalb des Wohnraums aufhält, in die Natur fährt und picknickt. Diejenigen, die es sich nicht leisten können, in die Berge oder in den Norden Irans zu fahren, picknicken mit ihren Familien in Parks oder auf den Grasstreifen zwischen den Schnellstraßen der Hauptstadt. Genauso auch in anderen großen Städten wie Isfahan, Shiraz oder Yazd. Selbst auf diesen schmalen Grasflächen im Nebel der Abgase beobachtete ich, wie sie fröhlich lachten, die gesamte Familie zusammen grillte, die Kinder spielten, für einen Moment vergaßen sie ihren Alltag. 2020 nicht. Es gab keine Familien in den Parks. Irans Präsident Rohani verkündete am 25. März, dass diese geschlossen werden. Viel zu spät, kritisierten viele im Land.

Mit dem 13. Fardwardin werden auch die Frühlingsferien im Iran beendet. Normalerweise sind diese zwei Wochen rund um das Neujahrsfest die unbeschwertesten im Jahr. Dieses Mal gab es keine Verschnaufpause zwischen den Jahren. Über Nouruz, dem wichtigsten Fest für Iraner, lag ein Virenschatten, eine Mischung aus Corona-Angst, dem Wissen, mit Corona-Infizierten Kontakt gehabt zu haben, der Trauer über Menschen, die an den Folgen einer Covid19-Erkrankung gestorben sind. Der Panik über die Ungewissheit der eigenen wirtschaftlichen Zukunft und der des Landes. Und dem Unwissen über die tatsächliche Lage im Land. Weil man den eigenen Politikern im Land nicht vertrauen kann. Betrübt, würde die Stimmung nicht genug beschreiben. Gelähmt, trifft es besser.

Es ist Tradition an Nouruz, dass sich die Familien gegenseitig zwei Wochen lang besuchen. Und iranische Familien sind groß. Das Fest hat keine religiösen Wurzeln. Es ist ein Fest, das seit Jahrhunderten gefeiert wird, ein Fest, das sich Iranerinnen und Iraner in all den Jahren nicht vom Regime haben nehmen lassen. Doch dieses Jahr hat ihnen das Virus die Feiertage genommen. Dieses Mal blieben fast alle zuhause. Auch Neda und ihr Mann. Sie leben in der Wüstenstadt Yazd. Sie hatte das Virus schon, er hat es gerade. Ich telefoniere täglich mit ihnen. Die Familie meines Vaters wohnt in Yazd, deshalb war ich in dieser Stadt schon sehr oft und konnte gute Kontakte zur Bevölkerung aufbauen. Das Ehepaar kennt Dutzende in ihrem Freundeskreis, die auch infiziert sind.

Das Wohnzimmer des jungen Ehepaares in Yazd wäre normalerweise in dieser Zeit gefüllt mit Familienangehörigen. Mit herumtollenden Kindern und lachenden Großeltern, die ihren Enkeln Geld in die Hand drücken (Eidi), ein Brauch zu Nouruz. Doch dieses Jahr ist keiner zu dem jungen Ehepaar gekommen. Deshalb sitzen sie alleine zuhause, vor ihrem Haft-Sin, einem persischen Tischtuch, das mit sieben symbolträchtigen Gegenständen zu Nouruz gedeckt wird. Sieben Sachen die mit S beginnen wie Sonbol (Hyazinthe: steht für Freundschaft) oder Serke (Essig: steht für Geduld), die im neuen Jahr Zuversicht, Glück, Freude und Gesundheit bringen sollen. Ein Goldfisch, der in einem runden Glas, gefüllt mit Wasser, auf dem Tisch steht, symbolisiert das Glücklichsein. Davon merken die beiden nichts. Sie sind nur verängstigt. »Der Staat informiert uns viel zu wenig«, erzählt mir Neda am Telefon. »Es gibt keine angemessenen Maßnahmen. Viel zu spät hat man versucht, das Virus einzudämmen. Und selbst jetzt gibt es noch keine klaren Regeln. Sonst geizen sie doch auch nicht mit der Beschränkung unserer Freiheit, aber jetzt, wo es sein muss, wo es um Leben und Tod geht, da gab es viel zu spät Anweisungen, dass die Menschen zuhause bleiben sollen. Der Staat informiert uns nicht angemessen.« Dutzende sind bereits an einer Überdosis Methanol erblindet oder gestorben, weil sie dachten, der illegale Alkohol könne das Virus töten.

Iran war gleich zu Beginn der weltweiten Pandemie ein Epizentrum des Virus. Kurz nach China. Spitzenreiter im Nahen Osten. Über hundert Tote täglich, nun schon ein Jahr lang.

Aber erst Ende Februar gab das iranische Gesundheitsministerium ein tägliches Update über die Zahlen in einer Pressekonferenz bekannt. Es gibt viele, die daran zweifeln. Offiziell wurde zum ersten Mal von Corona-Fällen am 19. Februar gesprochen. Zwei Personen wurden an diesem Tag in der religiösen Hochburg Qom positiv getestet, hieß es. Später berichtete das Gesundheitsministerium von ihrem Tod.

Bereits Anfang Januar fällt der Oberkrankenschwester Sadaf P. im Day Hospital in Teheran zum ersten Mal auf, dass immer mehr Patienten eingeliefert werden, die ähnliche Symptome aufweisen. Auch der Stationsarzt spricht mit ihr darüber. Das iranische Gesundheitsministerium schickt in den ersten Tagen im Januar in einem Rundschreiben an das Krankenhaus, in dem sie arbeitet, erste Informationen über ein Virus mit dem Namen SARS-CoV-2. Das Day Hospital evakuiert schon Mitte Januar die Intensivstation für Kinder, die Fläche wird jetzt für Patienten gebraucht, die alle mit den gleichen Symptomen eingeliefert werden: Atemnot, Reizhusten, Fieber. Sadaf P. merkt, dass dies keine normale Entwicklung ist. Das Gesundheitsministerium gibt nun fortlaufend Informationen an die Krankenhäuser per Mail durch. Vertraulich. Auch das Day Krankenhaus in Teheran wird informiert. Die Bevölkerung nicht.

So funktioniert das in einem Staat, in dem in vertraulichen Schreiben Ärzte und Krankenhäuser eingeweiht werden, die Bevölkerung diese Informationen aber nicht wissen darf. Freie Medien, denen Dokumente geleakt werden könnten, um dann die Vertuschungen der Politik zu veröffentlichen, gibt es nicht mehr. Das Staatsfernsehen ist fest in den Händen der Ultrakonservativen des Landes. Und die wollen, dass die Menschen erst einmal zur Parlamentswahl Mitte Februar gehen. Sie wissen, dass sie inzwischen gänzlich das Vertrauen großer Teile der Bevölkerung verloren haben. Seit sie im Januar den Abschuss der ukrainischen Passagiermaschine mit 176 Insassen drei Tage lang leugneten.

Das Regime wusste also, dass dieses Mal viele nicht zur Wahl gehen würden. Inoffizielle Umfragen, die auf den Schreibtischen der Politiker lagen, ergaben, dass 75 Prozent der knapp 58 Millionen Stimmberechtigten dieses Mal nicht zur Wahl gehen wollten. Davor hatte man Angst. Die Information über ein gefährliches Virus, das zirkuliert und hochansteckend ist, hätte die Wahlbeteiligung verringert. Also sagte man nicht, was man über das neue Virus SARS-CoV-2 wusste, das sich schon längst in ganz Iran verbreitet hatte. Die Menschen kamen zur Wahl. Gebracht hat es nichts, die Wahlbeteiligung war historisch gering. Kurz darauf schoss jedoch die Zahl derjenigen, die mit Symptomen von Covid19 ins Krankenhaus eingeliefert wurden, in die Höhe.

Am 24. Februar hält der Regierungssprecher Ali Rabiei eine Pressekonferenz. Der stellvertretende Gesundheitsminister Iraj Harirchi steht neben ihm. Während der Sprecher der Regierung sagt, man habe das Virus unter Kontrolle, tropft dem stellvertretenden Gesundheitsminister der Schweiß von der Stirn. Er zieht mehrere Papiertaschentücher aus einer Box und wischt sich damit über sein nasses Gesicht. Einen Tag später gibt er über Twitter in einem Handyvideo bekannt: er sei jetzt auch ein »Coronai (einer, der Corona hat)«. Er habe sich mit dem Corona-Virus infiziert. Daraufhin werden immer häufiger Informationen publik, dass sich Politiker, Mitglieder der Revolutionsgarde, auch enge Berater von Revolutionsführer Ali Khamenei mit dem Virus angesteckt haben. Anfang März sind von 100 Abgeordneten, die sich einem Test unterzogen, über 20 positiv. Dutzende Offizielle sind inzwischen daran gestorben.

Der Ursprung des Ausbruchs der Corona-Epidemie im Iran soll in Qom gelegen haben. Die »heilige Stadt« ist Pilgerziel von jährlich Millionen Gläubigen. Die Stadt ist das religiöse Zentrum des Landes. Der Gründer der Islamischen Republik Ayatollah Khomeini studierte und lehrte dort. Auch um die 700 chinesische Studenten besuchen im Wintersemester 2019/2020 in Qom Vorlesungen über die schiitische Theologie. Über sie soll das Virus von China in den Iran gekommen sein.

Die Beziehungen zu China sind gut. Noch besser, seit sich die USA im Mai 2018 einseitig aus dem Atomabkommen mit dem Iran verabschiedet haben und Europa aufgrund der transatlantischen Verbundenheit der Islamischen Republik daraufhin auch den Rücken zukehrte. Die Volksrepublik nahm den Platz gern ein. Das Geschäft mit China florierte, trotz Sanktionen. Erst im Sommer 2020 wurde ein Kooperationsabkommen auf 25 Jahre aufgesetzt, das verhandelt wird. Es sieht neben milliardenschwerer wirtschaftlicher auch eine enge militärische Zusammenarbeit vor. Händler und Studenten beider Länder füllten bis ins Frühjahr Flüge der iranischen Fluggesellschaft Mahan, die mehrmals wöchentlich chinesische Flughäfen ansteuerte. Dass das Virus so schnell in die Islamische Republik gelangte, war also nicht verwunderlich. Schon im Januar hörte man von überlasteten Krankenhäusern in Qom, von überfüllten Arztpraxen. Sie kämpften ums Überleben von Patienten, die die gleichen Symptome hatten: Atemnot, Reizhusten, Fieber. Doch die heiligen Schreine, die täglich Hunderttausende schiitische Pilger anziehen, wurden trotzdem nicht geschlossen. Informationen über die Situation aus der religiösen Stadt und das Virus wurden als »Fake News« aus dem Ausland vom Regime abgetan. Das Virus verbreitete sich höchstwahrscheinlich schon Anfang Januar in Qom. Doch diese religiöse Hochburg unter Quarantäne zu stellen, hatte man sich nicht getraut, heißt es. Erst am 16. März wurden die religiösen Schreine von staatlicher Seite geschlossen. Am 16. März gab der Verkehrsminister auch bekannt, dass die Flüge nach China nur noch Cargo und keine Passagiere mehr transportieren würden.

Die inoffiziellen Covid19-Zahlen liegen seit Beginn der Pandemie um ein Vielfaches höher. Zunächst spricht eine WHO-Delegation von einer fünfmal so hohen Zahl. WHO-Notfalldirektor Rick Brennan, der Anfang März (vom 2. bis 11. März) die Islamische Republik mit einer Delegation bereiste, geht jedenfalls davon aus. Selbst mehrere iranische Abgeordnete halten die offiziellen Zahlen für weit untertrieben. Wer in den sozialen Netzwerken über Zahlen von Covid19-Infizierten und -Toten schreibt, die von den offiziellen abweichen, oder an den Regierenden Kritik übt, wurde schon zu Beginn der Pandemie noch am selben Tag vom Geheimdienst abgeholt. Ein Mitglied des Teheraner Stadtrats kritisierte die Regierung, dass die Zahlen manipuliert seien, er musste sich vor Gericht verteidigen.

Eine Zeitung führte im Sommer 2020 mit einem Epidemiologen ein Interview, der zu diesem Zeitpunkt Teil des Krisenstabs der Regierung ist. Er sagte, dass die Zahlen im Iran 20 Mal höher seien, als es die offiziellen Behörden angeben. Die Zeitung wurde geschlossen, der Epidemiologe vorgeladen.

Die *New York Times* veröffentlichte am 17. März Satellitenaufnahmen aus Qom, die am 1. März aufgenommen worden sein sollen. Auf ihnen ist zu sehen, dass dort offenbar Massengräber ausgehoben wurden. Die Islamische Republik dementiert diese Nachricht. Der Islam fordert eine Beisetzung innerhalb von 24 Stunden. Geht man von der inoffiziellen Zahl der Toten aus, kann eine so schnelle Beisetzung ohne Massenbestattungen kaum stattfinden. Auch die Zahlen der Toten am Behesht-e Zahra Friedhof in Teheran steigen seit Beginn der Pandemie exponentiell an. Oft gaben die Angehörigen nicht an, dass die Todesursache des Verstorbenen die Folgen von Covid19 waren, denn dann hätten sie der Bestattung fernbleiben müssen. Und so verbreitete sich das Virus selbst auf dem Friedhof.

Der Zustand in den Krankenhäusern ist verheerend. Der Ansturm ist kaum zu bewältigen. Inzwischen baute das Militär provisorische Feldlazarette auf, Parkplätze und Einkaufszentren müssen herhalten. Dutzende Ärzte und Schwestern sind inzwischen an Covid19 gestorben. Eine Mutter klagt: »Meine Tochter arbeitet im Krankenhaus. Sie zwingen sie, zur Arbeit zu kommen, aber viele ihrer Kollegen weigern sich; selbst wenn sie entlassen werden sollten, sagen sie, kämen sie nicht, weil sie Angst hätten, sich mit dem Virus zu infizieren.«

Eine Krankenschwester meldet sich anonym in einem Oppositionssender zu Wort: »Ich arbeite seit acht Monaten mit Corona-Patienten. Die Situation ist katastrophal. Der defizitäre Zustand des Krankenhauses, zu wenig medizinische Ausrüstung, zu wenig Personal. Wir haben kaum Intensivbetten, die Patienten brauchen eine intensive Betreuung, die wir ihnen nicht geben können, wir können ihnen nur beim Sterben zusehen. Wir haben keine Medikamente, die wirken und zu wenig Erfahrung mit dieser Art von Intensivpatienten. Wir werden jeden Tag müder und können nicht mehr.«

70 Prozent der Ausstattung im Gesundheitswesen werden im Iran produziert. Die Sanktionen der vergangenen Jahre haben sie gezwungen, ihre eigene Industrie auszuweiten. Doch 30 Prozent werden noch aus dem Ausland benötigt. Und diese 30 Prozent kommen kaum an. Nicht weil die Sanktionen eine Einfuhr verbieten. Humanitäre Güter stehen nicht auf der Sanktionsliste, könnten also in den Iran verkauft werden, der diese dringend benötigt. Doch ihr Transport und die Versicherung des Transports sowie der Zahlungsverkehr sind sanktioniert. Aufgrund der Intransparenz des Sanktionsgeflechts und der Angst vor Strafen sowie der Tatsache, dass Iran vom internationalen SWIFT-System ausgeschlossen ist, schrecken Produzenten aus dem Ausland davor zurück, in den Iran zu liefern. Ein Beispiel wurde mir zu Beginn der Pandemie erzählt, als Covid19-Test-Kits im Iran knapp waren. Eine Berliner Firma produziert sie. Die Firma war gewillt, diese Kits in den Iran zu liefern. Doch ihr Kit testet auch das SARS-Co-C-2003-Virus. Das SARS-Virus steht auf der Liste der Biowaffen. Tests auf SARS-Viren fallen unter die *dual-use items* und stehen unter

Exportkontrolle. Wie auch bestimmte Filter oder Beatmungsgeräte. Die Berliner Firma hat eine limitiere Ausnahmegenehmigung der BAFA, aber Exporte in ›Schurkenstaaten‹ sind davon ausgeschlossen. Zwar hat das BAFA »laut *kursorischer* Prüfung« die Ausfuhr letztlich doch genehmigt. Der Händler hätte sich jedoch eine belastbare Auskunft gewünscht, nicht eine, bei der er die Befürchtung hat, mit einem Bein im Gefängnis zu stehen.

»Von finanziellen Unterstützungsprogrammen wie in Deutschland können wir nur träumen,« sagt mir Neda, die junge Krankenschwester aus Yazd. Das Hilfsprogramm der Regierung besteht darin, Kleinverdienern einen Kredit von umgerechnet 120 Euro zu gewähren mit 4 Prozent Zinsen. Arbeitslose bekommen Gutscheine im Wert von 15 Euro pro Monat. Großunternehmern wurden Steuersenkungen versprochen. Das kostet, und ein wirtschaftlich desolater Staat wie der Iran kann sich eigentlich nicht einmal diese Hilfszahlungen leisten.

Die Pandemie hat die wirtschaftliche Situation im Iran drastisch verschlimmert, viele sind unter die Armutsgrenze gefallen. Ein Coronatest kostet 600 Toman (20 Dollar), das ist ungefähr ein Viertel eines Durchschnittsgehaltes. Ein Arztbesuch kostet, ins Krankenhaus zu gehen noch mehr, deshalb bleiben viele zuhause und nehmen Medikamente gegen Erkältung ein.

Neda räumt ihren Haft-sin-Tisch ab. »Die ganze Welt ist von Covid19 betroffen, wir alle haben Angst. Das verbindet uns auch irgendwie mit dem Rest der Welt. Aber gleichzeitig haben wir dazu ein unzureichendes Gesundheitssystem, sind wie kein anderes Land auf der Welt von Sanktionen betroffen und haben Politiker, die nicht unser Bestes wollen, sondern nur ihr Bestes.« Das Graskörbchen, das für das persische Neujahr aus Weizenkeimen von Neda gezüchtet wurde, steht als Symbol für Lebendigkeit auf dem Tisch. Es müsste traditionell am 13. Tag des neuen Jahres in einen Fluss geworfen werden. Zuvor bindet jeder in der Familie einen der Grashalme zum Knoten und wünscht sich etwas für das neue Jahr. Dieses Jahr landet das Gras im Mülleimer. Ohne Knoten.

Angesichts all dieser Faktoren hat die Pandemie bereits begonnen, die Natur des politischen Systems des Iran zu verändern. Die Geistlichkeit bestand darauf, dass die religiösen Zeremonien im Trauermonat Moharram stattfinden müssen. Die Regierung war dagegen. Journalisten durften nur im Norden Teherans, in Tajrish, drehen, dort hatte man das »richtige« Bild organisiert, die Hygienemaßnahmen und Abstandsregeln wurden von allen Geladenen eingehalten, diese Bilder durften die internationalen Medien zeigen. Und während sich Revolutionsführer Khamenei allein im Staatsfernsehen an Ashura in einer Moschee zeigte, waren die restlichen Moscheen gestopft voll. Ohne Abstand. Der offensichtliche Widerstand des Klerus gegen Maßnahmen der Politik gegen die Bekämpfung des Virus wird wahrscheinlich das öffentliche Misstrauen gegenüber Geistlichen verstärken.

Eine Bekannte sagte mir, sie wisse nicht, ob sie sich mehr Sorgen machen solle über die wirtschaftliche Lage oder darüber, sich mit Corona zu infizieren, oder darüber, woher sie für ihre kranke Mutter Insulin bekommen solle. Im Iran leiden fünf Millionen Menschen an Diabetes, und über 600 000 müssen täglich Insulin verwenden. Zahlreiche Medikamente sind im Iran inzwischen nicht mehr erhältlich. Die Regierung gibt den US-Sanktionen die Schuld. Doch die Bevölkerung weiß, dass dahinter auch eine Mafia im Iran steht, die mit der Politik gemeinsame Sache macht. Immer wieder tauchen hierfür Beweise auf. Dementsprechend groß war der Aufschrei, als Beamte des irakischen Militärgeheimdienstes Ende Oktober 2020 bekannt gaben, dass sie 19 Lastwagen beschlagnahmt hätten, die mit Hunderttausenden von Medikamenten beladen waren, geschmuggelt aus dem Iran. Auch das im Iran knapp gewordene Insulin soll sich auf den LKWs befunden haben. Das korrupte krankende System im Iran hat die Bedingungen dafür geschaffen. Regierungsnahe Schmuggler kauften Medikamente über ihre eigenen Kanäle aus dem Ausland zu einem im Iran staatlich subventionierten Dollar-Preis von 4 200 Toman und verkaufen die Medikamente weiter in den Irak für einen Dollarpreis zu 30 000 Toman. Medikamente, die die eigene Bevölkerung im Iran dringend benötigt.

Schluss

Als ich ein kleines Kind war, aber schon alt genug, allein aus dem Teppichgeschäft meines Vaters, das sich in der Münchner Innenstadt befand, Richtung Viktualienmarkt zu gehen, folgte ich so oft und so unauffällig, wie ich konnte, Menschen, die sich auf Farsi unterhielten. Ich konnte damals kaum ein Wort verstehen, trotzdem war mir Farsi nicht fremd. Im Gegenteil, mich beruhigte es jedes Mal, diese wunderbar klingende Sprache zu hören. Sie ist mild und liebenswert. Für mich spiegelt sich in ihr teilweise auch die Kultur dieses Volkes wider, fernab der zerstörerischen Politik.

Dezember 2020, ich schreibe das letzte Kapitel. Joe Biden ist der neu gewählte US-Präsident. Donald Trump muss das Weiße Haus räumen. Alles deutet darauf hin, dass er nicht damit durchkommt, die US-Wahl anzufechten. Iraner betrachten den Ausgang der Wahl mit gemischten Gefühlen. Einerseits atmen sie auf, die Zeit der Politik des maximalen Drucks, mit fast täglich neuen Sanktionen gegen den Iran, ist vermutlich vorbei. Joe Biden hat bereits im Wahlkampf angekündigt, zum Atomabkommen zurückkehren zu wollen. Es könnte dann ein JCPOA 2.0 geben. Das würde auch bedeuten, dass die Sanktionspolitik wieder zurückgefahren wird. Im Iran spürten die Menschen die Folgen der Wahl unmittelbar. Als sich in den Tagen nach der Stimmabgabe der US-Bürger abzeichnete, dass Biden Trump schlagen würde, entspannte sich der Dollarkurs im Iran schlagartig um 20 Prozent. »Und die permanente Angst, dass Iran gleich angegriffen wird, wurde weniger«, so eine Bekannte aus Teheran zu mir. Leicht wird es dennoch nicht werden. Dafür ist schon zu viel Zeit vergangen, in der sich die Fronten auf beiden Seiten des JCPOA verhärtet haben.

Andererseits sehen Iraner, vor allem aber auch diejenigen, die nicht unmittelbar von den Sanktionen betroffen sind und unter ihnen leiden – wie die Iraner im Ausland –, eine Rückkehr zur Politik der Obama-Zeit als kontraproduktiv. Schließlich war Biden damals Vizepräsident. Trump hat mit seinem harten politischen Kurs gegen die Islamische Republik, wie kein anderer US-Präsident vor ihm, das Land ins Schwitzen gebracht. Der Öl- und Gasexport und überhaupt der Handel des Iran reduzierte sich, durch Sanktionen erzwungen, auf ein Minimum. Gelder, mit denen die schiitischen Verbündeten in der Region finanziert werden, fehlen. Das ist schlecht für das Regime, denn die regionalen Verbündeten sollen mit für das Überleben der Islamischen Republik sorgen. Die Bevölkerung ist ohnehin wütend und unzufrieden mit der Regierung Rohani, die aus ihrer Sicht ihre Versprechen von Wirtschaftsaufschwung und Liberalisierung nicht erfüllt hat. Diese aussichtslose Situation ist gut, sagen diejenigen, die sich einen Regimewechsel im Iran wünschen. Wenn jedoch Biden zum Atomabkommen zurückkehrt und die verbliebenen Partner, allen voran die EU, aufatmen und ihre Iran-Geschäfte wieder aufnehmen, dann wird sich die Islamische Republik allmählich konsolidieren. Und sie wird vermutlich in der derzeitigen Struktur bestehen bleiben. Mit Biden als Präsident wird es sicher wieder leichter für Studierende aus dem Iran, in den USA ihr Studium fortzusetzen, zumindest höre ich, dass die Hoffnung unter Studenten im Iran groß ist. Doch: »In Wahrheit war das Atomabkommen nie zu unserem Vorteil«, sagt mir eine Bekannte am Telefon aus dem Iran, die die Wahl Bidens kritisch sieht. »Das Atomabkommen hat vor allem der Islamischen Republik genutzt. Ihrem Erhalt.«

In einem offenen Brief rief im Dezember 2020 ein iranischer Dichter, der aus Sicherheitsgründen anonym bleiben möchte, den Europäischen Rat zu mehr Courage gegenüber den Machthabern in der Iranischen Republik auf:

»Verehrte Regierungs- und Staatschefs fortschrittlicher und demokratischer Länder, ich und meine Freund*innen und Kolleg*innen gehen davon aus, dass sich die Vertreter*innen Ihrer Länder bald wieder die Türklinke in die Hand geben werden, um mit dem islamischen Regime im Iran Wirtschaftsverträge abzuschließen. Nach dem Atomabkommen im Jahr 2015 sahen wir sprachlos zu, wie Delegationen aus hohen Politiker*innen und Wirtschaftsmanager*innen Ihrer Länder einen Wettbewerb um die Gunst des islamischen Regimes veranstalteten. Es war uns ein Rätsel, warum das reiche Europa einem mittelalterlichen Regime, das die europäischen Werte und Lebensweise hasst, derart auf den Leim geht: ein Regime, das seit Jahrzehnten von Menschenrechtsorganisationen und ehrenhaften Politiker*innen Ihrer Länder wegen massiver Menschenrechtsverletzungen und Unterstützung von bewaffneten Gruppierungen in der Region verurteilt wird.«

Speziell der Bundesregierung, aber auch der gesamten EU, wird von vielen Iranern seit Langem vorgeworfen, viel zu zögerlich auf die Menschenrechtsverletzungen im Iran einzugehen. Am 7. Dezember 2020 hat die EU ein neues Sanktionsinstrument für den Kampf gegen schwere Menschenrechtsverletzungen beschlossen. Ab jetzt wird es möglich sein, Vermögenswerte von Personen, Unternehmen und Organisationen einzufrieren, die an Folter, Sklaverei, systematischer sexueller Gewalt und anderen Menschenrechtsverletzungen beteiligt sind. Zudem sollen gegen Personen auch Einreiseverbote verhängt werden können.

Angesichts der Tatsache, dass die Islamische Republik systematisch die Rechte ihrer Bürger missachtet und im Jahr 2020 wieder vermehrt Oppositionelle, Journalisten, Regimekritiker, ethnische und religiöse Minderheiten (besonders die Anhänger der im Iran verbotenen Bahai Religion) willkürlich verhaftet, zu Geständnissen im Staatsfernsehen zwingt, foltert und auch hinrichtet, hätte die EU viel zu tun, wenn sie dieses neue Instrument auch glaubwürdig gegen die Täter in der Islamischen Republik einsetzen würde.

Auf Partys zu tanzen und Alkohol zu trinken, das waren die kleinen Fluchten der Jugend in den 1990er und 2000er Jahren. Seit einem Jahrzehnt ist sie vor allem gezwungen, ihr wirtschaftliches Überleben zu sichern. Die Jungen haben weder gelernt noch erfahren, dass Gesetze existieren, um sie zu schützen. Sie sind nur eine weitere Hürde, die ihr Leben erschwert, nicht positiv besetzt in dem Sinne, dass sie ihnen auch Rechte sichern. Seit der Kindheit lernt man, sie zu umgehen. Das Gesetz stellt inzwischen kein grundlegendes Hindernis mehr für sie dar. Dieses Verhalten wenden sie permanent auf alle Probleme an. Die Bevölkerung umgeht die Filter der Zensur im Internet, wechselt illegal Devisen oder korrumpiert die Vollstreckungsorgane. Sie ist so programmiert. Das ist katastrophal für den inneren Zusammenhalt einer Gesellschaft und für die Weiterentwicklung eines Staats, denn auf eine Weise ist die Bevölkerung – im ständigen Überlebenskampf – anarchisch, opportunistisch und zum Teil auch skrupellos geworden. Die ältere Generation beklagt zudem den Verlust von gesellschaftlichen Werten. Jeder blicke nur noch auf sich, jedweder Anstand, jegliche Moral seien verloren gegangen. Das war abzusehen, so äußerte sich ein 80-Jähriger in Teheran mir gegenüber: »Die junge Generation ist von Lügnern und Betrügern erzogen worden, die sich Staatsbedienstete nennen. Schöne Vorbilder.«

Irans Außenpolitik hat sich in den letzten Jahren – gezwungenermaßen – Richtung China und dem asiatischen Raum orientiert. China hat die Chance bereitwillig genutzt, seinen Einfluss in die eminent wichtige Region des Mittleren Ostens auszudehnen. Die EU spielt demgegenüber kaum noch eine Rolle. Sie hat sich in den Augen der iranischen Regierung ebenso wie der Bevölkerung unter dem Druck der USA nicht als zuverlässig und unabhängig genug erwiesen. Im besten Falle sorgen die alten Verbindungen zu Vertretern der Obama-Administration dafür, dass das Atomabkommen wieder reaktiviert wird. Ausschlaggebend wird hierfür sein, wie sich die Biden-Regierung vor den anstehenden iranischen Präsidentschaftswahlen im Juni 2021 mit der Islamischen Republik arrangiert. Diese Tatsache wird enorme Auswirkungen darauf haben, wer im Iran Präsident wird und »ob es im Land und in der kommenden Regierung überhaupt noch Appetit auf eine Annäherung an den Westen gibt«, so ein Insider zu mir. Sollte die Biden-Regierung keine Anstalten machen, auf den Iran zuzugehen, dann werden die Hardliner, die bereits Parlament, Justiz und Medien besetzt haben, auch noch die Exekutive beschlagnahmen. Wer diesen Kampf innerhalb des iranischen Machtapparates für sich entscheidet, hängt also maßgeblich davon ab, wie sich die Biden-Regierung verhält.

Es geht um einiges, und das wissen die rivalisierenden politischen Gruppen im Iran sehr wohl. Denn der Tag X wird kommen: der Tag, an dem der inzwischen 81-jährige Revolutionsführer Ayatollah Khamenei stirbt. Wie ein »Post-Khamenei-Iran« aussehen wird, steht in den Sternen. Über seine Nachfolge wird der Expertenrat entscheiden, so ist es laut Artikel 111 der iranischen Verfassung vorgesehen. Der Rat besteht aus 88 Geistlichen, die für acht Jahre gewählt werden. Er wird wahrscheinlich schon heute von den einzelnen Machtzentren extrem unter Druck gesetzt. Vor allem von den Revolutionsgarden, den hochrangigen Geistlichen, den Bazaris, und anderen, die ein politisches und/oder wirtschaftliches Interesse daran haben, einen geeigneten Nachfolger aus den jeweiligen eigenen Reihen zu bestimmen.

Die Menschen im Iran sind müde und von der Politik enttäuscht. Und vor allem wütend. Sie warten auf die nächste Gelegenheit, um auf die Straße zu gehen. Der Umstand, dass es in den letzten Monaten weniger Demonstrationen gab, ist auf die Corona-Pandemie zurückzuführen und weniger auf die abschreckenden Maßnahmen der Machthaber – und bestimmt nicht darauf, dass es weniger Unzufriedenheit gäbe. Im Gegenteil: Den Menschen geht es heute schlechter denn je. Der Verein der Iranischen Psychologen schätzt, dass ein Viertel der Bevölkerung unter Depression leidet. Nie war es leichter, an Suchtmittel zu gelangen, und nie war die Zahl der Drogen- und Alkoholsüchtigen in der Islamischen Republik höher als jetzt. Auch die Zahl der konstant steigenden Suizide ist ein Ausdruck dieser aussichtslosen Situation.

Eine Bekannte sagte neulich zu mir: »Weißt du, Natalie, was mein Herzenswunsch ist? Wenn in einer kurzen, aber großangelegten internationalen Militäraktion sämtliche Nuklearanlangen des Iran zerstört würden: damit könnte man sie von der Bombe abhalten. Man müsste auch noch alle militärischen Stützpunkte des Iran und ihre Waffenlager vernichten. So würde man die Machthaber entwaffnen. Dann könnten sie keine Waffen mehr gegen uns einsetzen. Wir könnten dann in Massen auf die Straße gehen, sie stürzen und eine wirkliche Republik gründen. Mit einem politischen System, bestehend aus verschiedenen echten Parteien. Meinetwegen soll der Sohn des ehemaligen Schah Pahlavi auch eine Partei bekommen. Es könnten intelligente Menschen aus jeder Schicht nach oben gelangen. Menschen, die freiheitlich denken, fortschrittlich und demokratisch sind. Wir würden unsere Beziehungen zur Welt in Ordnung bringen, eine Atombombe bräuchten wir dann nicht mehr. Die Menschen würden die Politik bestimmen. Und wir würden unsere Menschenrechte zurückgewinnen.«

Eine fiktive Utopie. So leicht es ist, das niederzuschreiben, so schwer würde die Umsetzung werden. Der Iran ist viel zu komplex, zu multipolar, zu paradox, zu kompliziert. Eine solche westliche Militäraktion gegen den Iran, ob offen oder verdeckt (z. Bsp. durch Cyberangriffe), würde das Problem nicht lösen, sondern vielmehr die Büchse der Pandora öffnen und den Mittleren Osten auf Jahre destabilisieren. Es wäre ein potenziertes Syrien mit 80 Millionen Einwohnern, bis an die Zähne bewaffnet und mit einer herrschenden Elite, die um ihr eigenes Überleben kämpfen würde und daher zu allem bereit wäre.

Wie der politische Kurs aus und gegen den Iran in Zukunft aussehen wird, ist kaum vorherzusagen. Zu viele Faktoren spielen hier eine Rolle. Die regionale Anspannung kann, wenn auch ungewollt, jederzeit in einer Eskalation enden. Es vergeht kaum ein Tag, an dem ich nicht mit Kollegen, Freunden oder Familie diskutiere, wie es mit dem Iran weitergeht.

Dabei hat jeder eine eigene Variante. Mein Vater schickt mir pro Tag mindestens fünfzehn Videos, die er von seinen Freunden zugeschickt bekommt. Darin werden die korrupten iranischen Politiker entlarvt, Regime-Change-Szenarien durchgespielt. Der in Washington im Exil lebende 60-jährige Sohn des gestürzten Schahs, Reza Pahlavi, ist auf einem dieser Videos, die unter Iranern zirkulieren, zu sehen. Er kündet darin an, es werde in den nächsten Monaten einen Regimewechsel in Iran geben. Und es werden Menschen im Iran gezeigt, die so arm sind, dass sie Mülltonnen nach Essen durchwühlen.

Ich habe viele Artikel in Zeitungen und Magazinen für die Recherche zu diesem Buch gelesen. Seit Jahrzehnten prophezeien darin Analysen das Ende der Islamischen Republik – und sie existiert immer noch. Vieles ist unsicher in Bezug auf den Iran, doch eines hat die Geschichte immer wieder relativ zuverlässig gezeigt: Im Iran kommt es selten so, wie man denkt.

Als ich als Quereinsteigerin 2007 in den Journalismus kam, hatte ich große Selbstzweifel. Eine Freundin erinnerte mich neulich daran. Sie erinnerte mich aber auch an meine Ziele: »Deine Idee war es von Anfang an, Leben und Menschlichkeit aus dem Iran in deinen Berichten zu transportieren, du sagtest: ›Es gibt doch nicht nur das Mullah-Regime.‹« Und sie fügte hinzu: »Und ich weiß noch, wie du mir erzählt hast, wie du in dem Hotelzimmer in Teheran vom Geheimdienst bedroht wurdest, und ich fragte dich: ›Warum machst du trotzdem weiter?‹ Und du hast geantwortet: ›Weil ich den Menschen eine Stimme geben muss, die keine haben.‹« Kopfschüttelnd sagte sie: »Ich weiß wirklich bis heute nicht, warum du dich nicht hast einschüchtern lassen, ich hätte Mega-Schiss gehabt.« Einen letzten Satz sagte sie dann noch: »Ich finde, du bist wie eine Kriegsreporterin in einem Krieg, den man nicht sieht, und dazu gehört Mut, und den hast du.« Das iranische Jahr beginnt am 20. März. 2021 wird ein Schicksalsjahr, sagen viele Iraner. Wer neuer Präsident der Islamischen Republik wird, entscheidet sich im Juni 2021. Laut den Revolutionsgarden soll es einer von ihnen werden, so sagte es General Esmail Kosari in einem Interview: »Wieso sollte der nächste Präsident nicht aus den Kreisen der Militärs stammen?« Der Iran hat im Januar 2021 damit begonnen, Uran auf 20 Prozent anzureichern. Ein klarer Verstoß gegen das Atomabkommen. Doch die Islamische Republik hat, wie beschrieben, nichts mehr zu verlieren. Je größer der Druck auf den Iran, desto repressiver wird sich die Machtelite gegen Kontrahenten und Kritiker verhalten. Im Moment kann ich aus den beschriebenen Gründen nicht in den Iran reisen. Aber irgendwann. Da bin ich zuversichtlich. Bis dahin suche ich in meiner Stadt München Iraner auf der Straße, folge ihnen unauffällig und höre zu, wie sie Farsi sprechen. Um mich zwischen den Welten ein wenig heimisch zu fühlen.

Dank

Ich möchte einer bestimmten Person besonders danken: Meinem Kind Kian. Ja, ich war während der gesamten Zeit als Korrespondentin auch Mutter. Und bin es immer noch. Mein Sohn wurde im Januar 2021 18 Jahre alt. Er musste auf seine alleinerziehende Mutter, die zwischen ihm und der Weltpolitik täglich hin- und her jongliert, oft verzichten. Ich möchte ihm danken, dass er seine rastlose Journalistin-Mutter akzeptiert und mir die Kraft gegeben hat und den unbedingten Willen, dass es sich lohnt, für die Zukunft unserer Kinder jeden Tag wachsam zu sein und wenn nötig auch mutig. Danke, mein Lieblingskind!

Und was hätte ich im Iran erreicht, ohne mein wunderbares und hoch geschätztes Team: Ehsan Monajati, mein Kameramann und Mariam Samii, meine Producerin. Sie sind nicht nur Arbeitskollegen, sie sind Freunde. Fürs Leben. Ohne sie hätte ich nie so viele Reportagen und Berichte aus dem Iran umsetzen können. Sie haben mitgedacht, mit mir gelacht, mir Kraft gegeben und Ideen. Danke, mein Dreamteam!

Für die Umsetzung des Buches haben mir sehr viele liebe FreundInnen und KollegInnen geholfen, denen ich sehr dankbar bin. Wie Tina Steingräber, die als meine Agentin überhaupt dafür gesorgt hat, dass dieses Buch gelesen werden kann. Daniel Bernbeck, der ehemalige Chef der Deutsch-Iranischen Handelskammer, mit seinem iranischen Herz und Dr. Carsten Bartsch, Dozent an der Hochschule der Bayerischen Wirtschaft, der auch sein Herz an den Iran verloren hat. Die kluge Professorin für Politikwissenschaften und Soziologie, Janet Kursawe, mit der ich einige Wochen im Iran verbrachte – und die dieses Buch mit ihrem wissenschaftlichen Auge geprüft hat. Sowie mein ehemaliger Professor der Iranistik aus Bamberg, Prof. Dr. Bert Fragner. Die von mir hoch geschätzte Naika Foroutan, Professorin für Soziologie an der Humboldt-Universität Berlin. Und meinem klugen Mentor Peter Mezger, der mir überhaupt den Weg in den Journalismus geebnet hat und mir immer riet, auf meine innere Stimme zu hören, auf mein Gefühl zu vertrauen und nicht aufzugeben. Sowie Tobias Kurzmaier, der aufgrund meiner Ignoranz sämtlicher Kommaregeln ge-genüber, kurz davor war, mich zu erschlagen. Und natürlich gebührt meiner Lektorin Johanna Links großer Dank, die sich in kürzester Zeit durch 42 Jahre Iran arbeiten musste.

Meine lieben Eltern, Ellen und Roohollah Amiri – danke, dass Ihr mir diese zwei Welten geschenkt habt!

Literatur

Ervand Abrahamian *Iran Between Two Revolutions*, Cambridge 1983.

William O. Beeman *Language, Status and Power in Iran*, USA 1986.

Wilfried Buchta *Schiiten*, München 2004.

Reza Hajatpour *Der brennende Geschmack der Freiheit*, Frankfurt 2005.

Stephan Kinzer *Im Dienste des Schah*, Weinheim 2009.

Michael Lüders *Wer den Wind sät*, München 2015.

Abbas Milani *Shah*, New York, 2012.

Augustus Richard Norton *Hezbollah*, Princeton University 2007.

Volker Perthes *Iran – Eine politische Herausforderung*, Frankfurt 2008.

Adnan Tabatabai *Morgen in Iran: Die Islamische Republik im Aufbruch*, Hamburg 2016.

Katajun Amirpur: https://de.qantara.de/inhalt/islam-und-demokratie-im-iran-die-geschichte-einer-aneignung

Iran Journal: https://iranjournal.org

Heinrich Böll Stiftung, Iran-Report: https://www.boell.de/de/iran-report

Radio Farda: https://www.radiofarda.com